KB267931

인류를 구한
12가지
약 이야기

인류를 구한 12가지 약 이야기

정승규 지음

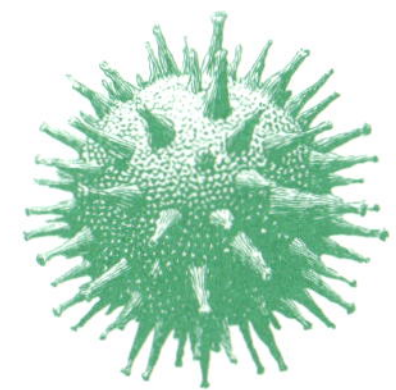

질병과 맞서
생명을 지켜낸
약의 역사

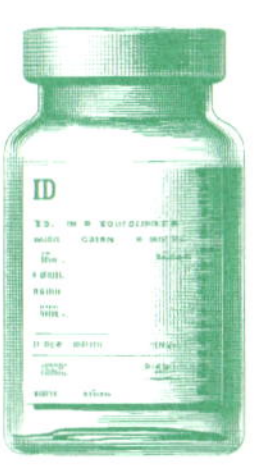

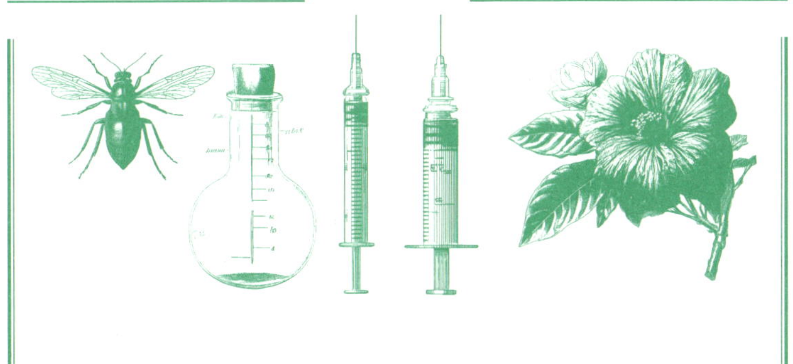

큰숲

일러두기

- 외국 인명과 지명을 포함한 고유명사와 의약학 전문용어의 표기는 외래어표기법에 따랐다. 다만 그중 일부는 저자의 의도로 사회에 널리 쓰이는 표기를 따랐다.
- 단행본과 잡지는 겹낫표(『 』), 단편과 논문은 낫표(「 」), 영화는 겹화살괄호(《 》), 그림은 홑화살괄호(〈 〉)로 표기했다.

차례

1 병이 있으면 약도 있다

2 보이지 않는 살인자, 세균과의 전쟁 항생제

약의 역사, 그 속에 담긴 과학 이야기

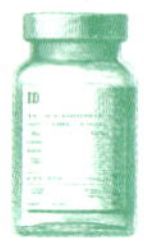

약에 대해서 알고자 할 때는 여러 측면으로 접근할 수 있겠지만, 나는 무엇보다 역사로 이야기를 풀어나가고 싶다. 역사를 살펴보면 우리가 지금 사용하는 약이 어떻게 만들어졌는지 알 수 있기 때문이다. 또 약이 세상에 나올 당시의 사회 분위기를 파악하는 데도 도움이 된다. 약대 학부와 대학원을 다닐 무렵 도서관에서 약에 관한 책을 찾아본 적이 있다. 전공 도서나 논문은 너무 딱딱하고, 흥미 위주의 책은 정확하지 않은 내용이 많아 크게 도움이 되지 않았다. 약의 과학적인 이론을 다루면서도 일반인이 쉽게 이해할 수 있도록 이야기로 풀어내는 교양서가 있으면 좋겠다고 생각했다. 그러나 그런 책을 발견하지 못했다. 간간이 눈에 띄는 것이라고 해봐야 글로벌 제약사에서 펴낸 홍보 위주의 책자 정도였다.

바빠서 엄두를 내지 못했지만 언젠가부터 직접 써보고 싶은 생각이 들었다. 그때부터 틈틈이 자료를 찾기 시작했다. 대부분 미국이나 일본에서 나온 것이 많고 우리나라 도서는 드물었다. 그래도 원로 학자들이 퇴임 후 펴낸 책이 더러 있어 감사했다. 그 자료들을 기초로 해, 최근 나온 책들과 약사로 일하면서 얻은 체험을 이 책에 담았다.

역사상 중요한 약이 개발된 순서대로 목차를 구성하고, 각 장은 개괄적인 설명으로 시작해 관련 에피소드와 사건을 넣고 마지막에 최신 의약 동향을 추가했다. 약이 개발된 사실에 중점을 두다 보니 부작용에 관한 내용이 부족해 아쉽다. 약은 처음 세상에 나온 뒤에도 계속 개량되면서 효능을 높이고 부작용을 줄이는 방향으로 발전한다. 그럼에도 모든 약에는 부작용이 있다. 이 책은 과학적 성과 위주로 쓴 만큼 참작해서 읽어주면 좋겠다.

왜 약의 역사에 대해 쓰게 되었을까 생각해보니, 자연스레 역사책을 무척이나 좋아하던 어린 시절이 떠오른다. 만화로 된 한국사는 물론 두꺼운 세계사까지, 역사라면 닥치는 대로 읽었다. 위대한 인물, 전쟁, 다양한 사건과 새로운 생각들이 파노라마처럼 펼쳐지는 그 책들 속에서 큰 교훈을 얻을 수 있었다.

역사학자 에드워드 카Edward Carr는 역사란 현재와 과거의 끊임 없는 대화라고 말했다. 현재는 과거의 사실들이 모여 만들어진 것 이며, 지나간 일은 현재를 살아가는 데 길잡이가 된다는 뜻이다. 과거에서 값진 통찰을 얻기 위해서는 역사와 끊임없이 소통해야 한다. 또 아널드 토인비Arnold Toynbee는 『역사의 연구A Study of Histo-ry』에서 문명을 창조하기 위해서는 도전이 있어야 하며, 도전에 성 공적으로 응전하기 위해서는 창조력이 중요하다고 주장했다. 창조 력이라는 말이 거창해 보이지만, 창조력의 기초는 지난 일들을 객 관적으로 돌아보는 것으로부터 시작한다. 그다음에 현실을 직시하 고 시대의 도전에 효과적으로 대응해야 하는 것이다. 의약의 역사 도 마찬가지다. 신약을 만들고 새로운 뭔가를 창조하려면 다른 사 람들이 어떤 과정을 겪었는지 알아보는 것이 우선이다.

지금은 IT를 지나 BTBiotechnology 시대다. 초고령사회로 접어 든 지금, BT가 가장 두드러진 성과를 보여주는 분야는 약이다. 의 약품은 19세기와 20세기를 지나며 비약적으로 발전해 왔고, 오늘 도 세계 곳곳에서 수많은 연구자가 질병을 치료할 새로운 약을 만 들기 위해 힘을 쏟고 있다. 이 책은 그 노력에 대한 작은 헌사이자, 앞으로 우리나라 신약 개발을 이끌 후대에게 건네는 격려의 메시 지다. 물론 일반 독자들에게도 위대한 약이 세상에 모습을 드러내기까지의 여정을 따라가는 즐거움과, 삶에 도움이 되는 지식을 함께 전할 수 있길 바란다.

끝으로 집필에 전념할 수 있도록 도와준 사랑스런 아내 이유미, 아빠의 저술을 자랑스럽게 여기는 아들 정예성, 어여쁜 딸 정예원에게 감사의 말을 전하고 싶다.

2025년 12월
정승규

1

병이 있으면 약도 있다

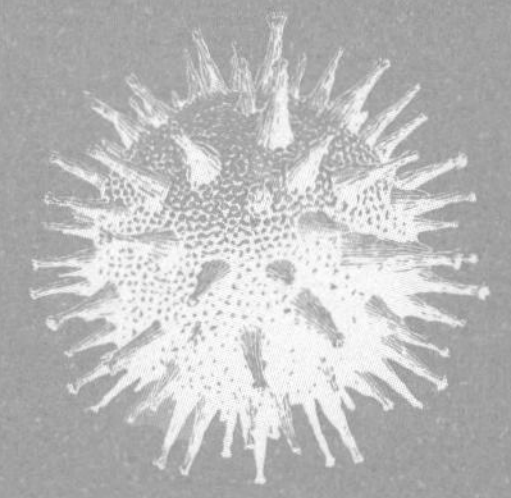

진시황은 불로불사의 약을 찾아 수은을 복용하다
중독으로 생을 마감했다. 사마천의 『사기』에 나오듯
수은 강이 흐르는 무덤으로도 그의 집착이 드러난다.
현대에도 약화 사고는 이어지고 있다.
1957년 서독에서 출시된 탈리도마이드는
임신부의 입덧 완화제로 각광받았으나
기형아 출산이 급증하며 부작용이 밝혀졌다.
이 약으로 1만 2,000명이 넘는 기형아가 태어났고
안전성에 대한 경각심이 높아졌다.
약은 생명을 구할 수도, 위협할 수도 있다.
약의 효능을 활용하되 부작용의 위험을
간과하지 말아야 한다.

#불로초 #탈리도마이드 #실험약리학 #아달린 #임상시험

진시황의 목숨을 앗아간
약화 사고

기원전 중국은 주나라가 권위를 잃으면서 춘추전국의 대혼란에 빠졌고, 500년간 무수한 전쟁의 참상을 겪었다. 분열된 대륙을 하나로 만든 사람이 중국 최초의 황제, 진시황秦始皇이다. 열세 살에 진나라의 왕이 된 진시황은 엄격한 법가의 이념을 실천한 이사李斯를 재상으로 등용해 강력한 부국강병책을 추진했다. 그는 세력이 강한 일곱 나라가 각축을 벌이던 전국시대의 무질서를 종식하고, 기원전 221년 중국을 통일했다.

평화의 시대가 오자 진시황은 늙지도 죽지도 않는 약을 찾기 시작했다. 몸에 좋다는 약을 이것저것 먹어봤지만 만족하지 못한 그는 만리장성 건설이 한창이던 마흔네 살에 산둥성 출신 서복徐福

을 만났다. 신선 사상을 쫓던 방사_{方士} 서복은 바다 건너 신선이 사는 산에서 불로불사의 약을 구해오겠다고 말했다. 귀가 솔깃해진 진시황은 그를 전폭적으로 지원했다.

서복은 진시황의 명을 받들어 수많은 보물과 소년·소녀 3,000명을 이끌고 불로초를 찾아 항해를 떠났으나 끝내 돌아오지 못했다. 제주도 서귀포와 거제도 해금강을 비롯해 남해안 여러 곳에는 그가 머물렀다는 전설이 지금도 남아 있다. 일본에서는 서복 일행이 규슈 남단 미야자키현과 혼슈 해안 지역까지 왔다고 말한다. 서복의 배가 돌아오지 않자 불로초를 향한 황제의 꿈은 바다 저편에서 사라졌다. 진시황의 마음에는 집착과 불안만이 남았다.

진시황은 효험 있다는 이런저런 약을 먹어도 신통치 않자 자신을 속이는 자는 사형에 처한다는 법까지 만들었다. 약을 좋아한 진시황의 집착은 결국 수은 중독으로 막을 내린다. 수은이 장생불사의 약인 줄 알았는데 생명을 앗아가버린 것이다. 결국 쉰 살에 진시황은 전국을 순행하고 돌아오는 길에 쓰러져 죽었다.

동양 최고의 고전인 사마천의 『사기_{史記}』에서도 진시황의 탐욕을 엿볼 수 있다. 중국 산시성 시안에 있는 진시황의 무덤 내부 바닥은 천하의 지형을 본떠 만들었는데 천장에는 천문도가 있다. 책에는 무덤 안에 수은이 흐르는 강이 있었다고 기록되어 있다. 죽을 때까지 수은을 가까이한 진시황의 불로에 대한 열망이 얼마나 깊었는지를 보여주는 대목이다.

지금의 관점에서 진시황의 죽음은 약을 잘못 써 생긴 사고, 즉

약화藥禍 사고라고 할 수 있다. 물처럼 흐르는 차가운 은빛 액체, 수은의 독특한 모습은 치유의 힘을 가진 신비한 존재처럼 보여 생명을 연장하는 힘이 있다고 여겨졌다. 그러나 수은은 몸에 들어오면 빨리 배설되지 않고 누적되어 신경계와 면역계를 파괴하는 치명적인 독극물이다.

현대에도 이런 예가 있다. 의약품 역사상 가장 큰 비극을 초래한 탈리도마이드thalidomide 사건이다. 1957년 10월 서독의 신생 제약사 그뤼넨탈Grünenthal은 콘터간Contergan이라는 수면 진정제를 출시했다. 당시에는 약물이 태반을 통과해 태아에 영향을 줄 수 있다는 사실을 알지 못했고 임신부를 대상으로 한 안전성 시험도 없었다. 이 약은 불면증과 긴장 완화에 효과가 있었는데 특히 임신부의 초기 입덧을 완화하는 데 효과적이라는 이유로 널리 판매되었다.

콘터간은 '기적의 약'으로 알려지면서 서독과 영국을 거쳐 무려 46개국에서 사용되었다. 그러나 얼마 후 이 약을 먹은 임신부들이 기형아를 출산하면서 상황이 달라졌다. 팔다리나 귀가 없거나 안면 마비가 된 아기들이 태어났다. 처음에는 영문을 몰랐으나 1961년에야 콘터간이 원인이라는 사실이 밝혀졌고 뒤늦게 약은 회수되었다. 미국에서는 정식으로 시판되지 않았으나 임상 시험을 위해 탈리도마이드라는 약명으로 의사들에게 시제품이 배포되어 200명이 넘는 임신부가 이 약을 먹었다. 그 결과 최소 17명의 기형아가 미국에서 출생했다.

탈리도마이드로 인해 전 세계에 1만 2,000명이 넘는 기형아가 태어났다. 심각한 것은 임신 1~2개월 사이 딱 한 알만 복용해도 기형아가 된 사례가 있었다는 점이다. 아직도 그때 태어난 아기 중 수천 명이 시설에 격리되어 살아가고 있다. 약화 사고의 위험은 예나 지금이나 호시탐탐 우리를 노리고 있다.

건강하게 오래 사는 것은 인류의 오랜 소망이다. 부단한 시행착오와 노력의 결실 덕에 우리는 과거와는 비교할 수 없을 정도로 많은 약을 통해 질병에서 벗어나게 되었고, 수명 또한 크게 늘었다. 하지만 약의 효능만을 좇으면 '부작용'이라는 숨겨진 역기능을 외면하기 쉽다. 아무리 약의 효과가 탁월해도 안전하지 않으면 소용이 없다.

이 책에서 우리는 일상에서 흔히 사용하는 약이 어떻게 나오게 되었는지, 그 내력과 가려진 이야기를 살펴볼 것이다. 화려하게 세상에 등장한 약이 처음에는 경이롭고 매혹적이었다가 얼마 안 가 부작용이 드러나면서 한순간에 버림받기도 한다. 약은 그 성질과 사용법을 정확히 알면 매우 요긴하지만, 오용하거나 남용하면 그 대가는 치명적이다. 이것이 약이 가진 두 얼굴이다.

약이냐 독이냐는
용량 차이

　　　　1648년 30년 전쟁이 끝나면서 유럽은 중세에서 벗어나 근대로 접어들었다. 16세기 초 루터의 종교개혁으로 시작한 가톨릭과 개신교의 극한 대립은 베스트팔렌조약으로 마무리되었다. 이로써 루터파에 이어 칼뱅파가 승인되었고 로마 가톨릭과 동등한 종교로 간주되었다. 신을 위해 목숨을 걸고 싸웠으나 자신의 종파가 압도적으로 승리하지 못하고 전쟁이 끝나자, 사람들은 신학 교리를 놓고 싸우는 것에 심한 염증을 느꼈다. 점차 종교보다는 자연을 이해하고 현실의 문제를 해결할 수 있는 과학에 흥미를 느끼게 되었고 자식이 성직자가 되기보다는 과학을 공부해 경제적으로 윤택해지기를 원했다.

　　당시는 갈릴레오 갈릴레이Galileo Galilei의 지동설이 널리 받아들여지고 인간의 이성을 중시하는 계몽주의가 확산하던 때였다. 뒤이어 1687년 아이작 뉴턴Isaac Newton이 발표한 『프린키피아Principia』의 영향으로 과학혁명이 진행되었다. 뉴턴의 만유인력과 미분 발견은 과학에 신기원을 열었고 합리적인 근대 사상은 대대로 내려온 학설을 맹목적으로 믿고 따르는 것을 비판했다.

　　약학에도 변화가 일었다. 유럽 전역을 여행하며 다양한 의학 지식과 약물 치료법을 습득한 스위스 의사 파라셀수스Paracelsus는 초기 독성학과 약리학의 기초를 세운 선구자다. 그는 고대 그리스·

17세기 초 책자에 실린 파라셀수스 초상. 16세기 문예부흥기에 활약한 파라셀수스는 의약학, 과학, 신학 등에 걸쳐 여러 이론을 제시했다. 그의 주장은 혁신적인 과학 연구의 토대를 마련했다는 점에 의미가 있다.

로마 시대부터 내려온 히포크라테스Hippocrates와 갈레노스Galenos
의 의학 이론을 강하게 비판했다. 파라셀수스는 그때까지 전해 내
려온 복합 성분의 약물은 유효 성분이 희석되어 치료 효과가 떨어
진다고 강조했다. 관찰과 실험을 통한 객관적 사실에 기초해 치료
해야 한다고 생각한 파라셀수스는 "모든 물질은 독이다. 약과 독의
차이는 용량에 좌우된다"고 주장했다.

어릴 적 광산에서 지내면서 광부들의 병과 중금속 중독 등을 접
하며 임상적 시야를 넓힌 그는 질병 치료는 몸속에서 특정한 화
학물질이 작용한 결과라고 말했다. 그러면서 당시 유행하던 연금
술의 과제는 금속을 금과 은으로 만드는 것이 아니라 약을 만드는
것이라는 혁신적인 사상을 펼쳤다.

파라셀수스 이전의 의사들은 고대와 중세에 걸쳐 1,400년 이상
내려오던 갈레노스의 권위와 학설에 눌려 전통을 그대로 따를 뿐
아무도 이의를 제기하지 못했다. 고대 로마 황제 네로Nero의 주치
의였던 갈레노스가 즐겨 사용한 테리악theriac은 오랜 세월 서양에
서 사용된 대표적인 혼합 약제였다. 식물성 향신료(계피, 몰약)와 동
물 성분(뱀고기, 사향) 그리고 광물류를 포함해 적게는 64가지에서
많게는 100가지 천연 재료를 혼합한 테리악은 독사에게 물리면
쓰는 해독제였으나 시간이 흘러 나중에는 만병통치약처럼 사용되
었다. 그러나 수많은 재료를 뒤섞은 만병통치약은 과학적 근거가
없는 믿음에 불과했다. 사람들은 점차 경험이 아닌 합리적인 원칙
으로 약을 다스릴 필요성을 깨닫기 시작했다.

1505년 히에로니무스 브룬슈비히Hieronymus Brunschwig의 책에는 약사가 광장에서 테리악을 만드는 장면이 실려 있다. 도시의 깃발이 휘날리는 가운데 의사가 주의 깊게 지켜보고 있다.

제약사가 존재하지 않던 근대만 하더라도 약을 만드는 일은 너무나 고되고 지루한 일이었다. 약은 대부분 자연에서 유래한 천연물로 품질이 일정하지 않아 효능이 들쭉날쭉했다. 의사의 처방과 약사의 조제가 일관되게 이루어지려면, 약의 성분과 제조 과정을 표준화하는 일이 필수적이었다. 이에 따라 이탈리아 피렌체의 메디치가에 의해 의사·약제사 길드를 중심으로 약의 처방 기준, 조제법, 용량, 사용법을 통일한 최초의 약전藥典이 제작되었다.

미켈란젤로 부오나로티Michelangelo Buonarroti, 레오나르도 다빈치Leonardo da Vinci 등 르네상스 예술과 학문을 후원한 로렌초 데 메디치Lorenzo de' Medici의 약전은 알프스를 넘어 16세기 인쇄업이 발달한 독일 뉘른베르크에 이르렀다. 이러한 흐름은 마침내 '약 만드는 기준서'라 할 수 있는 국가 공식 약전의 발간으로 이어졌다. 뉘른베르크 약전은 유럽 전역에 표준화된 의약 지식의 필요성을 확산시키는 데 중요한 역할을 했다. 하지만 19세기 초까지도 의약학은 미신적인 면이 다분했다. 아프면 이유 없이 피를 과량 빼내는 사혈법이 대단한 치료법인 양 퍼져 있었고 객관적인 검증 없이 독성 물질을 남용해 오히려 병을 악화시켰다.

19세기 중반이 되자 화학이 크게 발전하고 실험약리학이라는 새로운 기법이 도입되었다. 실험약리학은 약의 효능과 안전성을 정확하게 측정해 과학적으로 해석하려는 시도다. 이를 통해 실험 과정을 정밀하게 기록하고 여러 가지 결과를 바탕으로 일관되고 보편적인 법칙을 끌어내게 되었다. 독일의 제약사 바이엘Bayer은 약리학 연구소를 세워 과학적으로 약을 만드는 시대를 열었다. 그 연구의 결정체가 바로 아스피린Aspirin이다. 이 한 알의 약이 의료와 제약의 패러다임을 송두리째 바꾸었다.

이상의 『날개』에 나오는
수면제 아달린

의식의 흐름이라는 파격적인 기법으로 현대문학의 새 장을 연 이상李箱은 문법의 경계를 허물고 수학 기호까지 도입하는 등 실험적인 글쓰기를 시도했다. 그의 문학은 인간 내면의 생각, 감정, 기억을 논리적 서사 없이 노출해 기존의 문학 관습에 충격을 던졌다. 대표작 『날개』에서는 식민지 경성의 암울한 현실 속에서 고립된 지식인의 분열된 자아와 사회적 소외 그리고 정신의 해체를 날것 그대로 그려냈다.

폐결핵에 걸린 이상은 종로에 '제비'라는 다방을 열었다. 요양차 황해도 배천온천에 들렀을 때 이상은 '금홍'이라는 여인을 만나게 되었고, 이후 금홍을 다방의 마담으로 앉혔다. 그는 다방 운영에는 무관심했고, 점점 삶의 중심에서 멀어져갔다. 일본을 거쳐 유입된 근대 문물에 호기심이 많았던 이상은 카페와 레스토랑, 백화점 같은 곳을 누비며 모던한 라이프스타일을 즐겼다. 그의 삶에는 시대의 긴장감, 도시적 감수성, 그리고 신문물에 대한 감각적 동경이 동시에 어우러져 있다.

그의 단편 소설 『날개』에는 수면제 아달린Adalin이 나온다. 외출 후 감기에 걸린 주인공에게 아내는 아스피린이라며 약을 건넨다. 하지만 그는 그날 이후 한 달 동안 밤낮없이 잠에 빠져 지내고, 뒤늦게 그것이 아스피린이 아니라 당시 유행하던 아달린이었음을 알게 된다. 소설에서 아달린은 의식과 무의식의 경계를 흐리게 하는 역할을 한다. 나아가 아달린은 단순한 수면제를 넘어 사회와 타인에 의해 무력화된 주인공을 은유한다.

일본에서 건너온 아달린은 1909년 바이엘에서 처음 합성한 수면제다. 일반명은 카브로말Carbromal인데 분자구조에 브롬Br 원자가 있어 이름에 '브롬'이 들어간다. 이상이 살던 1930년대에는 신경을 안정시키고 잠을 재우는 데 이 약을 썼다. 1950년대 중반까지 인기가 있었지만 장기간 사용하면 브롬 중독을 일으켜 현재는 쓰지 않는다. 일제강점기 경성의 문인과 예술가 사이에서는 불면증, 신경쇠약에 사용되곤 했다.

이상은 『날개』에서 식민지 시대의 무의미한 삶과 자아분열을 그렸다. 나약한 지식인이자 병약한 주인공은 폐결핵에 걸린 작가 이상을 대신한다. 주인공은 돈에 도통 개념이 없는 천진난만한 아이 같다가 차츰 돈의 의미를 배워나간다. 모던 보이 이상은 근대화된 세상을 동경했다. 소설의 결말에서 겨드랑이에 날개가 돋기를 원했던 장소도 경성의 자본주의화를 상징하는 미쓰코시백화점(서울에 세워진 최초의 근대식 백화점) 옥상이었다.

서울에 세워진 최초의 근대식 백화점 미쓰코시.
"나는 어디로 어디로 들입다 쏘다녔는지 하나도 모른다. 다만 몇 시간 후에 내가 미쓰코시 옥상에 있는 것을 깨달았을 때는 거의 대낮이었다. (…) 나는 거의 나 자신의 존재를 인식하기조차도 어려웠다."(이상, 『날개』)

경성 미쓰코시는 일본 미쓰코시백화점의 지점으로 1930년에 지금의 신세계백화점 구관 건물로 이전했다. 백화점은 인파로 붐볐고, 옥상정원에서 커피를 마시며 사교를 즐기는 사람들로 가득했다. 경성고등공업학교 건축과를 졸업하고 총독부 기사로 일한 전력이 있는 이상은 신세계의 유혹에 빠져들었다. 그는 폐결핵에 걸려서도 당시 아시아에서 가장 모던한 도시 동경으로 갔고 그곳에서 세상을 뜨고 만다. 아쉽게도 그때는 폐결핵을 치료하는 약이 없었다.

이상이 살던 시대의 경성은 식민지 근대화의 상징이었다. 화려한 도시 문화의 이면에는 서구에서 들어온 의약학이 빠르게 스며들고 있었다. 이러한 변화는 훗날 우리 의약학이 전통의 틀을 벗어나 새로운 체계를 갖추는 밑거름이 되었다. 이후 과학기술의 도입으로 의약품을 스스로 생산할 수 있게 되었고, 한국전쟁을 거친 뒤 1960년대에 들어서면서 비로소 본격적인 비상을 할 수 있었다.

행운은 준비된 사람에게 찾아온다

질병과 싸우는 최전선에서 약은 가장 강력한 무기다. 그러나 새로운 약을 만들기는 너무나 어렵다. 역사적으로 유명한 약 중에는 아주 우연히 발견된 경우가 적지 않다. 이처럼 뜻밖의 발견이 큰 행운으로 이어질 때, 억세게 운이 좋다는 뜻으로 '세렌디피티serendipity'라고 부른다. 이렇게 말하니 하늘에서 뚝딱 떨어진 것 같지만, 의약학에서 세렌디피티는 세심한 관찰과 끊임없는 노력, 지식, 통찰이 있어야 비로소 가능하다. 프랑스 과학자 루이 파스퇴르Louis Pasteur는 "행운은 준비된 자에게 주어진다"라고 말했다. 파스퇴르는 백신, 발효, 세균학에서 숱한 업적을 쌓았는데 그럴 수 있었던 것은 철저한 훈련과 끊임없는 탐구가 밑바탕에 있었기 때문이다.

신약은 19세기와 20세기를 거치면서 근대 유럽을 필두로 엄청난 발전을 이뤘다. 제약 산업의 발달로 인류는 혁신적인 신약을 가지게 되었고 감염이나 통증 같은 질병의 고통에서 해방되었다. 20세기 후반에는 세포생물학, 분자생물학, 면역학 같은 최첨단 생명과학에 힘입어 질병의 발생 원리를 분자 수준에서 설명할 수 있게 되었다.

최첨단 백신으로 감염병을 예방하고 난치병에 도전하는 치료제들이 속속 등장하면서 의료의 질은 눈부시게 향상되었다. 그러나 그 이면에는 상상 이상으로 험난한 신약 개발의 여정이 존재한다. 새로운 약 하나가 세상에 나오기까지는 평균 10~15년이 걸리고, 투입되는 비용은 2조 원(15억 달러)이 넘는다. 세계적인 제약사 우수한 과학자 수천 명과 자본을 동원하더라도 1년 동안 새롭게 승인받는 신약은 미국 기준으로 20~50여 가지에 불과하다. 더군다나 신약이 될 수 있는 초기 후보 물질 5,000개 중 단 하나만이 정부의 최종 승인을 통과하니 성공 확률은 0.02%에 불과하다. 금광 개발 확률이 10%, 유전 개발 확률이 5%임을 감안하면 신약 개발은 그보다도 훨씬 낮은 가능성을 뚫어야 하는 그야말로 도박이라 할 수 있다.

우리나라는 1987년 7월 1일부터 의약품, 농약 등의 화학물질에 물질특허를 도입했다. 이전까지는 신물질에 관한 합성 방법(공정) 특허만 허용해 누구든지 다른 합성법을 개발하면 복제약을 제조할 수 있었다. 1960~1980년대 국내 제약사는 오리지널 신약 없이 그와 성분이 같은 복제약을 중심으로 생산하면서 성장했는데 일대 변혁이 일어난 것이다. 이는 미국과 유럽의 강력한 통상 압력과 지식재산권에 대한 국제법 기준에 부응하는 조치였다.

선진국에서 특허받은 신약에는 최대 20년까지 특허 효력이 발생해 막대한 로열티를 지불해야 했다. 단순한 성분 복제로는 더 이상 시장 경쟁력을 확보할 수 없게 되자, 제약 산업의 패러다임은 모방에서 혁신으로, 복제에서 연구 개발로 이동했다. 이후 국내 상위 제약사와 대기업을 중심으로 연구 개발 투자가 활성화되었다. 성공 확률이 낮은 신약 개발에 전력투구하는 길밖에 없었던 것이다.

신약 개발은 질병의 원인을 찾아 그에 해당하는 단백질을 목표물로 삼는다. 질병을 일으키는 원리를 찾아낸 다음, 생리 기능이 강한 수용체나 효소 같은 단백질에 결합하는 물질을 찾는 방식이다. 화합물 5,000개를 후보 물질로 검색하면 그중 두세 개 정도가 약효 실험과 동물실험 같은 전임상 시험을 통과한다. 이후 사람을 대상으로 하는 임상 시험 1상, 2상, 3상을 진행하면 최종적으로 남는 것은 한 개 정도다. 전임상 시험에서 임상 시험으로 단계를 밟아 갈수록 비용이 눈덩이같이 불어난다.

건강한 사람 수십 명을 대상으로 해 임상 시험 1상을 시작으로 2상을 거쳐 3상까지 가면 최소 수백 명에서 수천 명의 환자에게 약을 투여한다. 가능한 한 많은 사람의 검사 결과를 얻는 것이 안전하기에 어떤 경우에는 막대한 예산을 투입해 전 세계에서 수만 명이 참여하기도 한다. 약이 안전하고 효과가 좋다고 어렵게 정부의 승인을 받아도 시판 후 4상 시험에서 부작용이 발견되면 한순간에 시장에서 퇴출당하기도 한다. 환자 1,000명에게 투여했을 때 나타나지 않은 부작용이 1만 명, 10만 명에게 투여했을 때는 불쑥 나타날 수 있고, 이런 부작용이 누구도 예측하지 못한 치명적인 결과로 이어질 수 있다. 공들여 신약을 개발한 제약사는 막대한 손해를 감수하고 출시된 약을 약국에서 회수해야 하는 것이다.

생명과학과 제약 기술의 눈부신 발전으로 최근에는 기존의 약과는 개념도 차원도 다른 첨단 의약품이 속속 등장하고 있다. 항체 의약품(특정 단백질의 항원에만 선택해 결합하는 약), 병원체의 항원 단백질을 암호화한 신종 백신, 줄기 치료제 같은 바이오 신약과 개인 유전체 정보를 기반으로 한 맞춤 의료 시대로 나아가고 있다. 창의적인 연구와 불굴의 도전 정신으로 우리나라 제약·바이오 산업의 미래에도 행운이 함께하길 바란다.

2

보이지 않는 살인자, 세균과의 전쟁

항생제

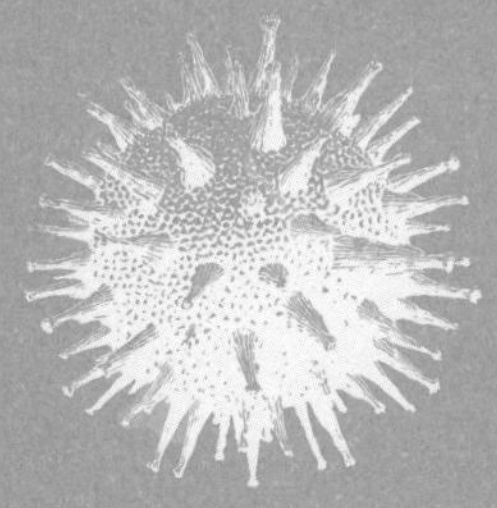

항생제는 세균 감염으로부터 인류를 구원한 혁신 무기다.
에를리히의 살바르산부터 플레밍의 페니실린,
도마크의 설파제, 왁스먼의 스트렙토마이신까지,
항생제의 발전은 인류의 생명을 연장했다.
그러나 약물 오남용은 치명적인 슈퍼박테리아의 반격을
불러왔다. 오늘날 내성균은 최후의 항생제 카바페넴마저
무력화하며 인류의 생존을 위태롭게 하고 있다.
올바른 항생제 사용과 지속적인 신약 개발은
인류의 생존을 위한 필수 과제다.

#아테네역병 #살바르산 #프론토실 #페니실린 #스트렙토마이신
#테트라사이클린 #팩티브

항생제의
빛과 그림자

자연에는 여러 미생물이 공존하는데, 그중 한 미생물이 내놓는 물질이 다른 미생물이 커가는 것을 막거나 죽이면 이를 '항생抗生'이라고 한다. 미생물은 자연에서 살아남기 위해 여러 항생물질을 생산한다. 이렇게 천연에서 얻은 화합물을 항생제antibiotic라고 하는데, 지금은 의미가 넓어져 이를 개량하거나 화학합성한 약까지 포괄한다. 현재 시중에 나온 항생제는 천연에서 얻은 약이라기보다는 미생물에서 유래한 기존 분자를 개량해 만든 약이 대부분이다.

따라서 엄격히 말해 항생제보단 세균을 죽이거나 억제한다는 의미의 항균제antibacterial agent가 더 적확한 표현이다. 그러나 '항생제'라는 용어는 오랫동안 사용되어왔으며, 여전히 의료 현장과 대중 사이에서 널리 쓰이고 있다. 항생제 중 많은 약물이 이름에 '마이신mycin'을 포함하고 있어 흔히 마이신이 항생제의 대명사처럼 사용되기도 한다. 원래 마이신은 곰팡이를 뜻하는 그리스어에서 유래한 말로, 초기 개발된 항생제들이 미생물, 특히 방사형으로 뻗은 방선균에서 유래한 데서 이 말이 상징처럼 쓰이게 되었다.

세균 감염증에 대항하는 화학요법은 19세기 말 과학자 루이 파스퇴르와 하인리히 코흐Heinrich Koch가 그 기초를 쌓았다. 세균학을 연 두 거장의 연구로 전염병의 원인이 밝혀지자, 뒤이어 학자들은 병원체를 죽이는 물질을 찾기 시작했다. 20세기 초 독일의 의학 화학자 파울 에를리히Paul Ehrlich는 화학요법을 창시한 사람으로 세계 최초로 항균제를 개발했다. 그는 인체에 심각한 해를 주지 않으면서 질병을 일으키는 미생물만 골라 제거하는 살균제를 만들었다.

에를리히는 아닐린aniline 염료를 실험하던 중, 염료가 모든 세포에 균일하게 작용하지 않고 특정 조직이나 세포소기관에만 선택적으로 결합한다는 사실을 발견했다. 이를 바탕으로 그는 특정 화합물이 병원균만 선택적으로 공격할 수 있다는 가설을 세웠고 훗날 '마법의 탄환Magic Bullet' 이론으로 발전시켰다.

1909년 그는 비소As를 기반으로 한 화합물 살바르산salvarsan을 합성했는데 이 약은 당시 난치병이던 성병 매독을 치료하는 데 사용되었다. 살바르산이 나오면서 에를리히는 화학요법의 창시자로 불리게 되었다. 살바르산은 매독 치료에 신기원을 열었지만 초기, 중기, 말기로 나뉘는 매독 증상 중 초기에 효과적이었고 중기에는 제한적인 약효를 나타냈다. 병이 진행되어 매독균이 신경계까지 침범한 말기에는 약효가 미미하거나 사실상 효과가 없었다. 더군다나 살바르산에는 독한 비소가 있어 에를리히가 원하던 완벽한 탄환은 아니었다.

인류를 괴롭힌 매독균을 완치하는 데에는 제2차 세계대전 중 개발된 페니실린penicillin이 결정적인 역할을 했다. 푸른곰팡이에서 태어난 하얀 가루 한 줌이 전쟁의 참화 속에서 구원의 불씨가 되었다. 눈에 보이지 않는 세균은 오랫동안 보이지 않는 적이자 거대한 재앙이었다. 상처 하나로 목숨을 잃었고, 전염병이 돌면 마을이 통째로 사라졌다. 살아남은 이들 또한 고통과 후유증의 그림자에서 벗어나지 못했다. 그러나 페니실린의 등장은 인류의 운명을 바꾼 결정적인 전환점이었다. 이 약은 인체 속 병원균만을 선택적으로 공격해 감염을 치료하는, 획기적이고 강력한 무기다.

그러나 사람들은 이 약을 너무 자주, 너무 쉽게 남용했다. 가벼운 감기에 걸려도 항생제를 썼고 동물을 키우거나 물고기를 양식할 때도 대량으로 살포했다. 세균은 살아남기 위해 유전자를 변화시켰고, 그 결과 항생제를 견디는 내성균이 출현했다. 내성균이 확산되면서 항생제는 무용지물이 되었고 다시금 감염병의 위험이 부활하는 상황을 초래했다. 내성균 출현으로 인류는 더 강력하고 더 정밀한 항생제를 개발해야 하는 난제를 떠안게 되었다.

세계보건기구WHO는 2015년부터 매년 11월 셋째 주를 '세계 항생제 인식 주간'으로 지정해 항생제를 신중하게 사용해야 한다는 경각심과 내성균의 심각성을 알리는 글로벌 캠페인을 펼치고 있다. 시민과 의료인을 대상으로 무분별한 항생제 사용을 경고하고, 감기 같은 바이러스 질환에는 항생제가 효과가 없다는 사실을 알리고 있다. 지속적인 캠페인으로 항생제 사용량은 눈에 띄게 줄었고 의료 기관의 불필요한 처방 관행도 서서히 개선되고 있다.

우리나라에서도 질병관리청이 2011년부터 "항생제는 감기약이 아닙니다" 등의 메시지를 통해 올바른 항생제 사용법을 알리고 있다. 다행히도 항생제 사용률이 점차 감소하고 있으며, 항생제는 '쉽게 쓰는 약'이 아니라 '신중히 다뤄야 할 약'이라는 생각이 확산하고 있다.

전염병의
오래된 기록

인류는 유구한 세월 동안 전염병의 굴레에서 신음했다. 문명의 싹이 튼 최초의 도시 메소포타미아의 점토판과 고대 이집트의 파피루스에도 질병에 관한 기록이 나온다. 열병, 설사, 피부병, 기침, 종기 같은 일반적인 병뿐만 아니라 여러 사람에게 번지는 감염병이나 다수에 발병하는 열성 질환도 나온다. 고대에는 전염병을 신의 징벌, 또는 악령이 가져오는 재앙으로 받아들였다.

기원전 1500년경, 『구약 성경』「출애굽기」에는 이집트를 강타한 역병이 나온다. 파라오의 맏아들에서 시작한 이 재앙은 모든 짐승의 첫 번째 새끼에 이르렀고 모든 맏이가 죽어나가는 참혹한 결과를 불러왔다. 절망과 공포에 휩싸인 파라오는 마침내 이스라엘 노예들이 고향 가나안 땅으로 돌아가는 것을 허락하게 된다.

「사무엘기」에는 기원전 11세기경 고대 팔레스타인 지역을 휩쓴 전염병 이야기가 나온다. 오랜 세월 괴롭히던 블레셋과의 전투에서 이스라엘이 패배하자, 이스라엘 사람들은 사기를 높이기 위해 조상 모세Moses의 십계명 돌판이 담긴 성물 '언약궤'를 전장에 들고 나왔다. 그러나 블레셋 군대는 두려워하기는커녕, 오히려 이스라엘을 크게 무찌르고 언약궤까지 빼앗았다.

그런데 언약궤가 전리품으로 블레셋 땅에 옮겨진 뒤, 그곳에 있던 사람들에게 원인을 알 수 없는 종기와 질병이 퍼지기 시작했다. 두려움에 빠진 블레셋 사람들은 언약궤를 다른 곳으로 보냈는데, 언약궤가 머무는 도시마다 독한 종기가 퍼져 죽음의 공포가 가득했다. 마침내 블레셋 사람들은 언약궤를 이스라엘로 되돌려보낸다. 이 이야기는 고대인들이 질병을 신의 진노나 신성 모독으로 이해했음을 보여준다. 인간이 통제할 수 없는 전염병을 초월적인 존재로 여기던 시기의 상징적인 장면인 셈이다.

보이지 않는 병은 신의 영역을 넘어 인간의 문명을 무너뜨리는 냉혹한 현실로 다가왔다. 기원전 430년 그리스 아테네에서 발생한 전염병은 나라의 운명을 바꾸어놓았다. 당시 그리스는 막강한 페르시아를 물리치고 최고 정치가 페리클레스Perikles의 지도하에 번영을 누렸다. 그러던 중 점점 막강해지는 신흥 강국 아테네를 견제하려는 스파르타와 충돌이 일어났다. 해상무역이 활발한 아테네는 해군이 강했고 스파르타는 육군이 강했는데, 두 나라 사이에서 일어난 전쟁이 펠로폰네소스 전쟁이다.

아테네는 도시를 둘러싼 방벽 안에 숨어 방어에 치중했다. 그런데 느닷없이 역병이 발생했다. 좁은 공간에 많은 사람이 밀집하자 비위생적인 상황에서 전염병이 빠르게 퍼진 것이다. '아테네 역병'이라 불리는 이 사태로 20만 명이 넘는 아테네 사람 중 3분의 1이 죽었다. 식수와 생필품이 바닥나고 지도자 페리클레스도 병에 걸려 죽고 말았다. 전염병의 기세가 맹렬해 적국 스파르타조차 두려움에 사로잡혀 아테네 포위 공격을 포기하고 말았다.

운 좋게 살아남은 역사가 투키디데스Thucydides는 "전염병 때문에 성실하고 품위 있던 시민들조차 질탕하게 먹고 마시며 음란한 행동을 일삼을 뿐 아무것도 하지 않았다"라고 당시 상황을 기록했다. 학자들은 이때 유행한 전염병을 악성 성홍열로 추측하는데 일부는 천연두 혹은 발진티푸스라고 주장하기도 한다.

고대 그리스가 전염병 앞에 무력했던 반면, 동양에서는 질병을 분석해 약초를 가지고 치료하는 법을 정립하려는 시도가 이루어졌다. 후한 말 서기 3세기 초에 편찬된 중국의 『상한론傷寒論』은 400개에 달하는 조문과 100여 가지의 처방으로 질병의 증상과 치료법을 체계적으로 정리한 동양 최초의 임상의학서다. '상한'은 찬 기운에 상했다는 의미지만, 단순한 감기가 아니라 온갖 급성 질환을 아우르는 말이다. 후한 시대 창사 지역의 태수로 『상한론』을 쓴 장중경張仲景은 서문에 다음과 같이 기록했다.

"나의 일족은 200명이 넘었는데 건안建安 원년부터 10년도 되지 않아 3분의 2가 죽었다. 그중 7할이 상한에 걸려 죽었다."

나관중羅貫中이 쓴 『삼국지연의三國志演義』도 상한론이 나온 후한 말기가 배경인데, 이 무렵은 정치적으로 혼란한 격동기로 기근과 숱한 전란으로 민생이 극도로 피폐한 시기였다. 머리에 누런 두건을 두른 도적 떼 황건적이 들끓고 전염병이 유행했다. 『후한서後漢書』에는 '온역瘟疫' 또는 '역병疫病'이 대규모로 확산했다고 나온다. 비슷한 시기 서양에서는 안토니누스 역병Antonine Plague이 들불처럼 번졌다. 로마의 철인 황제 마르쿠스 아우렐리우스Marcus Aurelius 때 중앙아시아의 파르티아 원정으로 천연두로 추정되는 전염병이 들어오면서 로마제국의 황금기가 끝나고 쇠퇴하기에 이른 것이다.

우리나라 『삼국사기三國史記』에도 전염병에 대한 기록이 나오는데, 주로 신라에 관한 내용이다. 신라 유리이사금 3년(26년), 지증왕 4년(503년), 진평왕 5년(583년)에는 '나라에 큰 역병이 돌아 죽은 자가 많다'는 표현이 반복해서 나온다. 나당 연합군이 백제를 멸망시킨 이듬해에는 신라에 대규모 역병이 돌았다. 극심한 역병 때문에 신라는 백제를 통제할 병력을 제때 보내지 못할 정도로 민생이 어려웠다고 한다.

고구려 보장왕 5년(644년) 때는 대역大疫이 돌았다. 많은 사람을 해치는 전염병을 대역이라고 했는데 백제 의자왕 20년(660년)에도 가뭄이 심하고 대역이 돌았다고 나온다. 백제는 멸망을 앞두고 극심한 가뭄과 전염병이라는 이중고에 시달리고 있었다.

이같이 한번 나타나 휩쓸면 엄청난 피해를 남기는 전염병은 오랫동안 인간을 괴롭힌 재앙이었다. 어쩔 도리가 없는 상황에서 사람들은 초자연적인 현상에 기대를 걸고 신비한 힘에 의지하면 나으리라 믿었다. 자신이 믿는 신에게 기도하며 제물을 바치는 등 갖가지 방법으로 질병의 마수에서 벗어나길 기원했다.

페스트를 피해 시골로,
그곳에서 나눈 열흘간의 이야기

이탈리아 작가 조반니 보카치오Giovanni Boccaccio가 쓴 『데카메론Decameron』은 그리스어로 '10일간의 이야기'란 뜻이다. 열 명이 매일 하나씩 이야기를 펼쳐놓는데 그렇게 열흘 동안 나눈 이야기 100편을 모은 것이 소설 『데카메론』이다. 흑사병이 중세 이탈리아 피렌체를 휩쓴 1348년, 여자 일곱과 남자 셋이 전염병을 피해 시골 별장으로 도망갔다. 무료한 시골 생활에 싫증이 나자, 이들은 하루 한 가지씩 재미있는 이야기를 나누기로 한다. 중세 이탈리아 사회를 풍자하고 인간의 욕망과 나약함을 사실적으로 그

1492년 판 『데카메론』 흑사병 묘사 장면으로 시작된다. 보카치오는 피렌체에서 10만 명이 흑사병으로 죽었다고 전하고 있다. 현실을 냉정하게 받아들이면서도 대상에 거리를 두고 유머와 풍자를 섞어 보카치오는 근대소설의 선구자가 되었다.

려낸 이 작품이 페스트의 참상 속에서 태어났다는 사실은 인상적이다.

신에서 인간으로 사고의 중심을 옮겨 고대 그리스·로마 문화를 부활시키자는 문예부흥운동이 르네상스다. 해상무역으로 동서양의 문화가 만나는 이탈리아 피렌체를 중심으로 르네상스가 일어났고 이런 배경에서 『데카메론』이 나왔다. 보카치오보다 먼저 피렌체에서 활동한 알리기에리 단테Alighieri Dante는 중세의 기독교 세계관을 대표하는 시인이다. 단테는 인간의 구원과 신앙을 축으로 한 종교적 세계를 장대한 서사로 그려냈다. 반면 보카치오의 『데카메론』은 세속적인 사랑, 성욕, 탐욕 등 인간의 본능과 욕망을 사실적이면서도 재치 넘치게 표현했다. 그런 점에서 '신곡神曲'과 대비해 '인곡人曲'이라고 말하기도 한다. 페스트가 창궐한 이 시기, 사람들의 삶에 대한 태도는 극적으로 바뀌어 "지금 이 순간을 즐기자"는 풍조가 퍼졌다. 이러한 시대 분위기 속에서, 가톨릭교회의 엄숙한 도덕관에서 벗어나 인간의 욕망과 남녀 간의 연애 풍속을 솔직하고 해학적으로 그린 『데카메론』은 작가 보카치오가 세상을 떠난 뒤 출간되어 대중적인 인기를 얻게 되었다.

당시 전 유럽을 휩쓴 페스트로 대략 2,500만 명이 사망했다. 유럽 전체 인구의 4분의 1에 해당하는 엄청난 수다. 페스트가 지나간 지역은 처참하게 변했고 인구가 급격하게 줄어 중세를 지탱해온 봉건제도가 무너졌다. 급속한 사회 변화를 초래한 페스트는 세균Yersinia pestis이 원인이었다. 감염된 쥐의 피를 먹은 벼룩이 매개체가 되어 사람에게 병을 옮기고, 그렇게 병에 걸린 사람의 피를 벼룩이 계속 옮기면서 순식간에 병이 퍼졌다. 페스트는 쥐 같은 설치류 수가 급증할 때 유행했는데, 페스트에 걸리면 열 명 중 여섯 명이 사망했다. 심할 땐 치사율이 90%나 되었다. 감염되면 온몸이 검게 변해 죽는다고 흑사병으로도 불렸다.

도무지 원인을 알 수 없었던 당시 사람들에게 페스트는 초자연적인 현상으로 보였다. 신이 죄지은 사람들을 벌하는 것으로 생각했다. 누가 죄를 지었는지를 따지는 과정에서 소수 종파인 유대인이 지목되었고, 사람들은 유대인이 우물에 병균을 풀고 집에 독을 발라 병을 퍼뜨렸다고 의심했다. 1348년 제네바를 시작으로 유대인 박해가 일어나 독일, 프랑스 등 서유럽으로 번졌다. 마을에 사는 유대인을 모조리 잡아 커다란 목조 건물에 가두고 불을 지르기도 했다.

오스트리아 수도 빈 중심가에는 페스트 기념비Pestsäule가 있다. 유럽에서 가장 크고 잘 알려진 조각상인데 1679년 빈을 강타한 흑사병에서 벗어나면서 이를 기념하기 위해 세운 것이다. 전염병 창궐과 더불어 빈 전투에서 오스만제국의 공격을 이겨낸 시민들이 신에게 구원의 기도를 올리고 감사의 의미를 담아 세웠다고 한다. 빈 외에도 프라하, 부다페스트 등 페스트가 할퀴고 지나간 유럽 곳곳에는 그 역사를 기념하는 작품들이 남아 있다.

다행히 지금은 항생제로 페스트를 치료한다. 아미노글리코사이드aminoglycoside 계열, 테트라사이클린tetracycline 계열, 퀴놀론quinolone

계열의 여러 약이 나와 있다. 이 항생제들은 감염 초기 24~48시간 이내에 투여하면 치료 효과가 아주 높아 사망률을 크게 낮춘다. 페스트 앞에 무기력하던 시대를 떠올리면, 세균을 물리칠 수 있는 강력한 무기를 지닌 지금이 기적처럼 느껴진다.

러시아를 침공한 나폴레옹, 발진티푸스에 무너지다

19세기 초 천재적인 전략가 나폴레옹 Napoléon 은 영국과 러시아를 제외한 유럽 대부분을 무력으로 차지했다. 바다 건너 해군이 강한 영국을 경제적으로 고립시키기 위해 나폴레옹은 1806년 대륙봉쇄령을 내렸다. 그러자 영국과 교역이 끊긴 러시아가 경제적으로 큰 타격을 입었다. 곡물 수출로 생계를 유지하던 러시아는 1810년경 나폴레옹의 명령을 어기고 영국과 무역을 재개했다.

나폴레옹은 대륙봉쇄령을 파기한 러시아를 본보기 삼겠다며 징벌적 원정을 강행했다. 1812년 프로이센으로부터 병사 2만 명, 오스트리아에서 6만 명을 지원받은 나폴레옹은 60만 대군을 이끌고 러시아로 쳐들어갔다. 나폴레옹의 군대는 산더미 같은 프랑스 와인과 고기, 밀가루, 사료 등을 싣고 기세 좋게 전진했다. 이때 러시아군은 25만 명에 불과했다.

모든 게 탄탄대로인 듯 행군하던 나폴레옹의 군대는 폴란드에 이르러 뜻밖의 복병을 만났다. 당시 폴란드의 시골 마을은 위생 상태가 극도로 열악했으며, 이와 벼룩이 병사들을 물어뜯고 피를 빨아댔다. 또 오염된 물을 통해 퍼진 이질과 장티푸스 같은 수인성전염병이 급속히 확산되면서 전열이 무너지기 시작했다.

군인들이 잠을 청하던 낡은 오두막에는 이가 들끓었다. 그 이들이 리케차Rickettsia 세균을 옮기며 발진티푸스Typhus fever가 순식간에 번졌다. 가려운 피부를 긁다 생긴 상처를 통해 균이 침투했고, 병사들은 하나둘 쓰러져갔다. 설상가상으로 보급로까지 길어지면서 군수품이 제때 도착하지 못했고, 인명 피해는 눈덩이처럼 불어났다.

모스크바에서 서쪽으로 약 130km 떨어진 보로디노에서 나폴레옹 군대는 미하일 쿠투조프Mikhail Kutuzov 사령관이 이끄는 러시아 군대와 전투를 벌였다. 전투력에서 우위에 있던 프랑스가 결정적인 승리를 거두지 못한 채 나폴레옹은 일주일 후 모스크바에 무혈입성했다.

하지만 러시아군과 주민 대부분은 도시를 버리고 퇴각한 뒤였다. 모스크바는 거대한 불길에 휩싸여 도시의 75%가 잿더미가 되었고, 거리 곳곳에 굶주림과 발진티푸스에 쓰러진 병사들의 시신이 나뒹굴었다. 60만 대군으로 당당히 러시아를 침공한 나폴레옹의 군대는 폐허 속에 9만 명의 잔존 병력만 남아 매서운 추위에 덜덜 떨어야 했다.

프랑스군의 침공에 맞서 식량, 물자, 시설 등을 철저히 파괴해 적군이 사용할 수 없도록 만든 청야전술로 나폴레옹이 곤경에 빠지자, 러시아는 공세로 전환했다. 나폴레옹은 더 이상 버티지 못하고 모스크바에서 철수할 수밖에 없었다. 후퇴하면서 발진티푸스가 더욱 확산해 프랑스군 병원에는 환자가 넘쳐났고 혹독한 추위와 식량 부족으로 굶어 죽는 사람이 속출했다. 가까스로 프로이센에 돌아온 병사는 1만 명 정도에 불과해 러시아 원정은 나폴레옹이 몰락하는 결정적 계기가 되었다. 그 과정에서 발진티푸스가 치명적인 타격을 입힌 것이다.

19세기 독일 화가 아돌프 노르텐Adolph Northen은 〈모스크바에서 퇴각하는 나폴레옹Napoleons Retreat from Moscow〉이라는 제목으로 패잔병과 함께 눈 속을 헤매는 나폴레옹을 사실적으로 그렸다. 나폴레옹의 처절한 실패와 덧없는 권세를 고스란히 드러내며, 절망과 고독에 빠진 비극적인 장면을 묘사하고 있다. 러시아 원정 참패는 나폴레옹의 패권이 무너지는 서막이었다. 이후 그는 1814년 지중해 엘바섬에 유배되었고, 이듬해 워털루 전투에서 패배하면서 프랑스 제국은 막을 내렸다.

발진티푸스는 지저분한 환경과 관련 깊다. 주로 기근이나 전쟁 등 위생에 신경 쓸 틈이 없을 때 발생해 쥐에 기생하는 이로 옮는다. 우리나라에서 주로 늦가을에 급증하는 쯔쯔가무시병 또한 발진티푸스의 일종인데 털진드기 유충이 활발히 활동하는 10~11월 사이, 풀밭에 누워 있다가 물려 병에 걸린다.

나폴레옹이 러시아 침공에 실패해 모스크바에서 후퇴하고 있다. 막강하던 나폴레옹의 몰락을 그린 아돌프 노르텐의 〈모스크바에서 퇴각하는 나폴레옹〉, 1851년 작.

털진드기 유충에 기생하는 리케차 세균에 감염돼 병이 나타나며, 고열, 근육통, 구토 등의 증상이 나타난다. 손·발바닥과 얼굴을 뺀 몸 전체에 발진이 퍼지는 게 특징이고 물린 후 1~2주 잠복기가 지나 발병한다. 유충이 늘어나는 늦가을에는 되도록 풀밭에 눕지 말고, 야외 활동 후에는 반드시 몸을 씻고 옷을 세탁해야 한다. 진드기 기피제를 옷에 뿌리거나 주위를 청결하게 하면 예방할 수 있고, 병에 걸리면 테트라사이클린(독시사이클린Doxycycline) 계열이나 마크로라이드(아지스로마이신azithromycin) 계열 항생제로 치료한다.

난치병 매독을 치료한 최초의 화학요법제 606 살바르산

보이지 않는 병원균이 인체에 침입해 병을 일으킨다. 대표적인 병원균은 세균과 바이러스로, 이 둘의 가장 큰 차이는 스스로 생명 활동을 하느냐 아니냐다. 세균은 세포 하나로 이뤄진 단세포 생물로, 영양분을 흡수하고 유기물을 만들어 번식할 수 있다. 반면 바이러스는 DNA나 RNA 같은 핵산과 단백질로 된 단순한 구조다. 스스로는 아무런 생명 활동을 하지 못하고 숙주의 세포를 이용해서만 증식할 수 있다.

인류가 병원균을 제대로 이해하고 다루기까지는 오랜 시간이 걸렸으며, 특히 매독은 오랫동안 사람들을 괴롭힌 대표적인 난치병이었다. 매독은 주로 성관계로 전파되는 세균성 질환이다. 피부에 생기는 궤양이 이른 봄에 피는 매화를 닮았다 해서 매독梅毒이라는 이름이 붙었다. 매독의 기원에 대해서는 두 가지 이야기가 있는데, 하나는 아메리카를 발견한 콜럼버스 일행을 통해 스페인에 들어왔다는 신대륙 기원설이고 또 다른 하나는 이전부터 매독균이 존재했다는 유럽 내재설이다. 최근의 유전체 분석 결과, 콜럼버스 이전부터 아메리카 대륙에 매독균이 존재했음이 밝혀지면서 신대륙 기원설이 널리 받아들여지고 있다.

페루 지역을 중심으로 번성했던 잉카제국에는 콜럼버스가 도달하기 전부터 매독균이 있었다. 특히 매독균이 동물에서 인간으로 유입된 경로에 대한 흥미로운 가설이 존재한다. 잉카 목동들이 라마 떼를 돌보기 위해 장기간 고립된 환경에 머물렀으며, 이들이 라마 암컷과의 성적 접촉을 통해 매독균이 동물에서 사람에게 전파되었다는 것이다.

감염병은 동물에서 사람으로 건너온 경우가 많다. 1만 년 전 호모사피엔스는 여기저기 돌아다니는 수렵 채집 생활을 끝내고 농경을 시작했다. 그러면서 가축을 길렀는데, 가축에 있는 세균과 바이러스가 사람에게 넘어와 병을 일으켰다. 세계적인 베스트셀러 『총, 균, 쇠Guns, Germs, and Steel』의 작가 재러드 다이아몬드Jared Diamond는 홍역, 결핵, 천연두, 인플루엔자 같은 질병들이 동물에서 기원해 사람에게 발생했다고 주장했다.

매독균에 감염되면 성기와 입 주위에 궤양이 생기는데 이를

1기 매독이라 한다. 혈액을 타고 전신으로 퍼지면 발진이 나는 2기가 되고, 이후 증상은 없으나 몸에 잠복하는 잠복기 매독이 된다. 이때 혈액검사에서 매독 양성반응이 나타난다. 감염 후 10년 이상 지나 3기가 되면 신경과 뇌에 균이 침범해 코가 떨어져나가고 마비성 치매를 일으켜 사망한다. 어머니가 매독에 걸렸을 경우 뱃속의 아이는 태반을 통해 수직 감염을 일으키는 선천성 매독으로 기형을 포함한 선천적 이상을 초래할 수 있어서 치명적이다.

이토록 심각한 피해를 일으켰으나, 과거에는 효과적인 매독 치료제가 없어서 사람들은 수은을 치료제로 썼다. 금속이면서도 상온에 유일한 액체로 존재하는 수은이 매독에 특효가 있다고 생각한 것이다. 수은은 독성이 강해 세균을 사멸하는 효과도 약간 있지만, 그보다 치명적인 부작용을 일으켜 머리털과 이가 빠지고 신장과 간장이 상한다. 심한 경우 생명을 잃기도 한다. 수은 중독으로 생기는 대표적인 병이 미나마타병이다. 수은이 배출되지 않고 몸에 쌓이면 신경세포를 파괴해 신체 마비와 정신이상 같은 증상이 생긴다.

이후 매독균이 열에 약하다는 사실이 알려지자 사람들은 고열로 치료하는 방법을 시도했다. 말라리아에 걸리면 심한 열이 나는데 매독균을 없애기 위해 일부러 말라리아에 걸리게 하는 것이다. 하지만 말라리아로 생명을 잃을 수 있어 대안이 되지는 못했다.

매독균은 1905년 독일 동물학자 프리츠 샤우딘Fritz Schaudinn과 피부과 의사 에리히 호프만Erich Hoffmann이 처음 발견했다. 당시 독일에서는 유기화학이 크게 발전하면서 염료 산업에서 얻은 화학 지식을 의학 연구에 활용하기 시작했다. 1908년 면역학으로 노벨상을 받은 파울 에를리히는 인체에 해가 없으면서 병원균만 죽이는 물질을 찾고 있었다. 그는 실험실에서 유기비소 화합물을 합성해 매독균에 적용해보았다. 비소는 독성이 강해 예로부터 암살에 쓰던 물질이다. 1909년 일본에서 토끼 매독 연구 경험이 있는 사하치로 하타秦佐八郎가 독일로 유학을 오면서 에를리히와 함께 연구했다.

에를리히는 하타와 여러 비소 화합물로 약효를 실험했다. 인체에 해를 끼치지 않고 오직 매독균만 잡는 마법의 탄환을 찾기 위해 수많은 물질을 만들어 효능을 검색한 것이다. 605번째 화합물까지도 별다른 성과가 없었다. 그러다 606번째 만든 아르스페나민arsphenamine이 마침내 매독균을 죽이는 데 성공했다. 매독균을 잡는 물질이 탄생한 것이다.

1911년 특허를 획득한 아르스페나민은 독일 제약사 회흐스트Hoechst에서 살바르산salvarsan이란 이름으로 출시되었다. 구세주를 뜻하는 라틴어 '살바토르Salvator'에서 딴 말이었다. 초기 살바르산은 생산이 수요를 따라가지 못했다. 매독약을 구하려는 사람들이 프랑크푸르트 근교 회흐스트 공장으로 몰려들었고, 목숨을 구하는 기적의 약을 얻기 위해 장사진을 쳤다. 19세기 중반 인공염료회사에서 출발한 회흐스트는 살바르산으로 큰 이익을 얻으면서 급성장해 세계적인 기업이 되었다.

1912년에는 살바르산을 개량한 네오살바르산_{neosalvarsan}이 나왔다. 904~914번째 화합물로 물에 녹는 용해성을 개선해 주사제로 편리하게 쓸 수 있었고 독성이 낮아졌다. 살바르산과 네오살바르산은 출시 5년 만에 유럽 매독 환자의 절반 이상을 치료하는 성과를 거뒀다. 이 약들은 매독 1, 2기와 잠복기 초기에 일부 효과를 보였지만, 감염이 1년 이상 지난 후기 잠복기와 3기에는 치료 효과가 미미했다. 매독균이 신경조직 깊숙이 침투해 약물이 도달하지 못하는 경우가 많기 때문이다.

그러다가 1940년대 페니실린이 개발되면서 3기에도 효과적인 치료제가 확보되었고, 살바르산은 점차 사라졌다. 에를리히와 하타의 끈질긴 노력이 없었다면 매독균으로 사망한 사람은 훨씬 많았을 것이다. 605번째 화합물에서 포기했다면 살바르산은 빛을 보지 못했다. 살바르산과 네오살바르산은 현대 화학요법의 시초가 되는 약물로서, 항균제 개발의 기틀을 마련했다는 점에서 역사적 의의가 크다.

이 놀라운 업적에 하타가 기여한 것을 보면, 일본인들이 일찍부터 과학 연구의 중요성을 깨닫고 서양에 가서 실력을 쌓은 것에 주목하게 된다. 1868년 메이지유신 이후 일본은 서양 과학기술의 우수성을 인정하고 적극적으로 도입했다. 또 유럽, 미국 등지로 유학생을 보내 신기술을 배워와 국가를 발전시켰다. 그리고 불과 수십 년 만에 열강의 대열에 들어갔다. 우리나라에서도 세계적인 과학자가 많이 나와 그 인물들을 역사책에서 보게 되기를 바란다.

신기원을 이룩한
설파제

과학기술은 기존 기술에서 한 걸음 더 전진하는 방식으로 발달한다. 조금씩 더 진전하는 노력이 모이면 한층 높은 차원의 신세계가 열린다. 대표적인 예가 천을 염색하는 독일의 염료 기술이 의약 산업으로 발전한 경우다.

독일 병리학자 게르하르트 도마크Gerhard Domagk는 의대를 다니던 중에 제1차 세계대전이 일어나자 학업을 중단하고 군에 자원입대했다. 처음에는 보병으로 참전했으나, 전투에서 부상을 입은 뒤 동부 전선 우크라이나 군 병원에서 위생병으로 복무하며 감염병의 참상을 직접 경험했다.

부상병 돌보는 것이 임무였던 도마크는 군의관의 수술을 도왔다. 치열한 전쟁으로 환자가 넘쳐났고 콜레라 같은 전염병이 돌면서 상황은 손을 쓸 수가 없을 정도로 처참했다. 가장 심한 것이 가스괴저였는데, 수술로 팔이나 다리를 절단한 후 세균에 감염되면 살이 썩어 악취 나는 피가 새어 나왔다. 가스괴저가 생기면 또다시 절단 수술을 해야 했고 그로 인해 환자가 사망하는 일도 비일비재했다. 가스괴저는 세균(클로스트리듐Clostridium) 감염으로 일어난다. 도마크는 전장에서 감염병의 비극적인 현실을 수없이 목격하고 그 고통을 줄이기 위해 의학 연구에 헌신하기로 결심했다.

전쟁 후 학업을 마친 도마크는 독일 최대 화학·제약 기업 연합

체인 이게파르벤IG Farben 산하의 바이엘에서 세균의 일종인 연쇄상구균streptococci을 없애는 연구를 했다. 아조azo 색소와 설파닐아미드sulfanilamide를 합친 물질의 약효를 실험했는데, 1932년 프론토실 레드prontosil red라는 염료가 연쇄상구균에 감염된 쥐를 치료하는 것을 확인했다. 프론토실 레드는 체내에서 설폰아미드기$-SO_2NH_2$를 가진 설파닐아미드로 분해되어 항균 작용을 나타냈다. 이 화합물의 구조적 특징 때문에 이후 이 계열의 약물은 설파제sulfa drugs라 불리게 되었다. 동물실험 효과가 기대보다 우수하자 도마크는 세균 감염 치료에 자신감을 가지게 되었다.

사람은 엽산vitamin B9을 스스로 만들지 못해 잎이 무성한 채소, 간, 효모, 밀, 쇠고기 같은 식품으로 보충한다. 그에 반해 세균은 자체적으로 엽산을 만들 수 있다. 세균은 파라아미노벤조산PABA을 원료로 엽산을 합성하는데, 설파제와 PABA는 구조가 비슷하다. 엽산을 만드는 세균의 효소에 설파제가 결합하면, 세균은 생존과 증식에 필수적인 엽산을 합성하지 못하게 되어 결국 사멸한다.

프랑스에서 프론토실 레드 연구가 더 진행되면서 아조 색소 부위가 아니라 설파닐아미드가 약효를 낸다는 사실이 밝혀졌다. 프론토실 레드를 투여하면 아조 색소의 영향으로 피부색이 붉게 변했는데, 설파닐아미드는 항균력이 그대로면서도 피부색이 변하지 않았다.

1935년, 도마크의 여섯 살 난 딸 힐데가르트Hildegard가 끔찍한 사고를 당했다. 집 위층에서 크리스마스 장식을 하다가 자수바늘에 손을 찔린 것이다. 곧 손이 붓고 종기가 생겼다. 병원에서 종기를 째고 고름을 빼냈지만 낫지 않았고 팔로 감염이 번지고 있었다. 세균이 급속도로 온몸에 퍼져 열이 났고, 혈액 독성이 심각했다. 의사는 생명이 위급하니 아이의 팔을 절단해야 한다고 말했다.

혈액검사에서 연쇄상구균이 나오자 도마크는 최후의 수단으로 실험실에서 빨간색 프론토실prontosil 알약을 가져와 딸에게 삼키게 했다. 사흘이 지나도록 별 차도가 없더니 4일째 열이 떨어졌고 7일째 체온이 정상으로 돌아왔다. 딸의 손가락은 기적같이 회복되었다. 프론토실의 임상 효용성이 확인되면서 세균 감염에 획기적인 전기가 마련되었다.

설파제 개발 공로를 인정받은 도마크는 1939년 노벨 생리·의학상 수상자로 지명되었다. 하지만 당시 독일은 나치 정권하에 있었고, 히틀러가 상을 거부하라고 강요하면서 도마크는 원하던 노벨상을 받지 못했다. 1935년 노벨 위원회가 반反나치 평화주의자 카를 폰 오시에츠키Carl von Ossietzky를 평화상 수상자로 선정했기 때문이다. 그는 독일 재무장과 나치 이념의 거짓을 폭로한 양심적인 언론인이었다. 히틀러는 독일인에 대한 모독이라며 이 평화상에 크게 반발했다. 그리고 그는 "어떤 독일인도 앞으로 노벨상을 받을 수 없다"라고 공식 명령을 내렸다. 대신 독일국가예술과학상을 제정했다. 이 상은 나치 정부가 인정하는 과학자와 예술가에 수여했으며, 나치 체제의 이념을 강화하려는 정치적 수단이었다.

독일인들은 어쩔 수 없이 자발적으로 노벨상을 거부해야 했다.

비밀경찰 게슈타포가 도마크의 집에 들이닥쳤고 그를 체포해 교도소에 가뒀다. 체포 사유는 스웨덴 사람들에게 너무 친절했다는 것이었다. 일주일 동안 그는 노벨상을 거절하라고 강요당했다. 어쩔 수 없이 수상 포기 사인을 한 도마크는 회복할 수 없는 정신적 상처를 입고 고통받았다.

전쟁이 끝나고 난 뒤 도마크는 1947년 스웨덴 스톡홀름에서 노벨상을 받았는데 아쉽게도 상금 14만 크로나는 받지 못했다. 노벨 재단 규정에 따라 상금은 1년 이내에 수령해야 했으므로, 기한이 지나자 상금은 재단으로 반환되었다.

히틀러의 광기가 과학자를 옥죄던 그 시기, 설파제는 또 다른 비극을 만들고 있었다. 독일에서 정치가 과학을 억눌렀다면, 대서양 건너 미국에서는 약의 안전성을 경시한 탐욕이 수많은 생명을 앗아갔다. 세균을 죽이는 설파닐아미드는 에탄올에 잘 녹지 않아서 어린이들이 먹을 수 있는 시럽이나 액상으로 만들 수 없었다. 설파닐아미드를 액상 제형으로 만들려면 다른 용매가 필요했다. 미국의 한 제약사가 다이에틸렌 글리콜diethylene glycol에 설파제가 녹는다는 것을 알아내 딸기향이 나는 시럽으로 만들었다. 당시에는 의약품 허가 규정이 엄격하지 않아 독성 검사와 임상 시험 없이 발매되었고, 약은 즉시 병원과 약국에 풀려나갔다.

하지만 얼마 지나지 않아 끔찍한 일이 벌어졌다. 이 시럽을 먹은 아이 107명이 사망한 것이다. 아이들을 검사해보니 신장이 비정상적으로 두 배나 커져 있었다. 신장 독성과 신부전이 사망 원인이었고 시럽을 개발한 매싱길 제약S. E. Massengill의 수석 화학자 해럴드 왓킨스Harold Watkins는 죄책감에 시달리다가 머리에 총을 쏴 자살하고 말았다. 이것이 1937년 일어난 약화 사고, 엘릭시르 설파닐아미드elixir sulfanilamide 사건이다.

범인은 설파제가 아니라 다이에틸렌 글리콜이었다. 이 용매가 신장을 망가뜨렸다. 이를 계기로 1938년 미국은 식품의약국FDA, Food and Drug Administration 규제 법안을 발표해 모든 의약품은 독성 검사 결과를 제출해야 시중에 판매할 수 있도록 했다. 의약품의 안전성과 규제의 중요성을 일깨운 사건이었고 이때 강화된 미국 의약품 제도는 1961년 유럽에서 발생한 탈리도마이드 사고를 미국에서 예방하는 초석이 되었다.

설파제는 폐렴, 부비동염, 수막염 등 다양한 세균 감염으로부터 수많은 생명을 구했다. 1936년 미국 4선 대통령 프랭클린 루스벨트Franklin Roosevelt의 아들 프랭클린 루스벨트 주니어는 심각한 부비동염으로 생명이 위태로웠다. 그러다가 설파닐아미드로 회복했고 이 사실이 대중에게 널리 알려져 감염 치료의 대표 약물이 되었다. 1943년 폐렴으로 생명이 위태로웠던 영국 총리 윈스턴 처칠Winston Churchill은 설파제 계열 약물인 설파피리딘sulfapyridine의 도움으로 기적처럼 회복했다.

제2차 세계대전 중 미국은 군인들에게 설파제를 필수적으로 휴대하도록 했다. 상처에 설파제 가루를 뿌려 세균 감염을 방지하기 위한 지침이었다. 신형 설파제 설파구아니딘sulfaguanidine은 장내 감염으로 발생하는 급성 설사 이질에도 효과가 있었다. 태평양전쟁 중 미군과 일본군이 맞붙은 솔로몬제도의 과달카날섬에서 이질이 창궐했을 때 설파구아니딘으로 수많은 병사가 목숨을 건질 수 있었다.

설파구아니딘 도입은 이질 사망률을 극적으로 낮추는 전환점이 되었다. 1942~1943년 과달카날 전투에서 미군은 설파제 치료 덕분에 대부분의 병사들이 빠르게 회복해 전장에 복귀할 수 있었다. 반면 위생 환경이 열악하고 보급이 부족한 상황에서 이질, 말라리아 등 각종 질병에 시달리던 일본군은 전력 손실을 피할 수 없었다. 설파제는 총상이나 열상에서 감염을 방지하는 응급처치 약으로 널리 사용되었다. 이후 용도와 성분을 달리한 20여 종 이상의 설파제가 잇달아 개발되면서 설파제는 감염 치료의 영역을 더욱 넓혀갔다.

지금은 효과가 강력하고 부작용도 적은 페니실린 계열의 약물이 설파제를 대신하면서 사용량이 크게 줄었다. 요로감염증에 주로 사용하는 박트림Bactrim 같은 복합제나, 화상 상처에 바르는 실버 설파디아진silver sulfadiazine 연고 정도가 남아 있다. 우리나라에서는 1960~2000년대 초반까지 상처에 뿌리는 하얀 다이진 가루(설파닐아미드 파우더)가 흔히 사용되었다. 그러나 2009년 일부 가루약의 원료인 탤크talc에서 석면이 검출되면서 생산이 중단되었고, 이로써 뿌리는 설파제는 약국에서 사라졌다. 한때 의약품 역사에 신기원을 연 설파제는 이제 추억의 약이 되었다.

푸른곰팡이의
선물

1908년 면역 연구로 파울 에를리히와 노벨 생리·의학상을 공동 수상한 우크라이나 출신 생물학자 엘리 메치니코프Elie Metchnikoff는 이렇게 말했다.

"먹고 먹히는 자연에서 살아남기 위해서는 미생물도 서로 싸워야 한다. 생존경쟁의 무기는 미생물이 분비하는 화학물질이다."

찰스 다윈Charles Darwin이 『종의 기원The Origin of Species』에서 말한 자연선택의 법칙은 눈에 보이지 않는 미생물의 세계에서도 그대로 작동한다. 세균과 곰팡이는 살아남기 위해 끊임없이 싸웠고, 그 치열한 생존경쟁 속에서 인류는 항생제 페니실린을 얻었다.

영국 미생물학자 알렉산더 플레밍Alexander Fleming은 제1차 세계대전이 일어나자 영국군 의무부대의 군의관으로 참전해 프랑스 북부 해안 불로뉴에서 복무했다. 부상병을 대거 수용한 군 병원에서 그는 중증 감염 환자들을 치료하며 상처 감염과 패혈증의 심각성을 직접 경험했다. 감염 환자의 상처에 그 무렵 소독제로 사용하던 페놀을 깊숙이 주입했지만, 오히려 몸에 들어온 세균과 격렬히 싸우는 백혈구를 파괴해서 도움이 되지 않았다. 소독제로는 이미 몸 안에 들어간 균을 잡을 수 없었다. 아직 설파제가 개발되기 전이었다.

전쟁이 끝난 후 플레밍은 영국의 세인트메리 병원에서 감염증 치료용 항균물질을 찾는 미생물 실험을 시작했다. 1922년 그는 우연히 자신의 콧물에서 라이소자임lysozyme이라는 물질을 발견했다. 라이소자임은 정상적인 세균에 대해서는 항균 효과를 보였지만, 병원성 세균에는 효과가 없어 치료제로서는 가치가 없었다. 그러나 플레밍은 라이소자임 발견을 통해 세균을 선택적으로 죽일 수 있는 항균물질이 존재할 것이라고 확신하게 되었다.

1928년 여름휴가를 떠나기 전, 플레밍은 납작한 배양 접시Petri dish에 포도상구균을 배양해뒀다. 마침 바로 아래층 실험실에서는 곰팡이 알레르기 치료법을 연구하고 있었다. 플레밍이 휴가를 떠나면서 창문을 열어둔 탓에, 그 실험실의 푸른곰팡이 포자가 날아와 배양 접시에 떨어졌고 번식하기에 이르렀다. 휴가에서 돌아온 플레밍은 푸른곰팡이 주변에서만 포도상구균이 자라지 않는 현상을 발견했다. 그는 이를 곰팡이가 라이소자임과 유사한 항균물질을 분비한 결과 나타난 현상이라고 추측했다.

플레밍은 곧바로 푸른곰팡이를 플라스크에 옮겨 배양했다. 그는 이 곰팡이가 페니실륨penicillium 속이라는 사실을 알고 '페니실린'이라 명명했다. 나중에 이 곰팡이는 페니실륨 노타툼penicillium notatum으로 분류되었다. 플레밍은 푸른곰팡이 배양액에서 항균물질을 분리하려 했으나 이 물질이 너무 불안정해 성공하지 못했다. 그는 이 발견을 1929년 『영국 실험병리학회지British Journal of Experimental Pathology』에 발표했다. 그러나 그의 논문은 별다른 주목을 받지 못했고, 실망한 플레밍은 연구를 접고 말았다. 세상을 바꿀 발견은 그렇게 한동안 잊혔다.

우리는 페니실린 하면 흔히 알렉산더 플레밍을 기억하지만, 이 약을 실제로 추출하고 정제해 대량생산에 성공시킨 사람은 따로 있다. 바로 하워드 플로리Howard Florey와 언스트 체인Ernst Chain이다. 호주 출신으로 영국 옥스퍼드 대학 병리학 교수였던 플로리는 원래 라이소자임을 연구하고 있었다. 1937년, 그는 유대인 생화학자인 체인을 고용해 연구팀에 합류시켰다.

독일 출신의 체인은 1933년 나치 정권이 들어서자 영국으로 이주해 케임브리지 대학에서 박사 학위를 받았다. 그는 연구 중에 라이소자임이 세균의 세포벽 성분을 분해하는 원리를 발견했는데, 이 과정에서 체인은 플레밍의 논문을 접하고 푸른곰팡이 연구에 관심을 갖게 되었다. 1940년, 체인은 새로운 기법으로 페니실린을 순수한 형태로 분리하는 데 성공했다.

체인의 성공 비결은 산성도와 온도 조절에 있었다. 그는 pH 5.5~7.5의 약산성 수용액과 2~25℃에서 페니실린이 안정하다는 사실을 발견했다. 페니실린은 베타락탐beta-lactam 고리를 지닌 독특한 물질로, 네 개의 원자가 이루는 이 고리는 결합각이 약 90도로 좁아 매우 불안정하다. 반면 벤젠처럼 6각형 고리를 지닌 분자는 결합각이 120도로 훨씬 안정하다. 이러한 β-락탐 고리의 불안정성 때문에 플레밍은 페니실린을 순수하게 분리하지 못했다. 그러나 체인은 pH와 온도를 세밀하게 조절하고, 냉각·여과·동결건조 등의 기법을 활용해 불순물에서 페니실린을 안정적으로 정제하는 데 성공했다.

이어진 동물실험 결과는 매우 충격적이었다. 연쇄상구균을 주입한 쥐는 며칠 만에 죽었으나, 연쇄상구균 주입 후 페니실린을 투여한 쥐는 6주 이상 생존했다. 서둘러 플로리는 사람을 대상으로 시험을 진행했으며 역시 탁월한 효과가 입증되었다. 그러나 당시는 제2차 세계대전이 한창이었고, 독일 폭격기의 공습으로 영국에서 연구를 계속하기 어려운 상황이었다.

1941년 플로리는 페니실린을 소량 챙겨 미국으로 떠났다. 그는 록펠러재단의 지원을 받아 미국에 도착했다. 그러나 체인은 초청받지 못했다. 체인이 적국 독일 출신 유대인이라는 이유로 입국이 거부된 것이다. 미국 정부는 페니실린을 군사·전략 자산으로 간주해 관련 연구자의 이동을 엄격히 통제했는데 체인이 기술을 외부에 유출할 가능성에 대해 우려했다. 이 사건을 계기로 플로리와 체인은 몸과 함께 마음도 서서히 멀어지게 되었다.

페니실린의 놀라운 효능에 주목한 미국 제약사들은 플로리와 함께 대량생산을 위한 발효법 개발에 착수했다. 화이자Pfizer는 페니실린 균주를 옥수수 담금액(아미노산, 비타민, 미네랄, 페닐아세트산을 함유한 농축액)으로 채운 대형 탱크에 넣어 발효시키는 방식을 개발했다. 이 방법으로 기존보다 수십 배나 많은 페니실린이 생산되었다.

1944년 6월 노르망디 상륙작전을 앞둔 연합군은 부상병 치료를 위해 대량의 페니실린을 준비했는데, 이중 약 90%가 화이자가

20세기 인류의 생명을 가장 많이 구한 약을 꼽으라면 단연 페니실린이 선두 자리를 차지할 것이다. 우연한 발견을 놓치지 않은 세 과학자의 노력으로 탄생한 약은 수많은 생명을 살렸다. 페니실린을 만든 공로로 세 사람은 1945년 노벨 생리·의학상을 받았다. 왼쪽부터 플레밍, 플로리, 체인.

생산한 것이었다. 1945년 페니실린 개발과 대량생산의 공로를 인정받아 노벨 생리·의학상은 알렉산더 플레밍, 하워드 플로리, 언스트 체인 세 사람이 공동 수상했다.

페니실린의 베타락탐 화학구조는 영국의 여성 과학자 도로시 호지킨Dorothy Hodgkin이 규명했다. 1945년 그녀는 X선 회절법을 통해 마침내 페니실린의 분자구조를 정확히 밝혀냈다. 불안정한 이 약의 비밀이 세상에 드러난 순간이었다. X선 회절법은 분자나 원자의 3차원 구조를 가장 정확하게 분석하는 방법이다. 이 연구는 이후 더욱 효과적인 약물 개발로 이어졌으며, 그 결과 수많은 페니실린 계열 약물이 탄생했다. 대표적인 예로 1972년에 영국의 제약사 비첨Beecham(지금의 글락소스미스클라인GSK)에서 처음 개발해 출시한 아목시실린amoxicillin이 있다.

아목시실린과 클라불란산clavulanic acid 복합제는 현재 병의원에서 널리 처방되는 항생제다. 소아청소년과에서는 아이들이 먹기 쉽도록 하얀 시럽 제제로 처방하고, 치과와 일반 의원에서는 정제 형태로 널리 사용된다. 클라불란산은 아목시실린의 베타락탐 고리가 내성균에 분해되지 않도록 내성균 작용을 억제해 항균 효과를 높인다. 클라불란산 자체는 항균력이 없으며, 아목시실린과 함께 쓸 때 시너지 효과를 발휘한다.

의약품 개발 역사에서 페니실린만큼 위대한 업적은 없었다. 페니실린의 등장은 항생제 개발의 새로운 장을 열었고 이를 기반으로 수많은 항생제가 탄생할 수 있었다. 항생제 혁명이 일어난 것이다. 세균의 세포벽을 파괴하는 독창적인 원리 덕에 페니실린은 세포막으로 이뤄진 인체 조직에는 해를 주지 않는다. 인류는 푸른곰팡이가 준 이 놀라운 선물 덕분에 세균 감염의 고통에서 해방되었고, 그 결과 인간의 평균 수명은 비약적으로 늘어났다.

흙에서 발견한
결핵 치료제

결핵에 걸리면 기침이 멎지 않고, 가슴이 따갑게 아파오며 얼굴은 백지장처럼 창백해진다. 병이 깊어지면 선홍색 피를 토하기도 한다. 19세기와 20세기 초, 결핵은 너무 흔하고 치명적이어서 사람들은 이 병을 중세의 흑사병에 빗대 백사병White Death이라 불렀다. 결핵균의 세포벽은 미콜산mycolic acid으로 이루어진 두꺼운 지질층이 있어 염료가 쉽게 침투하지 않는다. 그래서 그람 염색에서는 양성도 음성도 아닌 독특한 반응을 보이며, 대신 산성 알코올 염색법으로 분홍빛을 띠며 드러난다.

페니실린은 세균의 세포벽을 구성하는 펩티도글리칸peptidogly-can 합성을 방해함으로써 살균 효과를 발휘한다. 그러나 결핵균은 독특한 세포벽 구조여서 페니실린으로 죽지 않는다. 결핵 치료에는 리팜핀rifampin, 이소니아지드isoniazid, 에탐부톨ethambutol, 피라진아미드pyrazinamide와 같은 1차 항결핵제가 사용된다. 이 약물들은 서로 다른 메커니즘으로 결핵균을 공격하며, 내성균의 발생을 막기 위해 이 약물들을 병용해 6개월간 매일 투약하는 것이 표준 요법이다. 네 가지 중 리팜핀은 소변이나 눈물, 땀의 색이 붉거나 오렌지색으로 변해 깜짝 놀라는 경우가 있다. 이는 약물 대사 과정에서 생성된 색소로 인한 정상적인 현상이며, 특별한 조치가 필요하지 않다. 다만 복약지도 시 이러한 변화를 미리 알려 환자가 불안해하지 않도록 하는 것이 중요하다.

3,700년 전 만든 이집트 미라에서도 결핵균의 흔적이 발견될 정도로 결핵은 수천 년 동안 인류를 괴롭혀온 무서운 질병이다. 결핵은 몸 어디에서나 발생할 수 있지만 결핵균이 산소를 좋아하기 때문에 주로 폐에 감염되며, 전체 결핵 환자의 약 85%가 폐결핵이다. 결핵균은 기침, 콧물, 가래와 같은 호흡기 분비물을 통해 전염된다.

우크라이나 출신 유대인 셀먼 왁스먼Selman Waksman은 미국으로 이민해 뉴저지에 있는 럿거스 대학에서 미생물학 교수가 되었다. 그는 결핵균이 다른 환경에서는 강한 생명력을 유지하지만, 흙 속에서는 빠르게 사멸하는 이유에 주목했다. 왁스먼은 토양에 서식하는 어떤 미생물이 결핵균을 죽이는 성분을 분비할 것이라고 가정하고, 흙에서 방선균Actinomycetes을 분리해 연구를 진행했다.

방선균은 세균이지만 곰팡이처럼 가늘고 긴 실 모양으로 자라나는 특별한 미생물이다. 그는 방선균에서 악티노마이신actinomycin과 스트렙토트리신streptothricin을 분리하는 데 성공했다. 그러나 이들 물질은 결핵균뿐만 아니라 동물 세포에도 독성을 나타내 임상에 활용하기에는 한계가 있었다.

그러던 중 같은 러시아 이민자 출신의 앨버트 샤츠 Albert Schatz 가 왁스먼의 연구실에 대학원생으로 들어왔다. 샤츠는 박사 과정 도중 군에 입대했는데, 1942년 마이애미 공군병원의 미생물 실험실 조교로 복무하면서 온갖 종류의 세균에 감염된 환자를 목격했다. 다행히 설파제가 있었지만, 환자마다 약에 대한 반응이 달라 치료 효과는 일정하지 않았다.

초기 페니실린은 치료 효과가 뛰어났지만 주로 그람 양성균에만 작용해 한계가 있었다. 장티푸스균이나 콜레라균처럼 외막으로 둘러싸인 그람 음성균과 지질층이 두꺼운 결핵균에는 페니실린이 거의 효과를 발휘하지 못했다. 당시 결핵은 미국에서 광범위하게 유행하는 치명적인 질병이었다. 감염병으로 쓰러져가는 병사들을 지켜보며 무력감을 느낀 샤츠는 제대 후 대학 실험실로 돌아왔다. 그는 결핵을 정복하겠다는 열망으로 연구에 몰두했다.

1943년, 스물셋의 샤츠는 럿거스 대학 농장 부식토에서 방선균을 추출했다. 결핵균에 감염될 정도로 열정적으로 연구에 몰두한 그는 마침내 방선균에서 스트렙토마이신을 분리해냈다. 이후 미국 제약사 머크 앤드 코 Merck&Co. 의 지원을 받아 미네소타주 로체스터에 있는 메이요 클리닉 Mayo Clinic 에서 임상 시험을 진행했다. 그 결과, 스트렙토마이신은 결핵 환자의 약 80%에서 완치되거나 뚜렷한 회복을 보여, 결핵을 정복할 수 있다는 희망을 처음으로 현실로 바꾸어놓았다. 너무나 놀라운 획기적인 성과였고 독성도 상대적으로 낮아 곧바로 전 세계 결핵환자들에게 사용하기 시작했다.

지도 교수였던 왁스먼은 스트렙토마이신을 발견한 샤츠에게 "지금껏 만난 학생 중 가장 뛰어나다"며 칭찬을 아끼지 않았다. 그러나 스트렙토마이신의 발견이 세상의 주목을 받자, 왁스먼은 언론 앞에서 자신이 주된 공로자라고 주장했다. 그 과정에서 샤츠의 기여는 대학원생의 단순한 보조 역할로 축소되었다.

1946년 왁스먼은 스트렙토마이신 특허권을 럿거스 대학 산하 연구·기부 재단에 상징적으로 1달러에 양도하는 계약서를 샤츠에게 내밀었다. 연구에만 몰두하던 샤츠는 깊이 생각하지 않고 서명했지만, 훗날 이 특허로 발생한 막대한 수익의 20%가 왁스먼 개인에게 돌아가고 자신에게는 아무런 권리가 주어지지 않았다는 사실을 알고 충격을 받았다.

샤츠는 왁스먼을 상대로 소송을 제기했다. 왁스먼은 스트렙토마이신 특허로 단 한 푼도 받지 않았다고 주장했다. 그러나 재판에서는 이미 35만 달러를 받은 사실이 드러났다. 럿거스 대학도 특허 로열티로 260만 달러에 달하는 수익을 올렸으나, 정작 발견의 주역인 샤츠에게는 단 한 푼도 돌아가지 않았다.

재판에서 샤츠는 자신이 직접 수행한 연구의 전 과정을 꼼꼼히 기록한 실험 노트를 증거로 제출했다. 그 결과 그는 마침내 스트렙토마이신의 공동 발견자로 공식 인정받았다. 특허 수익은 재분배되었고, 왁스먼은 10%, 실험실의 다른 연구원들은 7%, 샤츠는 3%

를 받게 되었다.

그러나 1952년 노벨 생리·의학상은 스트렙토마이신을 발견한 공로로 왁스먼에게만 수여되었다. 여론 조작에 능한 왁스먼은 노벨상 수상 연설에서 샤츠의 이름을 단 한 번도 언급하지 않았다. 샤츠는 소송을 통해 스트렙토마이신의 공동 발견자로 인정받았지만, '지도 교수와 맞선 제자'라는 낙인은 평생 그를 따라다녔다. 그는 주요 대학의 교수직을 얻지 못한 채 여러 연구소를 전전하며 조용히 연구를 이어갔다. 명예 학위와 소액의 보상에 만족해야 했고, 그의 이름은 오랫동안 역사 속에 묻히고 말았다.

스트렙토마이신의 등장으로 수천 년 동안 내려온 난치병 결핵을 치료할 수 있게 되었다. 화학적으로 아미노글리코사이드계aminoglycosides로 분류되는 스트렙토마이신은 이 계열 항생제의 선구자가 되었다. 이를 계기로 카나마이신kanamycin, 겐타마이신gentamicin, 토브라마이신tobramycin 등이 개발되었다.

난치병 결핵 퇴치에 신기원을 이뤘지만, 스트렙토마이신은 장기간 사용하면 청각이 손상되고 신장 기능에도 장애가 올 수 있다. 하지만 단기간 신중히 사용하면 특정 세균을 효과적으로 억제할 수 있어 여전히 중요한 치료제다. 일상적인 흙에서 스트렙토마이신 같은 귀중한 약물이 발견되었다는 사실은 자연의 경이로움을 보여주는 사례다. 자연은 실로 가장 위대한 화학자인 셈이다.

특이한 세균을
물리치다

　　　여드름, 말라리아, 페스트, 발진티푸스처럼 특이한 균에 효과적인 항생제가 테트라사이클린tetracycline이다. 테트라사이클린은 광범위 항생제로 그람 양성균과 음성균 모두에 효과를 발휘하며 세균의 단백질 합성을 억제함으로써 감염을 치료한다. 테트라사이클린은 분자구조에 고리cycle 네 개tetra를 가지고 있어 이러한 이름이 붙었다. 페니실린과 스트렙토마이신이 잇달아 개발되던 1940년대 중반, 인류를 구할 또 하나의 항생제가 흙 속에서 발견되었다.

　　미국의 식물학자이자 미생물학자인 벤저민 더거Benjamin Duggar는 1943년 71세의 나이로 위스콘신 대학 식물학 교수직에서 은퇴했다. 하지만 연구를 계속하고 싶었던 그는 이듬해 뉴욕주에 있는 항생제 개발 연구소에 들어갔다. 페니실린과 스트렙토마이신의 성공 이후, 세균을 정복하려는 항생제 개발의 열기가 전 세계를 뒤흔들던 때였다. 스트렙토마이신이 토양에서 발견되었다는 것이 알려지자 더거는 팀을 조직해 토양에 있는 미생물 검색에 나섰다.

　　흙 속에는 셀 수 없을 만큼 많은 미생물이 존재한다. 그러나 흙을 그대로 분석해서는 어떤 미생물이 살고, 그들이 어떤 역할을 하는지 명확히 밝혀내기 어렵다. 그래서 흙을 얇게 펼쳐 영양분이 함유된 한천寒天, agar에 배양하면 흩어진 미생물들이 독립적으로 증식한다. 시간이 지나면서 미생물은 각각 집락colony을 형성하며, 이 집락은 한 가지 미생물종으로 구성되어 해당 미생물이 분비하는 물질과 특징을 분리해 분석할 수 있다.

1946년 고령에도 연구에 열정을 쏟던 더거는 미주리 토양에서 클로르테트라사이클린chlortetracycline을 발견했다. 그는 방선균에서 유래한 이 물질이 50개 이상의 세균에 대해 항균 효과가 있다는 사실을 확인했다. 1948년 클로르테트라사이클린은 오레오마이신aureomycin이라는 제품명으로 출시되었다. 이는 최초의 테트라사이클린 계열 항생제로, 광범위 항균제로 널리 사용되었다.

오레오마이신의 성공에 자극받은 화이자도 토양 미생물에서 새로운 항생제를 발굴하기 위해 적극적으로 뛰어들었다. 제2차 세계대전 동안 미군에 공급되며 군인의 생명줄이던 페니실린은 전쟁이 끝나자 대량생산 기술의 확산으로 가격이 급락했다. 페니실린의 한계가 드러나면서 제약사들은 새로운 수익원을 찾아나서기 시작했다. 더거가 개발한 오레오마이신은 기존 페니실린에 효과가 없는 리케차, 클라미디아, 그람 음성균에도 강력한 효과를 보였고 흙에서 새로운 항생제를 발굴하려는 경쟁을 촉발했다.

화이자는 전 세계에서 토양 샘플을 수집하는 대규모 프로젝트를 시작했다. 세계 곳곳을 떠도는 여행자와 선교사, 탐험가, 비행기 승무원, 학생, 주부 들에게까지 소액의 사례금이 건네졌다. 그들이 가져온 작은 흙 한 줌은 모여 방대한 토양 도서관이 되었고, 그 속에서 새로운 항생제를 찾아내려는 대장정을 시작했다.

브라질 정글, 산꼭대기, 깊은 지하 광산, 무덤, 사막, 외딴섬 등지에서 채취한 흙은 신중히 포장되어 소포로 발송되었다. 이러한 방식으로 화이자는 10만 종 이상의 샘플을 확보할 수 있었다. 지구상 거의 모든 지역의 흙이 뉴욕 브루클린에 있는 연구소에 도착했다.

연구소의 생화학자, 미생물학자, 화학자 들은 각 샘플을 영양분이 들어 있는 배지에 배양해 미생물을 키웠다. 시간이 지나면서 그들은 흙 속 미생물들이 분비하는 항생물질을 하나하나 식별하고 분석해나갔다.

1949년 한 샘플에서 100종 이상의 세균을 억제할 수 있는 옥시테트라사이클린이 발견되었다. 이 항생제는 라틴어로 '흙'을 뜻하는 'terra'에서 이름을 따 '테라마이신Terramycin'이라는 이름으로 출시되었다. 항생제의 기원이 흙에서 유래한 것임을 강조한 것이다. 흥미로운 점은 이 샘플을 인디애나에 있는 화이자 공장 지대의 흙에서 채취했다는 사실이다. 간절히 찾고 있던 보물은 아주 가까운 곳에 있었다.

1952년 화이자는 기존 항생제 클로르테트라사이클린을 변형해 테트라사이클린tetracycline을 합성했다. 특정 조건에서 금속 팔라듐 촉매에 수소 가스를 주입하면, 클로르테트라사이클린의 염소Cl를 수소H로 바꿀 수 있다. 이 과정을 통해 생성된 테트라사이클린은 그람 양성·음성균에 더 넓은 스펙트럼과 향상된 안정성을 발휘한다. 기존에는 자연에서 미생물이 분비하는 천연 항생물질이 가장 이상적인 치료제로 여겨졌지만, 화학적 구조를 변형시킴으로써 약효를 획기적으로 올릴 수 있다는 사실이 입증되었다. 이는 항생제 개발 기술에 혁신적인 진보였다.

1962년 독시사이클린, 1964년에는 미노사이클린Minocycline이 잇달아 개발되어 오늘날까지 널리 사용되고 있다. 이런 테트라사이클린 계열 항생제는 항균 효과가 뛰어나지만 부작용이 적지 않다. 특히 임신 4개월 이후의 태아와 치아 형성기인 어린이가 사용할 경우, 항생제가 치아 조직에 침착되어 치아가 황갈색 또는 갈색으로 변색될 수 있다. 잇몸 부위에 검은 줄이 나타나기도 하므로 주의해야 한다.

또 테트라사이클린 계열의 항생제를 우유와 함께 복용하면 우유 속 칼슘과 결합하면서 킬레이트chelate 화합물을 형성해 약효가 줄어들 수 있다. 마찬가지로 철분제, 마그네슘 보충제처럼 금속 이온이 포함된 미네랄도 같은 원리로 항생제 흡수를 저해하므로 함께 복용해서는 안 된다.

테트라사이클린 계열 항생제 개발은 광범위한 항균 스펙트럼의 발견, 화학합성 기술의 도입, 신약 개발 패러다임의 전환을 이룬 획기적인 사건이었다. 나아가 후속 항생제 개발의 토대가 되었을 뿐만 아니라, 약물 부작용 연구와 안전성 관리의 중요성을 알리는 계기가 되었다.

말라리아약을 만들다
우연히 발견한 날리딕스산

　　　　　세균이나 곰팡이처럼 자연에서 얻은 항생제가 쏟아
져나오던 1940~1950년대를 지나 1960년대는 화학합성 항생제가
본격적으로 등장했다. 미국의 스털링-윈스롭 Sterling Winthrop 연구
팀에서 말라리아 치료제 클로로퀸 chloroquine 을 만들었는데, 그 과
정에서 나오는 부산물이 말라리아가 아닌 세균에 효과가 있다는
사실을 발견한 것이다. 연구를 주도한 조지 레셔 George Lesher 는 재
빨리 방향을 바꿔 항생제 개발에 나선다.

　클로로퀸은 벤젠고리가 결합된 퀴놀린 quinoline 구조를 기본 골
격으로 한다. 레셔는 이 구조를 변형해 날리딕스산 nalidixic acid 을 합
성한 후, 항균 활성을 검토해 1962년에 그 결과를 발표했다. 날리
딕스산은 퀴놀론 계열 항생제의 출발이 된 역사적인 약이다. 하지
만 항균 범위가 넓지 않아 지금은 치료용으로는 거의 쓰지 않는다.

　퀴놀린 구조에서 출발한 날리딕스산은 세균의 DNA 합성을 억
제하는 독특한 기전이 밝혀지면서, 여러 구조적 개량을 거쳐 퀴놀
론계 항균제로 발전했다. 이후 퀴놀론 구조에 불소 F 원자를 도입
하자 항균 스펙트럼이 확대되고 약물이 조직 깊숙이 침투해 효능
이 크게 개선되었다. 2세대 노플록사신 norfloxacin 과 시프로플록사
신 ciprofloxacin, 오플록사신 ofloxacin 그리고 호흡기 감염에 잘 듣는
3세대 레보플록사신 levofloxacin, 토수플록사신 tosufloxacin 으로 이어

졌다.

항균 범위가 넓고 특이한 종류의 세균에도 작용해 효과가 탁월한 퀴놀론 계열 항생제에는 치명적인 약점이 있다. 퀴놀론 분자가 마그네슘과 결합해 착화합물을 만들기 때문에, 성장기 연골 형성에 중요한 원소인 마그네슘이 제 기능을 못 하게 한다. 소아와 18세 이하 청소년의 성장에 지장을 일으킬 수 있다는 의미다. 따라서 안전하고 효과적인 대안이 없는 경우에만 제한적으로 사용해야 한다.

4세대에서는 혐기성균과 복합 감염에 효과적인 목시플록사신moxifloxacin, 제미플록사신gemifloxacin이 개발되었다. 특히 제미플록사신은 LG화학(전 LG생명과학)이 독자적으로 개발한 국산 신약으로, 팩티브Factive라는 제품명으로 판매되고 있다. 2003년 국산 신약으로는 최초로 FDA에서 판매 승인을 받았다. LG화학은 1991년부터 연구를 시작해 12년에 걸쳐 개발에 성공했으며, 그 중심에는 홍창용 박사가 있었다. 그는 1993년부터 개발팀에 합류해 핵심적인 역할을 했고, 2002년 팩티브 개발 성공 직후 동료들에게 "Congratulations! We made it(축하합니다! 우리가 해냈어요)"이라는 메모를 남겨 화제가 되었다.

2001년 말, 나는 제약사 입사를 위해 LG 대전 연구소에서 1박 2일간 시험과 면접을 치렀다. 그때 연구실에서 홍창용 박사를 만났다. 자그마한 체구의 그는 진지한 표정으로 팩티브 분자구조 모형을 들고 있었다. 그는 간에서 약물이 대사될 때 관여하는 효소 사이토크롬cytochrome P450의 종류에 대해 질문했다. 나는 알고 있는 효소를 말한 뒤, 팩티브 개발 아이디어를 어떻게 얻었는지 물었다. 그는 일본에서 발표된 퀴놀론계 항생제 논문을 분석하는 과정에서 가능성 있는 물질에 대한 통찰을 얻었다고 답했다.

팩티브는 기존 연구 결과를 면밀히 분석하고 새로운 가능성을 찾는 과정을 통해 빛을 본 신약이다. 지금은 고인이 된 홍창용 박사처럼 오로지 연구에 헌신한 과학자가 있었기에 오늘날 우리가 편안하게 신약의 효능을 누릴 수 있는 것이다.

2025년 말, 현재까지 우리나라에서 개발한 국산 신약은 41개다. 1999년 SK케미칼의 선플라Sunpla를 시작으로 항암제, 당뇨병 치료제, 항생제, 위장약 등 다양한 신약이 탄생했다. 초고령화 진입 및 만성질환의 증가와 함께 바이오 의약품 시장도 확대됨에 따라 국내 제약·바이오산업이 꾸준히 성장하고 있다.

유한양행, 한미약품, 삼성바이오로직스, 셀트리온 등 우리나라를 대표하는 제약·바이오 기업들은 세계로 뻗어가고 있다. 끊임없는 연구와 도전으로 머지않아 대한민국에서도 세계적 신약이 탄생하길 기대한다.

항생제도 무용지물,
슈퍼박테리아의 반격

항생제의 등장으로 인류는 한때 치명적인 세균 감염으로부터 해방된 듯했다. 기적처럼 등장한 항생제 덕분에 평균 수명이 눈에 띄게 늘었지만, 무분별한 사용은 곧 예기치 못한 역풍을 불러왔다. 슈퍼박테리아가 등장한 것이다. 슈퍼박테리아는 항생제 오남용의 결과로 강력한 항생제로도 치료할 수 없는 내성 세균을 일컫는다. 의학적으로는 다약제 내성균MDR, multi-drug resistant bacteria이라 부른다.

메티실린methicillin은 1959년에 개발된 반합성semi synthesis 페니실린계 항생제다. 의약화학자들은 약을 두 가지 방식으로 만든다. 단순한 분자에서부터 처음부터 합성하는 전합성total synthesis, 그리고 자연이 만든 복잡한 천연물에서 약간 변형해 만드는 반합성이다.

메티실린은 바로 그 두 번째 방식으로, 페니실린을 무력화시키던 효소 페니실리나아제penicillinase를 이겨내기 위해 설계된 새로운 항생제였다.

그러나 2년 후 영국 병원의 신생아 중환자실에서 메티실린에 내성을 지닌 황색 포도상구균MRSA이 출현했다. MRSA가 메티실린을 무력화시켜버린 것이다. 기존 항생제가 듣지 않는 새로운 균의 출현은 의료계에 큰 충격을 주었다.

다행히 반코마이신vancomycin이 있어서 MRSA 치료제로 주목받기 시작했다. 그러나 1980년대 중반 반코마이신 내성 장내 구균VRE이 처음 보고되었고, 1990년대 중반에는 반코마이신에 부분 내성을 보이는 포도상구균VISA이 등장했다. 이는 그람 양성균 감염 치료의 '최후의 보루'로 여겨지던 반코마이신마저 위협받는 심각한 상황을 초래했다. 이에 맞서 기존 항생제에 내성을 보이는 슈퍼박테리아에 대응하기 위해 새로운 계열의 항생제 개발에 나섰다.

VRE와 VISA/VRSA 같은 내성균 감염 치료를 위해 리네졸리드linezolid와 답토마이신daptomycin 같은 신약이 도입되었다. 1990년대 이후에는 카바페넴계carbapenem 항생제의 임상 적용이 본격화되면서 다제 내성 세균과의 전쟁에 맞설 강력한 무기를 손에 넣게 되었다.

아니나 다를까, 우려는 현실이 되어 중증 세균 감염 치료에 효과적인 카바페넴도 남용되면서 녹농균과 아시네토박터acinetobacter 균에서 내성이 급격히 증가했다. 카바페넴 내성 장내 세균CRE도 등장했다. 미국과 유럽에서 빠르게 확산한 이 내성균은 2010년대 초반 우리나라에 들어와 CRE 감염이 보고되었다. 현재는 대형 병원과 중환자실 등을 중심으로 전국에 퍼진 상태다. 카바페넴 내성균이 나타났다는 것은 인류가 보유한 마지막 항생제마저 힘을 잃었음을 의미한다. 새로운 항생제 개발이 시급한 시점이다.

WHO는 매년 전 세계에서 약 70만 명이 내성균 감염으로 사망하고 있으며, 2050년에는 연간 사망자가 1,000만 명에 이를 것이라고 추정한다. 항생제 하나를 만드는 데는 10~15년이 걸리고, 조 단위의 막대한 비용이 든다. 피땀 흘려 노력해 약이 나와도 항생제는 출시 후 불과 3~4년 만에 내성이 생기기 일쑤다. 더 큰 문제는 내성균에 맞서는 항생제 개발이 잘 이뤄지지 않는다는 점이다. 항생제 사용 기간이 1~2주로 짧기 때문이다.

항생제는 혈압약이나 당뇨약처럼 장기간 복용하지 않기 때문에 제약사 입장에서는 다른 약보다 수익성이 낮다. 또 만일의 사태에 대비해 고이 비축한 최후의 항생제는 기존 항생제가 모두 실패했을 때만 사용하므로 판매량이 극히 제한적이라 시장성이 매우 낮다. 이러한 경제적 부담과 낮은 수익성으로 인해 제약사들은 항생제 개발을 꺼린다.

대한민국은 의약분업을 도입하며 항생제 오남용 문제를 해결하고자 했다. 2000년을 기점으로 항생제는 전문 의약품으로 분류되어 반드시 처방전이 있어야만 살 수 있게 되었다. 만약 항생제를 처방받았다면 반드시 마지막 한 알까지 복용해야 한다. 이르게 중단하면 세균이 내성을 얻을 가능성이 높아진다.

슈퍼박테리아에 맞서는 가장 확실한 해법은 예방이다. 불필요한 항생제 사용을 삼가고, 손 씻기 등 기본적인 위생 수칙을 지키는 것이 무엇보다 중요하다. 동시에 국가 차원에서 새로운 항생제 개발을 위한 연구와 투자가 꾸준히 이어져야 한다. 인류와 세균의 싸움은 여전히 진행 중이며, 그 전쟁의 승패는 우리가 얼마나 현명하게 대응하느냐에 달려 있다.

3

모기의 위협에서 벗어나다

말라리아 치료제

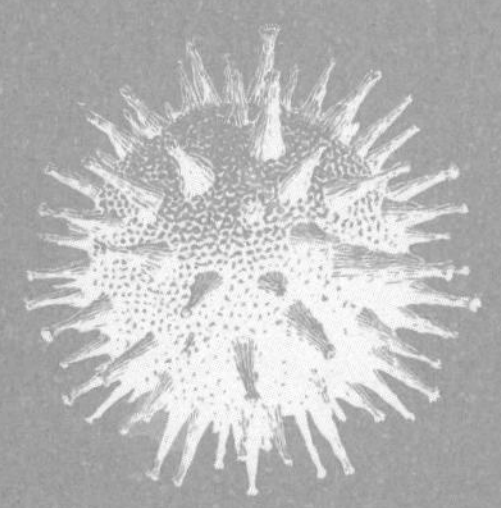

약은 어떻게 탄생하는가?

19세기 말, '나쁜 공기'로 알려졌던 말라리아가

모기로 인한 감염병이라는 사실이 밝혀지면서

본격적으로 치료제 개발이 시작되었다.

특히 전쟁이 벌어지면 전투력을 유지해야 한다는 절박함에

신약 개발이 활발해졌다. 전쟁은 파괴로 이어지지만

절박함과 시급함이 맞물려 새로운 약이 탄생하기도 한다.

#말라리아 #키나나무 #퀴닌 #학질 #클로로퀸 #아르테미시닌

조그만 모기가 옮기는
말라리아

'말라리아Malaria'는 이탈리아어에서 유래한 말이다. 'mal'은 '나쁜'이라는 뜻이고, 'aria'는 '공기'를 의미한다. 옛날 사람들은 말라리아가 늪에서 나오는 나쁜 공기 때문에 발생한다고 여겼다. 모기가 말라리아의 원인임이 밝혀진 것은 19세기 말에 이르러서였다.

말라리아는 공기 중의 독기가 아니라 얼룩날개모기Anopheles에 의해 전파된다. 이 모기 중에서도 암컷만이 사람의 피를 빠는데, 이는 산란에 필요한 단백질을 얻기 위해서다. 흥미롭게도, 이 모기의 자세만 봐도 구별이 가능하다. 암컷 얼룩날개모기는 앉을 때 엉덩이를 위로 치켜드는 특유의 자세를 취한다. 반면 엉덩이를 낮추고 앉는 모기는 말라리아를 옮기지 않는다. 따라서 엉덩이를 들어 올리고 앉는 모기를 본다면 말라리아를 옮길 수 있는 위험한 종일 가능성이 높다.

말라리아를 일으키는 병원체는 플라스모듐Plasmodium 속에 속하는 단세포 원생생물이다. 모기가 감염된 사람의 피를 빨아들일 때, 말라리아원충이 모기의 침샘에 침투한다. 이렇게 감염된 모기가 다른 사람을 물면 침에 섞인 원충이 인체로 들어오게 된다. 이와 같은 과정을 통해 말라리아원충이 혈액을 타고 간에 들어가 증식한다. 이후 간에서 나온 원충은 적혈구에 침투하는데 헤모글로빈을 소화하는 과정에서 독성 물질이 생긴다. 감염된 적혈구가 파괴되면 독소가 몸속으로 퍼져 증상이 나타난다.

말라리아의 임상 증상은 오한, 고열, 발한의 세 단계를 순환적으로 겪는 것이 특징이다. 모기에게 물리고 평균 2주 정도 잠복기를 거쳐 증상이 나타나지만, 원충의 수와 숙주의 면역 상태에 따라 잠복기는 짧거나 길어질 수 있다.

말라리아의 가장 뚜렷한 특징은 열이 일정한 간격으로 되풀이된다는 것이다. 열이 올랐다가 가라앉기를 반복하는데, 사흘마다 열이 나는 경우를 삼일열, 나흘마다 열이 나는 경우를 사일열이라 부른다. 이 발열 패턴은 말라리아원충이 적혈구에서 증식하고 방출되는 주기에 따라 나타나는 현상이다.

2023년 전 세계에서 약 2억 6,300만 명이 새로 말라리아에 걸렸고, 이 중 60만 명 가까이가 사망했다. 뱀, 악어, 곰 같은 거대한

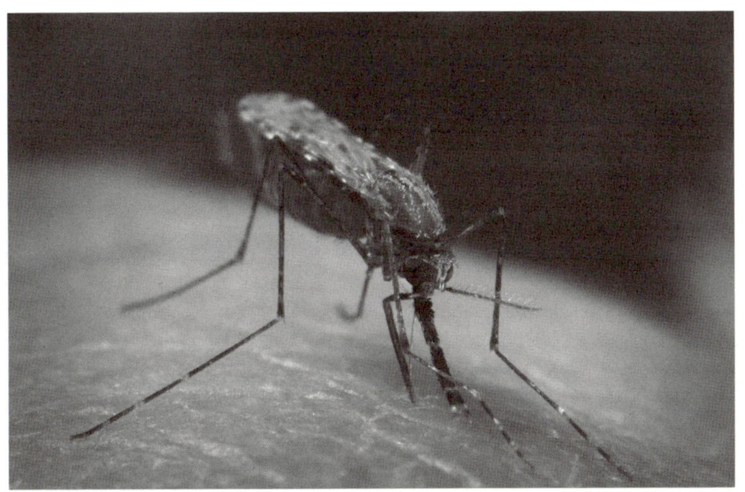

우리나라는 OECD 국가 중 유일하게 토착 말라리아가 발생하는 나라로, 매년 약 400~500명의 환자가 보고된다. 또 아프리카나 동남아시아 등 말라리아 유행 지역에서 감염되어 들어오는 해외 유입 사례도 꾸준히 발생해 주의가 필요하다.

맹수보다 힘도 없고 조그만 모기가 생명에 더 큰 위협이 된다는 사실을 보여주는 셈이다.

말라리아는 주로 열대와 아열대 지역에서 유행하지만, 조선 시대 우리나라에서도 한때 크게 확산된 적이 있었다. 오늘날에도 경기 북부와 강원 북부, 특히 비무장지대 인근 지역에서 군인과 주민을 중심으로 간헐적인 발생이 이어지고 있다. 우리나라에서 유행하는 말라리아는 주로 삼일열로, 잠복기는 보통 12~17일 정도다. 삼일열은 사망률이 낮고 적절한 치료를 받으면 회복이 빠르지만, 면역력이 약한 경우 합병증이 생길 수가 있다. 말라리아 감염은 4~5월 증가하다가 6~8월에 집중적으로 발생한 뒤 9월부터 점차 감소하는 추세를 보인다.

WHO에 따르면 2024년 기준 전 세계 말라리아 발병 건수와 사망자의 약 95%가 아프리카에서 발생했다. 특히 나이지리아, 콩고민주공화국, 니제르, 탄자니아 등 네 나라에서 전체 말라리아 사망자의 절반 이상이 목숨을 잃었다. 다행히 2024년부터 아프리카 일부 국가에서 말라리아 백신 R21/Matrix-M 접종이 시작되었다. 이 백신은 옥스퍼드 대학과 인도 세럼 연구소가 공동 개발했으며, 임상 시험에서 약 75% 이상 예방 효과를 보여 WHO의 목표 기준을 충족한 최초의 말라리아 백신이다. 말라리아는 오랜 기간 인류를 괴롭혀온 질병이다. 지속적인 백신 개발로 인류가 말라리아의 굴레에서 벗어나기를 기대한다.

대항해시대를 연
포르투갈의 엔리케 왕자

대항해시대는 15세기 후반부터 17세기 중반까지 유럽 국가들이 대서양과 인도양을 넘나들며 탐험과 무역을 활발히 펼치던 시기다. 이 시기에 유럽 사람들은 신대륙을 발견했고, 먼 대양을 건너 교역망을 확장하면서 세계사의 흐름을 바꿔놓았다.

대항해시대 이전 동로마제국(비잔틴제국)이 아시아와 유럽이 만나는 발칸반도 남부와 소아시아 해안 지역을 지배하던 시기에 베네치아, 제노바, 피사 같은 이탈리아 도시국가들은 동서 무역의 거점 역할을 하며 막대한 부를 쌓아올렸다. 무역으로 쌓인 부는 건축과 예술로 흘러들어가 도시를 풍요롭게 했고, 이는 르네상스 문화가 꽃피는 토대가 되었다.

그러나 1453년 오스만제국의 술탄 메흐메트Mehmet 2세가 비잔틴제국의 수도 콘스탄티노플을 정복하면서 오스만이 지중해 동부 무역로를 장악한다. 오스만제국은 동방으로 가는 길목마다 관세 장벽을 세웠다. 베네치아와 제노바가 협정을 맺고 무역을 이어갔지만 향신료와 비단, 도자기의 황금길을 독점하던 시대는 이미 저물고 있었다.

이탈리아 도시국가들이 장악했던 독점 체제가 무너지면서 지중해 무역의 중심이 대서양 연안 국가들로 이동하기 시작했다. 그들은 육지 대신 바다를 통해 인도로 가는 항로를 찾기로 결심했고 이 열망이 결국 대항해시대를 여는 동력이 되었다.

포르투갈의 엔리케Henrique 왕자는 대항해시대를 여는 데 큰 역할을 한 인물이다. 그는 1415년 포르투갈 군대가 북서아프리카 모로코의 항구도시 세우타를 점령하는 데 큰 공을 세웠다. 세우타 점령은 아프리카 무슬림 상인들이 누리던 금과 향신료 무역의 통제권을 확보하려는 포르투갈의 전략적 시도였다.

세우타 점령 이후 엔리케는 이 지역을 기반으로 아프리카 항로 개척에 적극적으로 나섰다. 1419년 그는 포르투갈 남서부의 사그레스에 항해사, 지도 제작자, 천문학자, 조선업자 들을 불러 모았다. 이들은 사그레스 학파로 불리며, 엔리케의 후원을 받아 항해술과 지도 제작 기술을 비약적으로 발전시켰다.

엔리케 왕자는 직접 항해에 나서기보다, 아조레스제도와 마데이라제도 등 아프리카 북서부 대서양 연안의 탐험을 기획하고 후원했다. 그의 지원 아래 포르투갈 항해자들은 새로운 항로를 개척하며 활발한 무역과 탐험 활동을 펼쳤다. 그의 선도 아래 포르투갈은 남쪽 해안선을 따라 남하했고, 1488년에는 바르톨로뮤 디아스Bartholomeu Diaz가 아프리카 최남단의 희망봉을 돌아 인도양에 진입했다. 이어서 10년 후, 바스쿠 다 가마Vasco da Gama는 마침내 인도 땅을 밟으며 유럽과 인도 간의 해상 무역로를 개척했다. 엔리케 왕자는 포르투갈 항해 사업의 아버지로 불리며 대항해시대를 연 선구자로 평가받는다. 그의 선견지명은 유럽이 그동안 발 들이지 못했던 미지의 땅으로 나아가는 발판이 되었다.

인도로 가는 서쪽 항로를 꿈꾼 크리스토퍼 콜럼버스Christopher Columbus는 대서양을 건너 아메리카 대륙에 도달했다. 이어 아메리고 베스푸치Amerigo Vespucci는 남아메리카 대륙 해안을 항해하며 그곳이 아시아가 아니라 새로운 대륙임을 확인했다. 이후 페르디난드 마젤란Ferdinand Magellan은 남아메리카를 지나 태평양을 건너서 최초로 세계 일주 항해를 지휘했다.

아메리카, 아프리카, 아시아 사람들에게 유럽의 세계 진출은 고통과 억압의 서막이었다. 유럽인들은 우수한 무기와 기술을 앞세워 식민지를 세우고 노예무역으로 부를 축적했다. 서아프리카에서는 총과 무기를 거래하며 노예를 사들였고, 아메리카로 끌려간 노예들은 설탕, 목화, 담배 농장에서 강제 노동에 시달렸다. 동남아시아에서는 향신료를 헐값에 사들여 유럽에서 고가에 판매하며 폭리를 취했다. 항해 한 번으로 열 배에 달하는 수익을 남기기도 했다. 유럽인의 항해와 진출은 약탈의 서막이었다. 그들이 세운 번영은 타인의 눈물과 피 위에 세워진 문명이었다.

유럽이 세계 곳곳에 식민지를 건설하기 시작한 것도 대항해시대부터였다. 콜럼버스의 아메리카 도착 이후, 스페인은 본격적으로 신대륙 정복과 식민지 확장에 나섰다. 중앙아메리카의 아즈텍 제국과 남아메리카의 잉카제국은 독창적인 문명을 이루고 있었지만, 스페인 군대의 화약 무기와 기병대 그리고 그들이 가져온 전염병 앞에서 무너졌다. 천연두, 홍역, 결핵, 말라리아 같은 질병은 원주민들에게 치명적이었다. 면역이 전혀 없던 그들은 낯선 질병 앞에서 속수무책으로 쓰러질 수밖에 없었다.

1492년 콜럼버스가 도착했을 당시 카리브해의 히스파니올라섬
(현재의 아이티와 도미니카공화국)에는 약 800만 명의 원주민이 살고 있
었으나, 불과 40여 년 뒤인 1535년에는 거의 모두 사라졌다. 원주
민의 95% 이상이 전염병으로 목숨을 잃은 것으로 추정된다. 그러
나 신대륙에 치명적인 질병을 옮긴 유럽인들 역시 언제나 우위에
있었던 것은 아니다. 구대륙의 열대 지방 곳곳에서는 말라리아모
기가 그들의 생명을 위협하고 있었다.

페루의 키나 나무껍질에서
추출한 퀴닌

콜럼버스 이전에는 아메리카에 말라리아가 존재하지
않았다. 말라리아를 옮기는 아노펠레스 모기는 이미 서식하고 있
었지만, 병을 일으키는 말라리아원충은 유입된 적이 없었다. 그러
나 유럽인과 아프리카 노예 들이 아메리카로 들어오면서 말라리
아원충이 대륙에 널리 퍼지기 시작했다. 그렇게 해서 말라리아는
신대륙 곳곳에 뿌리를 내리고 오랫동안 사람들의 생명을 위협하
는 풍토병이 되었다.

대항해시대가 활짝 열리자 스페인과 포르투갈은 가톨릭 전파
를 위해 신대륙에 예수회 선교사들을 파견했다. 17세기 초, 선교사

들은 단순히 종교를 전파하는 데서 그치지 않았다. 그들은 현지의 언어와 문화를 배우고, 낯선 땅의 식물과 풍습을 기록했다. 그들은 안데스산맥 깊은 곳에서 현지인들이 열병에 사용하던 약재를 발견하게 되었다. 바로 키나 나무의 껍질(키나피Quina皮)이었다.

잉카제국의 후손들은 열병이 발생하면 키나피를 달여 마셨다. 키나피는 열을 내리고 말라리아 증상을 완화하는 효과가 있었다. 예수회 선교사들은 키나피를 갈아 분말로 만들었고 이를 '예수회 가루Jesuit's Powder'라는 이름으로 유럽에 전파했다.

이와 관련해 두 가지 이야기가 전해진다. 첫 번째는, 짙은 숲이 드리운 페루의 열대 밀림 속에서 길을 잃은 한 여행자의 이야기다. 그는 얼굴이 창백해지고 온몸이 떨릴 만큼 고열에 시달렸으며, 말라리아로 생사의 경계를 오갔다. 몹시 목이 마른 남자는 우물을 발견했다. 어떤 나무가 쓰러져 물에 잠겨 있었는데 허겁지겁 달려가 물을 마시니 혀를 톡 쏘는 강한 쓴맛이 났다. 혹시 우물에 독이 든 게 아닐까, 생각이 스치자 남자는 덜컥 겁이 났다. 다행히도 시간이 흐르면서 상태가 호전되기 시작했다. 열이 내리고 몸은 차츰 정상으로 돌아왔다. 우물에 쓰러진 나무는 그 지역에만 서식하는 키나 나무였다. 이 이야기는 페루 산골에서 스페인 정복자들에게 퍼져나갔다.

두 번째 이야기도 있다. 1630년대, 어느 날 스페인 총독의 부인 콘테사 데 친초나Condesa de Chinchon는 땀을 뻘뻘 흘리며 신음하고 있었다. 그녀는 얼굴이 창백하게 질린 채, 온몸이 불에 덴 듯한 고

안데스 산맥의 원주민들은 열병에 걸리면 키나 나무껍질을 달여 마셨다. 유럽인들은 처음에는 이를 미신으로 치부했으나, 페루에서 총독 부인의 이야기가 전해지면서 키나피의 효능이 주목받기 시작했다. 다만 이 일화는 역사적 사실이라기보다 전설에 가깝다.

열에 시달리고 있었다. 의사들이 병을 고치기 위해 여러 가지 약초를 썼으나, 열병은 좀처럼 가라앉지 않았다. 모두가 절망한 가운데 갑자기 잉카 출신 약초사가 다가왔다. 산속에서 자라는 나무의 껍질을 달여 쓰디쓴 약물을 만들어 온 것이었다.

"우리 조상부터 대대로 열병을 물리치는 데 써온 약초입니다. 부디 이 약을 드셔보십시오."

콘테사 데 친초나는 두려움 반, 희망 반으로 약을 입에 대었다. 쓴맛이 입안 가득 퍼졌지만 꾹 참고 끝까지 마셨다. 그리고 기적이 일어났다. 하루가 지나자 고열이 가라앉기 시작했고, 며칠 후 완전히 회복되었다. 총독 부인은 감사의 뜻으로 그 나무의 껍질을 구해 이웃들에게 나눠주었다고 전해진다. 이후 사람들이 총독 부인의 이름을 따 이 나무를 친초나Cinchona라고 부르게 되었다.

이 이야기들은 역사적 사실이라기보다 전설에 가까운 것으로 여겨진다. 어쨌거나 말라리아 치료제의 역사를 상징적으로 보여주는 일화로, 친초나는 이후 유럽으로 넘어가 기적의 말라리아약으로 알려지게 되었다. 18세기 중반, 스웨덴의 식물학자 칼 폰 린네Carl von Linné는 친초나 백작 부인의 이야기를 기려 이 나무에 학명을 부여했다. 이후 그 껍질의 약효가 널리 알려지면서 '키나피'라는 이름이 붙었다.

남아메리카 특효약 키나피는 17세기 중반 예수회 선교사들을 통해 유럽에 전파되었으나, 가톨릭과의 연관성으로 개신교 국가들, 특히 영국에서 의심과 반감을 일으켰다. 가톨릭 예수회가 키나

피를 독점 공급하면서 가격이 비싸진 것이 이유 중 하나였다. 이러한 종교적 갈등은 말라리아 치료에도 영향을 미치게 된다.

1658년, 청교도혁명을 이끈 올리버 크롬웰Oliver Cromwell은 말라리아에 걸렸으나 가톨릭의 상징이 된 키나피를 쓰지 않았다. 개신교도였던 크롬웰은 이를 '교황의 독약'으로 간주해 거부했다. 키나피라는 명백한 치료제가 있었음에도 "나는 예수회가 가져온 가루를 먹고 독살당할 생각은 없다"며 고집을 피워 결국 죽고 말았다. 종교적 편견이 의학적 판단을 왜곡시켜 생명을 앗아간 사례다.

1670년대에 들어 영국 의사 로버트 탤벗Robert Talbot은 말라리아에 걸린 국왕 찰스Charles 2세를 키나피로 치료해 그 공로로 기사 작위를 받았다. 이후 그는 프랑스로 건너가 루이 14세와 그의 아들을 치료했으며, 루이 14세는 감사의 뜻으로 탤벗에게 금관 2,000개와 평생 연금을 하사했다. 두 왕을 구했다는 소문은 순식간에 퍼져나갔고, 키나피의 탁월한 효능은 유럽 전역에 알려지게 되었다.

키나피는 열이 나는 시점에 맞춰 복용하면 말라리아 증세를 빠르게 완화시킬 정도로 효과가 뛰어났다. 수요가 폭증하며 인기가 치솟았고, 결국 같은 무게의 금과 맞바꿀 정도로 귀한 약재가 되었다. 그러나 키나 나무를 재배해 약용 껍질을 얻기까지는 최소 10년이 필요했기에 공급량은 턱없이 부족했다.

키나피에서 약효를 발휘하는 성분은 퀴닌quinine이다. 키나피에서 퀴닌을 처음 분리한 사람은 프랑스의 독성학자 피에르 펠티에Pierre Pelltier와 약학부 학생 조제프 카방투Joseph Caventou다. 둘은

1817년부터 공동 연구를 시작해 3년 후에 노란 고체 퀴닌을 얻었는데, 이를 말라리아 환자에게 투여하니 완치되었다. 냄새나는 키나피 가루를 간편한 퀴닌으로 대체한 것이다. 퀴닌은 혈액에 들어온 말라리아원충이 헤모글로빈을 분해·소화하는 걸 방해해 원충이 굶어 죽게 한다.

당시에 식물의 유효 성분만 분리해 약으로 쓴다는 것은 획기적인 사건이었다. 인류는 오랜 경험으로 약이 되는 식물의 뿌리나 줄기, 잎 같은 부분에 약효가 있다는 것을 알고 있었다. 그렇지만 식물이 함유한 단일 성분이 약효를 대신한다고는 생각하지 못했다. 약용식물의 본질은 그 속에 들어 있는 분자에 있다. 이 분자들이 인체 속 표적과 상호작용해 병을 치료한다. 서양에서는 생약이, 동양에서는 한방이 오래전부터 질병 치료에 사용되어왔다. 사람들은 여러 약재를 함께 달여 유효 성분을 얻었고, 오늘날에는 화학의 발달로 그 성분만 분리해내 약으로 쓴다.

키나피는 아프리카, 아메리카, 아시아 식민지화에 결정적인 역할을 한 약물이었다. 키나피가 없었다면 유럽 열강은 말라리아가 창궐하는 미지의 대륙 깊숙이 진출하지 못했을 것이다. 키나피가 보급되기 전까지만 해도 유럽인들은 말라리아가 창궐하는 열대지방에서 버티기 어려웠다. 그러나 말라리아를 예방할 수 있게 되면서, 그들은 비로소 내륙으로 진출할 수 있었다.

미국 남북전쟁은 총탄과 포화만이 아닌, 말라리아라는 질병과의 싸움이기도 했다. 습하고 더운 남부에서 말라리아는 병사들을 무력화시키는 치명적인 병이었다. 북군과 남군 모두 전투력을 유지하기 위해 퀴닌을 확보하려고 안간힘을 썼다. 그러나 당시 키나 나무는 남아메리카에만 자생했고 유럽 열강이 독점하고 있었다. 특히 영국과 네덜란드가 퀴닌 수출을 장악하면서 미국은 심각한 공급난에 시달렸다. 퀴닌 부족은 곧 사망률 급증으로 이어졌다. 특히 남부에서는 퀴닌 구하기가 하늘의 별 따기였다. 설령 구한다 해도 가격이 천정부지로 치솟았다. 전쟁이 발발한 1861년 퀴닌 가격은 1온스(약 30g)에 4달러 정도였으나, 북군의 해상 봉쇄가 강화되자 무려 400달러까지 폭등했다. 링컨이 주도한 북군도 해외에서 키나피를 사들이기 위해 막대한 비용을 치러야 했다. 퀴닌을 가진 자가 전쟁의 주도권을 쥐었던 셈이다.

말라리아를 한자로 '학질癅疾'이라 한다. 조선시대에는 '학을 떼다'는 말이 학질에서 벗어난다는 의미였을 정도로 말라리아가 흔했다. 곤경에 처해 진땀 빼는 상황을 학질에 걸려 고열로 땀을 많이 흘리는 것에 비유한 것이다.

1876년 강화도조약 이후 제물포가 개항되면서 일본, 청나라뿐 아니라 서양 상인들도 조선에 들어왔다. 1884년 독일 마이어상사의 제물포 지점으로 설립된 세창양행은 서양 의약품을 들여와 팔았는데, 이곳의 히트 상품 중 하나가 바로 '금계랍金鷄蠟'이었다. 금계랍은 퀴닌의 한자 음역으로, 발음이 어려워 '갱개랍'이라고도 불렸다. 세창양행은 당시 여론을 주도하던 『독립신문』에 꾸준히 금계랍을 광고했다.

1885년에는 최초의 서양식 병원 제중원이 개원했다. 이듬해 제중원의 진료 기록을 보면 발열 환자가 많았는데 이들 상당수가 말라리아 감염자였던 것으로 추정된다. 퀴닌은 당시 말라리아 치료제로서 필수 약물이었으며, 제중원의 주요 처방 약이기도 했다. 서양 의약품 도입은 조선 후기의 의료 환경에 큰 변화를 일으켰고, 말라리아 치료제 퀴닌은 그 변화를 상징하는 대표적인 약이었다.

구한말의 애국자 황현이 쓴 『매천야록梅泉野錄』에는 당시 말라리아의 위세를 잘 보여주는 기록이 있다. 그는 "이틀에 한 번 앓는 학질을 속칭 당학唐瘧이라 한다. 나이 많은 사람 열 명 중 네다섯이 사망할 뿐만 아니라 젊고 건강한 사람도 후유증으로 몇 년 동안 폐인이 된다"라고 적었다.

그러나 금계랍이 들어오면서 학질을 치료할 수 있게 되었다. 그때 사람들은 학질과 일반 발열 질환을 구분하지 못해 금계랍을 만병통치약처럼 사용했다. 열이 있으면 무조건 금계랍을 복용하거나, 산모의 젖꼭지에 발라 젖을 떼는 데도 썼다. 금계랍의 탁월한 효능 덕에 말라리아에서 해방된 사람들은 "우두법이 나와 아이들이 잘 자라고, 금계랍이 나와 노인들이 오래 산다"라는 유행가를 부르며 신통한 약을 찬양했다. 그만큼 퀴닌은 조선에서 기적의 약으로 여겨졌다.

열대의 나무에서
전장의 필수 의약품으로

예수회 가루가 알려지면서 초기에는 키나 나무의 주요 산지인 페루, 볼리비아, 콜롬비아가 세계 시장을 독점했다. 이들 국가는 키나피와 그 씨앗의 수출을 엄격히 제한하며 이를 통해 막대한 이익을 챙겼다. 그러나 남아메리카 국가의 독점에 불만을 품은 영국과 네덜란드가 이를 타파하기 위해 은밀히 탐험대를 보내 불법 밀수에 나섰다.

탐험대는 페루와 볼리비아 국경 지대에서 퀴닌 함량이 높은 씨앗을 확보하는 데 성공했다. 이 씨앗을 재배하면 퀴닌 함량이 10%가량 되는 고품질의 키나피를 얻을 수 있었다. 문제는 재배지였다. 키나는 안데스산맥 고지대처럼 기온이 서늘하고 온도 변화가 적은 환경에서 잘 자라는 나무다. 영국은 인도 남부에 키나 나무를 재배하려 했지만, 기후가 맞지 않아 번식에 실패했다. 반면 네덜란드는 식민지였던 인도네시아 자바섬에서 재배에 성공했다. 19세기 후반, 네덜란드는 품종개량으로 퀴닌 함량이 더욱 높은 키나피를 생산하며 세계 말라리아 치료제 시장을 장악하게 되었다.

약물이 처음에는 효과를 보여도, 인체는 이를 이물질로 인식해 방어기전을 작동시킨다. 약을 계속 사용하면 간의 대사 효소가 활성화되고, 세포 내 약물 농도를 낮추는 단백질 발현이 촉진되어 약효가 떨어지는 내성이 생길 수 있다. 퀴닌 역시 예외는 아니어서,

19세기 후반에는 이미 내성 사례가 보고되기 시작했다. 20세기 초에는 브라질 리우데자네이루와 아마존 지역의 철도 건설 현장에서 퀴닌에 내성이 있는 말라리아가 확인되었다.

제1차 세계대전 기간에도 동맹국 독일, 오스만제국과 연합국 영국, 그리스, 세르비아가 싸운 발칸 전선에서 퀴닌으로 말라리아를 치료하는 데 실패한 사례가 보고되었다. 이로써 퀴닌의 효과에 대한 의문이 제기되었고, 독일의 열대 의학자들을 중심으로 내성의 원인과 기전을 밝히려는 연구가 본격적으로 시작되었다.

퀴닌 내성의 확산은 새로운 항말라리아제 개발의 필요성을 부각시켰다. 1920년대 독일 바이엘 연구진은 최초의 합성 항말라리아제인 파마킨Pamaquine을 개발했다. 그러나 파마킨은 독성이 강하고 부작용이 많아 기대만큼 널리 사용되지 못했다. 그러나 1930년대에 아테브린Atebrin이 나오면서 상황은 달라졌다. 아테브린은 퀴닌보다 부작용이 적고 효과도 우수해 처음으로 실용화된 합성 항말라리아제이다.

1934년에는 바이엘 소속 화학자 한스 안데르작Hans Andersag이 레조친Resochin을 개발했다. 하지만 초기 동물실험에서 독성이 강하다는 이유로 임상 개발이 중단되었다. 제2차 세계대전이 일어난 1939년경 독일에서 레조친과 화학구조가 비슷한 존토친Sontochin을 개발해 독일군의 말라리아 예방약으로 보급했다.

제2차 세계대전이 발발하면서 독일은 퀴닌을 독점하던 네덜란드를 점령하고, 일본은 1942년 인도네시아 자바섬을 침공했다. 연합국은 퀴닌의 주요 공급지를 잃게 되었고, 동남아시아·아프리카 전선의 미군은 말라리아에 무방비로 노출되었다. 공급이 끊긴 퀴닌을 대신해 연합군은 독일의 특허를 무시하고 아테브린을 대량으로 생산해 보급했다. 이 약은 피부를 노랗게 만드는 부작용이 있었고, 병사들 사이에서는 성기능 저하를 일으킨다는 근거 없는 소문까지 돌았다. 군 당국은 말라리아로 인한 전력 손실을 막기 위해, 전투력 유지를 명분으로 아테브린 복용을 강제로 시행했다.

이후 북아프리카 전선에서 독일군 포로가 지니고 있던 존토친을 우연히 입수해 분석한 결과, 성분이 레조친과 유사하다는 사실이 밝혀졌다. 이를 바탕으로 미국은 클로로퀸Chloroquine을 개발했다. 클로로퀸은 기존 치료제보다 효과가 뛰어나고 부작용이 적어, 아테브린 대신 전선에 빠르게 보급되며 말라리아 예방과 치료의 새로운 전기를 마련했다. 전쟁은 많은 것을 파괴하지만, 동시에 새로운 기술과 의약품 탄생을 촉발하기도 한다.

문화대혁명 속에 피어난
말라리아 신약 아르테미시닌

마오쩌둥毛澤東은 1967년 5월 23일 베이징에서 '전국 말라리아 예방·치료 협력회의'를 열고 신약 개발을 직접 지시했다. 이 회의 날짜를 따 '프로젝트 523'이라 명명되었다. 당시 베트

남전에서 급증한 말라리아 감염과 그로 인한 막대한 인명 피해가
이 프로젝트 추진의 직접적인 계기였다.

북베트남 지도자 호찌민胡志明은 중국에 약물 공급과 치료제 개
발을 요청했다. 전쟁이 한창인 1960년대 말 베트남뿐 아니라 중국
남부에서도 말라리아 감염자가 폭발적으로 늘어 연간 약 1,000만
명이 감염되는 등 상황이 심각했다. 더군다나 이 프로젝트가 진행
된 시기는 중국인 스스로 '10년 동란'이라 부를 만큼 극심한 혼란
과 정치적 광풍이 몰아친 문화대혁명의 한복판이었다.

명나라 말기의 청렴한 관리 해서海瑞는 가정제嘉靖帝의 부패와
실정을 정면으로 비판하다 파직당했다. 마오쩌둥은 역사 속 해서
의 강직함을 높이 사, 자신에게도 그렇게 충언을 아끼지 않는 인물
이 필요하다고 말하곤 했다. 야심 차게 추진한 대약진운동이 참담
한 실패로 끝나 수천만 명이 목숨을 잃자, 마오쩌둥은 부하들이 제
때 자신에게 충언하지 못한 것이 비극의 원인 중 하나라고 여겼다.

이런 배경에서 역사학자 우한吳晗은 해서의 생애를 바탕으로 희
곡『해서파관海瑞罷官』을 집필했다. 정직한 관리가 황제에게 직언
하다 파직당하는 이야기는 처음엔 역사극으로 받아들여졌으나, 곧
현실 정치에 대한 우회적 비판으로 간주되며 정치적 해석의 대상
이 되었다.

1965년 마오쩌둥의 부인 장칭江靑과 가까운 문화비평가 야오원
위안姚文元은 상하이의 신문『문휘보文匯報』에 역사극『해서파관』을
비판하는 글을 실었다. 그는 이 작품이 대약진운동을 비판한 펑더

화이彭德怀를 은유한다며 우한을 공격했다. 펑더화이는 한국전쟁에서 중공군 총사령관으로 활약한 중국의 전쟁 영웅이지만, 1959년 대약진운동을 비판했다는 이유로 마오쩌둥에 의해 요직에서 물러났다. 야오원위안의 비평은 베이징의 주요 언론에 다시 실리며 격한 논쟁을 불러일으켰고, 결국 중국공산당 내 권력투쟁과 문화대혁명의 도화선이 되었다.

대약진운동이 초래한 참사로 정치적 입지가 약해진 마오쩌둥은 문화예술을 무기로 삼았다. 측근들은 역사극『해서파관』을 현실 비판으로 몰아붙이며 정치 투쟁의 불씨로 이용했다. 청렴한 관리 해서는 더 이상 역사 속 인물이 아닌, 권력투쟁을 정당화하는 상징이 되었다.

1966년 마오쩌둥은『해서파관』비판을 계기로 문화대혁명을 일으켰다. 그는 자신을 혁명의 정통으로, 반대파를 수정주의자로 규정하고 "부수지 않으면 세울 수 없다", "반항은 정당하다"라는 구호로 청년들을 동원했다. 홍위병으로 조직된 이들은 지식인과 부유층을 비판·폭행·심문했고, 낡은 사상, 문화, 관습을 없앤다며 공자묘와 사찰, 고서 등 문화재와 전통 유산을 파괴했다. 대학은 폐쇄되고 교수·교사·간부 들은 농촌에 하방下放되어 강제 노동을 해야 했다.

이 시기, 시진핑習近平의 아버지 시중쉰習仲勳은 정치적으로 숙청당해 오랜 기간 실각했고, 어린 시진핑은 1969년부터 약 7년간 산시성 량자허에 하방당해 고된 농촌 생활을 경험했다. 어린 시절의 시련으로 인간의 본성은 악하다고 판단한 시진핑은 성악설을 주장한 『순자荀子』를 탐독했다고 한다.

2015년 노벨 생리·의학상을 받은 중국의 여성 약학자 투유유屠呦呦는 전통 의학과 현대 과학을 결합해 말라리아 치료제 아르테미시닌artemisinin을 발견했다. 이 연구는 '프로젝트 523'의 일환으로, 군사적·전략적 중요성 때문에 과학자 수백 명이 극비리에 참여했다. 투유유도 여기에 합류해 식물 2,000여 종을 조사하고, 그중 380종의 추출물을 실험용 쥐에 투여해 효과를 시험했다. 그리고 190여 차례의 실패 끝에 1971년 10월 고대 의서에서 개똥쑥이 말라리아에 효과가 있다는 기록을 바탕으로 돌파구를 찾아냈다.

서기 340년 동진의 도사이자 약학자 갈홍葛洪은 의서 『주후비급방肘後備急方』을 집필했다. 응급 상황에서 쓸 수 있는 처방을 모은 이 책에는 개똥쑥이 학질에 효과가 있다는 기록이 담겨 있었다. 특히 '찬물에 담가 즙을 낸다'는 구절이 투유유의 눈길을 끌었다.

투유유는 개똥쑥의 유효 성분이 열에 약하다는 점에 착안해 저온 추출법을 고안했다. 전통적인 열수 추출 대신 에테르를 이용한 저온 추출로 아르테미시닌을 분리하는 데 성공했다. 1972년 동물 실험에서 강력한 항말라리아 효과가 확인되었고, 1977년에는 그 분자구조가 완전히 규명되었다.

임상 시험을 거쳐 1980년대부터 중국 안팎에서 아르테미시닌 기반 치료법이 확산하기 시작했고, 1990년대 말부터는 국제사회에서도 본격적인 관심을 받았다. '프로젝트 523'의 연구 성과는

1980년대 이후 점차 공개되었고, WHO는 2001년 아르테미시닌 기반 복합 요법ACT을 말라리아의 1차 치료제로 공식 채택하며 그 가치를 인정했다.

1960~1970년대는 클로로퀸에 내성이 생기면서 말라리아 치료가 점점 어려워지던 시기였다. 이럴 때 나온 아르테미시닌의 탁월한 효능으로 1990년대부터 사망자가 급격히 줄었고, 국제적으로도 인정받음으로써 세계 말라리아 사망률을 크게 낮추는 데 기여했다. 박사 학위나 유학 경험이 없던 순수 중국 본토 출신 연구자 투유유의 값진 성과다.

투유유의 아르테미시닌 연구는 문화대혁명의 대혼란 가운데 이뤄진 보기 드문 성취였다. 지식인 탄압과 정치적 격변이 극에 달한 시기에도 그녀는 전략 과제로 추진된 말라리아 신약 개발에 매진했다. 당시 과학자 대부분이 열악한 연구 환경과 자원 부족에 시달렸고, 일부는 정치 운동의 표적이 되기도 했다. 불안정한 가운데서 꾸준히 연구한 끝에 개똥쑥에서 유효 성분을 발견해낸 투유유의 업적은, 단순한 약리학적 성과를 넘어 혼란한 시대의 한계를 뛰어넘은 과학적 집념 결과로 평가된다.

문화대혁명을 마무리하지 못한 채 생을 마친 마오쩌둥이지만, 그가 추진한 신약 개발은 개똥쑥에서 항말라리아 성분 아르테미시닌을 발견하는 성과로 이어졌다. 권위주의적 지도자의 결정이 세계 보건에 공헌한 이례적인 성과라고 할 수 있다.

역사적으로 많은 신약이 개똥쑥 같은 천연물에서 유래했다. 자연에서 추출한 동·식물 성분의 생리 활성을 확인한 뒤, 분자구조를 분석하고 이를 기반으로 약효와 안정성을 개선한 유도체를 개발하는 방식이다. 말라리아원충에 대한 활성도가 아르테미시닌보다 10배가량 높은 다이히드로아르테미시닌dihydroartemisinin이 개발되었고, 이를 기반으로 아르테메터artemether와 아르테수네이트artesunate 같은 다양한 유도체가 만들어져 치료제로 널리 활용되고 있다.

개똥쑥은 중국은 물론 우리나라의 들과 강가, 산비탈 어디에서나 쉽게 볼 수 있는 흔한 풀이다. 그런 평범한 식물이 인류의 생명을 구한 신약의 원료로 거듭났다는 사실이야말로, 투유유 연구의 진정한 의미를 보여준다.

말라리아 예방약,
여행이 끝나도 계속 먹어야 하는 이유

해외여행이 활발해지면서 여행지 역시 다양해졌다. 흔히 찾지 않던 지구의 구석구석까지 발길이 닿으면서 말라리아에 노출될 가능성도 그만큼 높아졌다. 특히 주의해야 할 곳이 아프리카인데, 생명을 위협하는 열대열 말라리아에는 각별한 대비가 필수다.

질병관리청 자료에 따르면, 최근 수년간 우리나라 여행객들이 감염된 열대열 말라리아 사례의 99%가 아프리카 여행 후 발생했다. 특히 사하라사막 이남 지역을 다녀온 이들 사이에서 발병이 잇따랐다. 따라서 이 지역을 여행한다면 미리 말라리아 예방약을 복용하는 것이 좋다. 말라리아에 걸린 여행객의 약 80%는 제대로 약을 먹지 않은 것으로 나타났다.

말라리아원충은 모기가 무는 순간 혈액을 타고 우리 몸으로 들어온다. 말라리아원충은 간으로 이동해 증식한 뒤, 감염 후 약 8일에서 길게는 4주 후 혈액으로 방출되는데, 이후 적혈구에 침입해 헤모글로빈을 영양원으로 빠르게 늘어난다.

말라리아 예방약은 대부분 혈액 내 원충에만 효과가 있어 간에 잠복한 원충에는 작용하지 않는다. 여행 막바지에 감염된 경우 원충이 혈액으로 나오기까지 최대 4주가 걸릴 수 있어 귀국 후에도 예방약은 계속 복용해야 한다. 여행 전에는 방문 지역의 말라리아 유형과 약물 내성 여부를 확인하고, 의료진과 상담해 가장 적절한 예방약을 선택해야 한다.

① 클로로퀸을 변형해 독성을 줄인 하이드록시클로로퀸(제품명: 듀록, 옥시크로린)은 삼일열 말라리아 유행 지역 여행 때 사용하는 예방약이다. 임산부가 말라리아에 걸리면 유산이나 조산 위험이 높아지는데, 이 약은 임신 중에도 먹을 수 있다. 성인은 여행 1~2주 전부터 주 1회 400mg씩 복용을 시작하고, 여행 중에도 같은 용량으로 먹어야 한다. 귀국 후에는 간에 잠복한 원충이 혈액으로 이동할 가능성을 고려해 최소 4주간 복용을 이어가야 한다.

하이드록시클로로퀸은 오랜 사용 끝에 일부 지역에서 내성이 확인되었기 때문에, 출국 전 해당 지역의 내성 현황을 사전 점검할 필요가 있다. 또 드물게 어지럼증이나 시야 이상 같은 부작용이 나타날 수 있어, 운전이나 기계 조작을 하는 사람은 다른 약으로 바꾸는 것이 낫다.

② 메플로퀸mefloquine(제품명: 라리암Lariam)은 하이드록시클로로퀸 내성 지역에서도 사용할 수 있는 말라리아 예방약으로, 주 1회 복용 방식이라 장기 여행자에게 적합하다. 출국 2주 전부터 매주 1회 성인 기준 250mg(1정)을 복용하며, 여행 중에는 물론 귀국 후에도 4주간 복용한다.

단, 메플로퀸은 신경 정신계 부작용이 비교적 강한 편이다. 어지럼증, 불면, 악몽, 불안, 우울감은 물론 드물게 환각이나 발작도 보고된 바 있어 정신과 병력이 있는 경우 권하지 않는다. 태국·캄보디아·미얀마 접경지대 등 동남아시아 일부 지역에서는 메플로퀸 내성 말라리아가 확인된 만큼, 여행 전 내성 여부를 살펴보고, 자신에게 맞는 다른 약을 미리 준비하는 것이 안전하다.

③ 독시사이클린(제품명: 독시 내사이클린)은 하이드록시클로로퀸 내성 지역에서 열대열 말라리아와 삼일열 말라리아 예방에 효과적이다. 말라리아원충분 아니라 여러 세균 감염에 쓰인다. 예방 목적의 복용은 출국 1~2일 전부터 하루 100mg씩 시작하며, 귀국 후 4주간 지속하는 것이 권장된다. 장기간 매일 복용하기 때문에 번거롭지만 저렴하다는 장점이 있다. 다만 12세 미만 어린이, 임신부, 수유부는 복용할 수 없다. 치아 착색이나 성장 지연 우려 때문이다. 또 복용 중에는 햇빛 노출을 피해야 한다. 광 과민 반응으로 피부 발진이 생길 수 있어 자외선 차단제와 긴소매 옷을 권한다.

④ 아토바쿠온/프로구아닐atovaquone/proguanil(제품명: 말라론Malarone)은 하이드록시클로로퀸과 메플로퀸 내성 말라리아 예방에 효과적이다. 출발 하루 전부터 복용하면 되므로 단기 여행자나 갑작스러운 출국 때 유용하지만, 고가라서 장기 여행에는 부담스러울 수 있다.

성인은 출발 1~2일 전부터 하루 1정(250+100mg)을 복용하며, 여행 기간 동안 매일 같은 시간에 먹어야 한다. 귀국 후에도 7일간 복용을 이어가야 효과가 유지된다. 임신 초기에는 권하지 않으며, 12세 미만의 어린이는 체중에 따라 용량이 달라져 복용 전 반드시 의료진과 상담하는 것이 좋다.

말라리아 예방약이 효과가 없거나 중증 말라리아가 발생한 경우에는 아르테미시닌 기반 복합 요법ACT으로 치료한다. WHO는 내성 위험 때문에 아르테미시닌 단독 투여를 금지하고, 다른 항말라리아제와 병용하는 ACT를 권장하고 있다.

ACT는 95% 이상 완치율을 보이며 전 세계 말라리아 치료의 표준이 되었다. 국내에서는 일반 병원에 해당 치료제를 비치하지 않으므로 질병관리청과 연계해 국립중앙의료원에서 공급받는 체계로 관리된다.

말라리아를 가장 효과적으로 예방하는 방법은 모기에게 물리지 않는 것이다. 특히 열대지방의 오지, 늪지, 밀림 지역은 주의가 필요하다. 모든 말라리아 예방약은 전문 의약품이다. 출발 전 병· 의원에서 처방받아 약국에서 조제해야 하며, 여행지의 말라리아 유형과 내성 여부에 맞춰 적절한 약을 선택해야 한다.

말라리아 초기 증상은 고열, 두통, 오한, 근육통 등으로 감기와 비슷해 진단이 늦기 쉽다. 유행 지역에서 귀국한 뒤 원인을 알 수 없는 열이 나면, 지체하지 말고 즉시 검사를 받아야 한다.

치료가 늦어지면 치명적인 합병증으로 이어질 수 있으므로, 모기 한 마리도 방심해서는 안 된다. 예방과 조기 진단이 최선의 대응이다.

순간의 호기심, 강렬한 중독

환각제

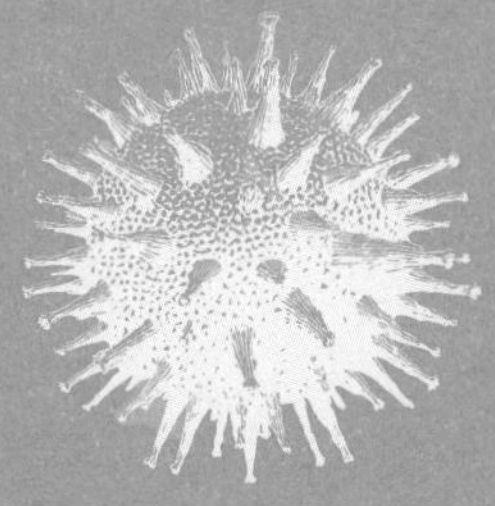

호기심으로 시작하는 환각제는

심각한 중독과 금단증상을 일으키며 삶과 가족,

사회 전체를 파괴할 수 있다.

아편전쟁의 사례처럼 마약은 국가도 무너뜨렸다.

모르핀, 헤로인, 코카인, 필로폰 등은

치료제로 시작했지만 중독성과 남용으로 큰 폐해를 불러왔다.

SNS와 다크 웹, 가상 화폐로 유통 경로는 은밀해지고

청소년 중독도 급증하고 있다.

약물은 효과뿐 아니라 중독성, 부작용, 사회적 파급력까지

면밀히 검토해야 하며, 강력한 처벌보단

교육과 재활 중심의 예방책이 중요하다.

#아편 #모르핀 #헤로인 #코카인 #필로폰 #데이트강간약 #맥각알칼로이드

'한 번쯤이야'로 시작하는
환각제

환각제는 뇌의 신경전달물질 작용을 교란시켜 현실과 환상의 경계를 흐리게 만든다. 일부는 강한 심리적 의존을 일으켜 남용 위험이 높고, 마지막에는 정신과 육체를 함께 파괴한다. 이런 이유로 대부분의 나라에서는 환각제를 불법으로 규제하고 있다. 그럼에도 사람들은 여전히 환각제를 찾는다. 이유는 단순하다. 극심한 스트레스에서 벗어나 잠시라도 행복감을 느끼기 위해서, 혹은 냉혹한 현실에서 벗어나기 위해서다. 어떤 이는 장난삼아, 또 어떤 이는 강렬한 자극을 갈망하며 이 금단의 문을 연다. 그러나 그 문 너머에는 결코 자유가 아닌, 깊은 의존과 파괴가 기다리고 있다.

환각제 남용은 주로 청소년과 청년층에 흔하다. 특히 미국에서는 사춘기부터 환각제에 손을 대는 경우가 많다. 기존 권위에 반발하고, 자신이 누구인지 혼란스러워하며, 또래 집단과의 유대감을 중시하는 시기, 바로 그때 누군가의 권유로 시작한 한 번의 호기심이 인생을 바꿔놓는다. 환각제 남용은 이렇게 사소한 선택에서 비롯되어 사회 전체의 문제로 번진다.

환각제를 반복적으로 투약하면 의존성이 깊어진다. 심각한 경우 중독 증상이 나타나며 갑자기 약을 끊으면 극심한 금단증상이 밀려온다. 금단증상은 정신과 육체의 고통을 동반하며 자기 의지로 벗어나기가 매우 어렵다. 시간의 흐름이 왜곡되어 과거와 현재, 미래의 경계가 사라지고 허공을 날 수 있다는 환각과 망상에 사로잡혀 건물에서 뛰어내리는 사고로 이어지기도 한다.

중독 초기에는 하품, 콧물, 발열, 눈물 같은 비교적 경미한 반응이 나타난다. 그러나 시간이 지남에 따라 불면증, 전신 경련, 근육 떨림, 현기증, 구역질 같은 증상이 심해지며 인지력과 행동 능력도 급격히 떨어진다.

이 과정에서 환자는 마치 거미가 온몸을 기어다니는 듯한 착각에 빠지거나, 끝없이 추락하는 듯한 공포감에 사로잡히기도 한다. 금단증상이 극심해지면 섬망(과도한 초조함과 떨림), 환각, 환청, 망상 등 심각한 정신이상이 일어나고 혼란을 가중시킨다.

"난 의지가 강하니까 금방 끊을 수 있어. 어떤 느낌일지 한 번만 경험해보자."

이렇게 시작한 호기심은 삶을 집어삼키는 중독으로 변한다. 한 번 발을 들이면 그 끈적한 덫에서 빠져나오기가 쉽지 않다. 약을 끊으려는 순간 몰아치는 금단증상은 몸과 마음을 동시에 무너뜨린다. 중독자는 점차 자아를 잃고 삶이 황폐해지는데 그 여파는 가족에까지 번져 깊은 상처를 남긴다.

우리가 일상에서 접하는 기호품 가운데는 중추신경계를 가볍게 자극하는 성분이 있다. 담배 속 니코틴, 커피의 카페인 등이 대표적이며 이들은 뇌를 각성시켜 일시적으로 집중력이 상승하는데, 이와 함께 습관성을 유도한다. 과도하면 건강에 해를 끼칠 수는 있지만 이 정도 자극은 환각제의 범주에 들지 않는다.

반면 아편, 헤로인Heroin, 코카인Cocaine, LSDlysergic acid diethylamide, 필로폰(메스암페타민methamphetamine), 엑스터시MDMA 등은 중추신경계를 강하게 자극하거나 왜곡시켜 극도의 환각과 쾌감 그리고 강력한 의존성을 일으킨다. 이 가운데는 아편처럼 수천 년 전부터 의학적으로 통증을 완화하고 신경을 가라앉히는 데 쓰인 천연물도 있고 현대 실험실에서 합성된 약물도 있다. 이들은 단순한 기호품을 넘어 사람의 의식을 뒤흔들고 삶을 무너뜨릴 수 있는 위험한 물질이다.

최근 우리나라에서도 마약 사범이 급격히 늘고 있다. 한때는 강력한 법률과 촘촘한 단속망으로 UN이 정한 '마약 청정국'이었지만 그 명성은 무너지고 말았다. '마약 청정국'이란 인구 10만 명당 마약 사범 수가 20명 미만인 국가를 말한다. 그러나 2023년 우리나

라의 마약 사범은 2만 7,611명에 달하며, 인구 10만 명당 약 53명
으로 이미 이 기준을 크게 넘어섰다. 특히 10대와 20대를 중심으로
증가세가 가파르다. 한때는 소수의 일부 계층에 머물던 사회적 문
제가, 이제는 세대 전반으로 확산하고 있다.

이 같은 확산 배경에는 SNS와 다크 웹이 있다. 비대면 유통망
과 가상 화폐를 통한 익명 결제가 결정적인 역할을 한다. 마약은
더 이상 어두운 뒷골목에서 은밀하게 거래되는 물건이 아니다. 손
안의 스마트폰 몇 번만 눌러도 금단의 약물이 일상 속으로 스며드
는 시대가 되었다. 한순간의 호기심이 한 사람의 인생을 무너뜨리
고 가족과 사회 전체를 병들게 해서는 안 된다. 환각제와 마약을
막는 길은 특별하지 않다. 정확한 정보와 냉철한 이해, 그리고 충
동을 이겨내는 절제. 그것이 진정한 예방이다.

아편으로 무너진
청나라

1840년 영국과 청나라 사이에 제1차 아편전쟁이 일
어났다. 영국은 인도에서 생산한 아편을 청나라에 대량 밀수출해
청 사회를 중독과 황폐로 몰아넣는 동시에 막대한 은을 유출시켰
다. 이에 청나라는 국민을 보호하고 아편을 근절하기 위해 강경책
을 펼쳤고 도광제道光帝는 이를 실현할 인물로 임칙서林則徐를 광둥

성에 파견했다. 이곳은 바다를 건너온 아편이 끊임없이 밀려들던 무역의 관문이었다.

광둥성에 도착한 임칙서는 즉시 단호하게 행동했다. 항구 창고에 쌓여 있던 아편은 물론 하역을 기다리는 영국 상선에 실린 아편까지 모두 압수해 바닷가에 구덩이를 파고 석회와 소금물을 섞어 완전히 폐기해버렸다. 막대한 경제적 손실을 입은 영국은 강하게 반발하며 선전포고도 없이 군함 44척과 병력 4,000여 명을 보내 청나라를 무력 침공했다.

18세기 후반 산업혁명의 물결을 등에 업은 영국은 과학기술의 힘으로 무장한 제국주의 국가로 부상했다. 증기기관을 장착한 군함이 등장하면서 바람에 의존하던 범선 시대는 저물고, 영국 해군은 압도적인 기동력과 화력을 갖추게 되었다.

반면 청나라 군대는 여전히 전통적인 활, 창, 화승총에 의존했고, 군함 역시 목선 중심의 낙후된 함선이었다. 전술도 시대의 변화에 뒤처진 데다 훈련된 상비군보다는 지역 관료 휘하의 지방에서 급히 차출한 병력이 주력이었다. 청나라 해군은 영국 함대가 뿜어내는 매연과 포성 앞에 속수무책이었다.

영국군은 광둥에서 출발해 해안을 따라 북상하면서 푸젠, 저장, 상하이 일대를 차례로 점령했다. 이어 함대는 양쯔강을 거슬러 올라 내륙 깊숙이 진격해 전략적 요충지인 난징에 도달했다. 수도 베이징이 위협받는 상황에서 도광제는 더 이상의 저항이 무의미하다고 판단해, 고위 관료들에게 영국과 평화 협상을 시작하라고 지시했다.

1842년 청나라와 영국은 난징조약을 체결했다. 이는 상하이를 비롯한 5개 항구를 개방하고, 홍콩을 영국에 할양하며, 2,100만 달러의 배상금을 약정한 중국 근대사의 첫 불평등조약이다. 도광제는 전쟁의 패배와 난징조약의 수치로 깊이 자책하면서 이후 국정을 거의 방치하다시피 했다.

이때를 기점으로 서구 열강이 앞다퉈 중국에 진출했다. 청나라는 주권을 잃고 여러 나라의 지배를 받는 반식민지 상태로 전락하고 말았다. 상호 대립하는 중국과 대만 모두에서 지금도 추앙받는 국부 쑨원孫文은 저서 『삼민주의三民主義』에 이렇게 썼다.

"현재의 중국은 국가라 부르기 어렵다. 국권을 잃었고 민권은 짓밟혔으며 민생은 도탄에 빠졌다. 중국은 사실상 열강의 반식민지이다."

아편전쟁은 바다 건너 일본에도 큰 충격을 주었다. 아시아 최강으로 군림하던 청나라의 굴욕을 지켜본 일본 지도층은 위기의식을 느끼고 근대화를 추진하게 된다. "외세에 휘둘리지 않는 나라를 만들어야 한다"는 열망은 마침내 1868년 메이지유신이라는 역사적 전환으로 이어졌다.

아편전쟁은 인류 역사상 가장 추악한 전쟁 가운데 하나로 꼽힌다. 영국은 인도에서 재배한 양귀비로 아편을 정제한 뒤 청나라에 대량 수출하며 막대한 이익을 챙겼고, 그 대가로 중국 사회는 심각한 도덕적·정신적 파탄을 겪어야 했다.

영국은 인도에서 생산한 값싼 아편을 대량으로 밀수해 중국의 최하층민까지 중독되게 만들었고, 중국 사회는 급격히 붕괴되었다. 청나라의 아편 수입량은 1770년대 연평균 200상자에서 1838년에는 4만 상자로 폭증했다. 아편 중독자는 1800년경 약 200만 명에서 1839년 아편전쟁 직전에는 1,000만 명에 이르렀다.

처음엔 상류층의 세련된 유흥으로 여겨졌지만, 곧 이를 따라 한 평민들 사이로 번지며 아편은 사회 전체로 스며들었다. 아편의 공포는 드러나지 않게, 그러나 치명적으로 퍼져나간 그 은밀함에 있었다. 초기에는 통증이 사라지고 일시적으로 기운이 솟는 듯한 착각을 주었고 '만병을 고치는 약'이라는 잘못된 믿음까지 겹쳐 중독의 경계심은 더욱 낮아졌다.

얼마 가지 않아 아편은 사람들의 육체와 마음을 잠식했다. 어두운 골목 어귀의 아편굴에는 긴 대롱으로 아편 연기를 들이마시는 중독자들이 가득했다. 그 안에는 멍하니 흐려진 눈빛과 부서진 시간이 눌어붙어 낮게 숨 쉬고 있었다.

빅토리아 여왕이 지배하던 영국은 아편을 팔아 얻는 이익을 위해 한 국가가 무너지는 참상을 외면했다. 19세기 제국주의 시대는 이윤 앞에서 인간의 존엄도 나라의 운명도 서슴없이 짓밟던 야만의 시기였다. 총과 칼 대신 환각제 하나로도 가뿐히 거대 제국을 무너뜨릴 수 있었고 약에 대한 무지는 크나큰 고통을 초래했다.

양귀비에서 분리한
알칼로이드 모르핀

중동이 원산지인 양귀비는 봄이 오면 한 포기에서 꽃대 3~4개가 올라와 탐스러운 꽃을 피운다. 바람에 흩날리듯 꽃잎이 지면 둥근 씨방이 자란다. 그 씨방에 조심스레 칼끝을 대면 뽀얀 유즙이 상처 틈으로 흘러나온다. 공기와 닿은 유즙은 차츰 굳으면서 갈색에서 암갈색으로 변한다. 이것이 아편이다. 아편은 인류가 오래전에 자연에서 얻은 천연 진통제였다. 통증을 누그러뜨리고 기침을 잠재우며, 설사를 멎게 하는 데 쓰였다.

고대 문명이 시작된 메소포타미아에서 근대에 이르기까지, 수천 년 동안 사람들은 이 신비한 즙에 의지했다. 19세기에는 "아편 없이는 치료도 없다"라는 말이 돌 정도로 의료 현장에서 광범위하게 쓰였고 그와 동시에 수많은 중독자를 양산했다.

1805년 독일 약사 프리드리히 제르튀르너Friedrich Sertürner는 어느 저녁 아편에서 유효 성분을 분리하는 실험 도중 놀라운 광경을 목격했다. 암모니아수를 떨어뜨린 용액 속에 순백색 결정체가 조용히 가라앉고 있었던 것이다. 그는 여러 용매를 이용해 아편을 정제하며 이 물질의 정체를 추적했고, 곧 그것이 아편의 진통과 진정 작용을 유발하는 본질적인 성분임을 직감했다.

백색 결정은 놀라운 약효를 지니고 있었다. 제르튀르너는 이를 정제해 쥐와 개에게 투여했고 실험동물들은 하나둘 깊은 잠에 빠져들었다. 일부는 끝내 깨어나지 못하고 숨을 거두기도 했다. 하지만 그는 멈추지 않았다. 자기 몸에 실험을 시작한 것이다. 알코올에 녹인 결정을 물에 희석해, 자신과 자원자 세 명에게 45분 간격으로 세 차례에 걸쳐 이를 먹었다.

곧 강력한 진정 작용이 나타났고 실험자들은 반혼수상태에 빠졌다. 제르튀르너가 의식을 완전히 회복하는 데에는 여러 날이 걸렸다. 그가 복용한 양은 오늘날 기준으로 보면 하루 최대 권장량의 열 배를 훌쩍 넘는 치명적 수준이었다.

그러나 이 무모한 실험은 의약품 역사에 중대한 전환점이 되었다. 인류 최초로 천연 약물에서 순수한 유효 성분을 추출하는 데 성공한 것이다. 제르튀르너가 발견한 백색 결정은 그리스 신화에 나오는 꿈의 신 모르페우스Morpheus에서 이름을 따 모르핀Morphine이 되었다. 모르핀은 병원과 전쟁터에서 고통받는 수많은 생명을 해방시키는 혁명적인 진통제가 되었다.

제르튀르너는 모르핀 분리로 알칼로이드alkaloid 시대를 열었다. 알칼로이드란 식물에서 유래한 질소 함유 염기성 유기물질로, 생리 활성이 강한 물질을 말한다. 보통 분자에 질소가 있어 염기성을 나타내 알칼리alkali처럼 작용한다. 모르핀을 시작으로 코카인, 퀴닌, 스트리크닌strychnine, 니코틴, 에페드린ephedrine 등이 식물에서 분리한 대표적인 알칼로이드다.

모르핀 분리는 현대 약 개발에서 획기적인 사건이다. 그전까지는 아편이나 마황처럼 자연에서 얻는 식물을 달여 즙을 짜는 방식으로 약을 사용했다. 그러나 복합 천연물에서 단일 유효 성분을 분리해 정량 투여하는 방식이 도입되면서 근대 의약의 기초 원리가 확립되었다.

그렇지만 아편에서 뽑은 모르핀의 순도를 높이고 상업화하는 작업은 쉽지 않았다. 제르튀르너가 최초로 알칼로이드를 추출하기는 했지만, 대량생산에 성공한 것은 독일 제약사 머크_{Merck}다. 머크 가문은 독일 남서부 소도시 다름슈타트에서 가족 대대로 천사약국을 운영했다.

19세기 초 무렵에는 약국 경영이 무척 어려웠다. 그때 1816년 베를린 대학에서 약학과 화학을 전공한 창업자의 6대손 엠마누엘 머크_{Emmanuel Merck}가 돌아가신 아버지를 대신해 천사약국의 경영을 맡았다. 그는 모르핀에 주목했다. 상업화에 도전한 이들이 여럿 있었지만, 모두 실패로 끝났다. 뛰어난 효과에도 불구하고 모르핀은 아직 실험실 수준을 벗어나지 못하고 있었다.

엠마누엘 머크는 모르핀에서 약의 미래를 보았다. 그는 알칼로이드를 추출해 순도를 높이는 방법에 집중했다. 약의 순도, 효능, 안전성을 수치로 관리하고 약을 합리적이고 과학적으로 만드는 방식을 고안했다. 마침내 그는 모르핀 결정을 정제하고 규격화하는 데 성공했고, 의약품으로 상품화함으로써 세계 최초로 모르핀 대량생산을 시작했다. 과학을 근거로 한 근대 제약사가 탄생한 것이다.

다름슈타트의 천사약국은 현대 제약 산업의 문을 열었고 머크는 신뢰할 수 있는 약의 대명사로 떠올랐다. 이후 머크사는 모르핀뿐 아니라 아편에서 기침을 멈추게 하는 코데인_{codeine}, 복통을 가라앉히는 파파베린_{papaverine} 그리고 퀴닌, 코카인 등 다른 알칼로이드까지 대량생산하면서 제약업계의 선구자가 되었다.

탁월한 통증 완화와 진정 효과 덕분에 모르핀은 오랜 세월 의학의 현장에서 빠질 수 없는 약으로 자리했다. 그러나 동시에 강한 황홀감을 유발해 중독과 의존이라는 심각한 부작용을 초래한다. 그 핵심에는 뇌에 있는 오피오이드opioid 수용체, 그중에서도 뮤 수용체mu-opioid receptor가 있다. 이 수용체는 통증을 억제하는 동시에 쾌감을 일으키는 도파민 경로를 자극한다. 뮤 수용체에서 두 가지 작용이 같이 일어나 효능과 중독을 동시에 일으킨다.

이는 내성, 의존, 금단이라는 중독의 악순환으로 이어진다. 부작용이 크다 보니 모르핀의 탐닉성을 줄이면서 진통 효과를 높이려는 시도가 수십 년간 이어졌다. 부분 작용제, 합성 유사체, 비오피오이드 진통제 개발까지 다양한 노력이 있었다. 그러나 여전히 진통 효과를 강화할 수는 있어도, 중독성을 완전히 없애지는 못하고 있다.

마약의 영웅
헤로인

헤로인은 1874년 영국의 화학자 앨더 라이트Alder Wright가 처음 합성했다. 그는 모르핀 분자에 아세틸기CH₃CO, acetyl group를 두 개 붙여 다이아세틸모르핀diacetylmorphine이라는 흰색 결정을 만들었다. 하지만 당시 이 발견은 큰 관심을 끌지 못했고 연구도 중단되었다.

그로부터 20여 년 뒤, 1897년 바이엘의 화학자들이 그 실험을 다시 꺼내들었다. 모르핀에 아세틸화 반응을 시도한 결과는 놀라웠다. 새로 만든 화합물은 모르핀보다 진통 작용이 훨씬 강하고 적은 양으로도 빠른 효과를 보였다.

바이엘 경영진은 이 약이 기존 모르핀을 대체할 중독성 없는 진통제라고 확신했다. 그들은 '영웅적인 heroisch'이라는 독일어에서 착안해 이 약에 헤로인이라는 이름을 붙였다. 바이엘은 탁월한 진통제이자 기침약으로 헤로인을 내세우며 대대적인 홍보에 나섰다. 심지어 어린이 기침약으로도 판매되었고 문구에는 '습관성 없는 이상적인 약'이라는 문장이 버젓이 등장했다. 모르핀보다 3~4배 강한 진통 작용으로 헤로인은 큰 인기를 끌었다.

하지만 얼마 있지 않아 헤로인을 투여한 사람들에게 심각한 증상이 나타났다. 강한 탐닉 현상이 나타난 것이다. 약을 끊으면 정신착란, 불안, 현기증, 불면증 같은 금단증상이 일어났다. 헤로인을 과량 복용하면 급격히 호흡이 마비되고 혼수를 일으켜 죽게 된다.

정맥에 헤로인을 주사하면 단 몇 초 만에 강렬한 쾌감과 함께 도취 상태에 빠져든다. 뇌 속 보상회로에서 도파민이 폭발적으로 분출되며 그 어떤 자연적인 쾌락으로 대체할 수 없는 강렬하고 압도적인 희열이 찾아온다. 순간적인 황홀경은 중독의 시작이다. 단 한 번의 경험으로도 뇌는 그 상태를 갈망하며 시간이 지날수록 벗어날 수 없는 굴레가 된다. 약을 끊으려 하면 극심한 금단증상이 몰려온다. 뼈마디가 쑤시고 통증이 심해지며 식은땀과 구역질, 공포로 몸이 떨린다. 시간이 지날수록 중독자는 헤로인을 다시 찾을 수밖에 없고, 급기야 그것이 삶의 목적이자 수단이 된다. 약을 구하기 위해선 수단과 방법을 가리지 않는다. 절도, 사기, 성매매, 심지어 가족의 돈과 신뢰까지 파괴한다. 헤로인은 뇌만 마비시키는 약물이 아니라 삶의 의미마저 앗아간다.

헤로인에는 아세틸기가 모르핀보다 두 개 더 있어 지용성이 높고 기름 성분이 많은 인체 세포막을 쉽게 통과한다. 그래서 체내 흡수율이 훨씬 높고 특히 혈액뇌 장벽마저 쉽게 넘어 중추신경계에 빠르게 도달한다. 혈액을 타고 뇌에 들어간 헤로인은 에스터레이스esterase 효소에 의해 빠르게 대사되어 6-모노아세틸모르핀6-monoacetylmorphine과 모르핀으로 전환된다. 이 두 대사 산물이 중추신경계의 뮤 수용체에 작용해 강력한 진통과 쾌감 효과를 일으킨다. 헤로인은 중독성과 의존성 면에서 모르핀보다 더 치명적인 것으로 드러났고 20세기 초 세계 각국에서 규제하기 시작했다.

헤로인 중독 치료에는 메타돈methadone을 쓴다. 메타돈 역시 아편에서 유래하거나 그와 유사하게 작용하는 오피오이드 계열의 약물이다. 그러나 헤로인보다 작용이 느리고 지속 시간이 길어 중독성과 금단증상을 관리하기가 비교적 쉽다. 치료는 메타돈을 충분히 써 금단증상을 억제하는 것으로 시작해 수 주에 걸쳐 점차 용량을 줄여가는 방식으로 진행된다.

이는 헤로인을 갑자기 끊었을 때 나타나는 극심한 몸의 반발(불안, 불면, 구토, 근육통 등)을 메타돈으로 완화하거나 피하려는 전략이다. 이 과정을 거쳐 중독자는 점차 안정을 되찾고 헤로인을 찾는 충동에서 벗어날 기회를 얻게 된다. 궁극적으로는 약물 완전 중단이라는 목표에 다가갈 수 있다.

헤로인은 중독성과 위해성이 극단적으로 높아 대부분의 국가에서 제조·수입·소지·사용을 법으로 금지한다. 국제적으로도 UN 마약류 통제 협약에 따라 1군 규제 마약으로 지정되었으며 의료용마저도 극히 제한된 국가에서만 허용한다. 불법 유통되는 헤로인 대부분은 중동, 동남아시아, 멕시코 등지에서 재배하는 아편 양귀비 추출물이 원료다. 지금도 세계 주요 불법 아편 생산지로 지목되는 곳들이다.

1960년대 이후 헤로인은 서구의 도시 빈민층과 청년 문화에 깊숙이 침투했다. 그로 인해 절도와 폭력, 감염병 확산 같은 어두운 그림자가 사회 전반으로 번져갔다. 그 영향력은 중산층 젊은이들, 나아가 아시아·아프리카·남아메리카까지 확산하며 세계적인 공중보건 문제로 비화했다. 오늘날에도 헤로인은 전 세계의 어깨에 무겁게 내려앉은 골칫거리로 남아 있다.

코카인에 중독된 프로이트와 코카콜라

코카인은 남아메리카 고산지대의 코카나무 잎에서 추

출한 강력한 중추신경 자극제다. 안데스산맥을 따라 페루, 볼리비아, 콜롬비아 등지에서 자생하는 이 식물은 수천 년 전부터 원주민들의 삶과 함께해왔다.

스페인 사람들은 남아메리카를 정복하며 안데스 산골 마을에 들어섰을 때 흥미로운 광경을 목격했다. 현지 주민들이 코카 잎을 석회(수산화칼슘)와 함께 씹고 있는 모습이었다. 그들은 뺨과 잇몸 사이에 코카 잎과 알칼리성 석회를 넣고 오랫동안 천천히 씹었다. 이렇게 하면 코카 잎 알칼로이드가 서서히 흡수되면서 피로와 허기를 덜고 추위와 고산병을 이겨낼 수 있었다. 코카 잎과 함께 씹는 석회는 입안을 염기성으로 만들어 코카인의 서서한 흡수를 돕는다. 덕분에 원주민들은 강한 중독이나 환각 없이, 오랜 시간 각성과 활력을 유지할 수 있었다.

원주민들은 이렇게 말했다.

"코카 잎은 신이 우리에게 준 선물입니다."

잉카인들은 종교의식과 노동, 여행, 심지어 전쟁에도 코카 잎을 사용했다. 스페인 사람들 또한 코카잎의 신비한 힘에 매료되었다. 굶주린 자의 허기를 달래고, 지친 자에게는 기운을 북돋우며, 슬픔에 잠긴 이에게는 다시 미소를 되찾게 해준다고 극찬했다. 16세기 중반, 스페인 선교사들이 코카 잎의 표본과 기록을 고국으로 가져오자 미지의 식물은 곧 유럽 사회의 호기심과 상상의 불을 지폈다.

1860년 독일 괴팅겐 대학의 젊은 화학자 알베르트 니만Albert Niemann은 남아메리카산 코카 잎에서 하얀 결정 모양의 물질을 분

남아메리카 안데스의 고산지대에서 자라는 코카나무는, 수천 년 동안 사람들의 삶과 함께해왔다. 그 잎은 약이자 기호품이었고, 때로는 차로 달여 마시는 일상의 활력이었다. 오늘날에도 안데스의 노동자들은 피로와 허기를 달래기 위해 코카 잎을 씹으며 일한다. 콜롬비아, 페루, 볼리비아는 코카 잎 생산의 대표적인 국가다.

리했다. 이것은 코카인이라 불리며 과학계의 주목을 받았다. 니만은 이 물질이 매우 쓰고 점막에 닿으면 감각을 마비시킨다고 묘사했다. 의학적인 활용 가능성이 열리자 학자들은 코카인을 마취제이자 신경 흥분제로 실험하기 시작했다.

코카인은 중추신경계를 자극해 각성 효과를 내고 고양감과 자신감을 높이는 등 당시로선 획기적인 신경 정신 자극제로 여겨졌다. 19세기 후반 정신과 의사들은 코카인을 우울증, 무기력증, 신경쇠약 환자들에게 투여하기도 했다. 그중에는 후에 정신분석의 창시자가 된 젊은 오스트리아 출신 의사도 있었다. 지그문트 프로이트Sigmund Freud였다.

1884년 프로이트는 「코카에 대하여Über Coca」라는 논문을 발표하며 코카인의 심리적 효능에 강한 기대를 품었다. 특히 중추신경계에 대한 흥분 작용에 관심이 컸다. 프로이트에게는 아편에 중독된 친구가 있었는데, 여러 차례 치료했으나 별다른 성과가 없는 상태였다. 그는 제약사에서 코카인을 얻어 친구에게 투여했다. 그러자 놀랍게도 아편 중독 증세가 호전되었다. 아편은 신경을 가라앉히는 효과가 있는 데 반해 코카인은 흥분시킨다는 점에서 상반된 효과가 치료에 도움이 된다고 생각했다. 초기 반응은 놀라웠다. 친구는 고통을 잊고 한동안 정신도 맑아진 듯했다.

이 경험으로 프로이트는 코카인을 정신과 치료의 만병통치약처럼 여기게 되었다. 그러나 효능은 오래가지 않았다. 친구는 모르핀에 더해 코카인까지 중독되면서 심신이 극도로 피폐해졌다. 결국 그는 생애 마지막 몇 년을 환각과 통증에 시달리다가 생을 마감하고 말았다. 이 사건은 코카인의 위험성을 세상에 알리는 계기가 되었고 프로이트의 의학적 판단 역시 거센 비판을 받았다.

프로이트도 코카인을 직접 복용한 적이 있다. 기분이 좋아지고 집중력이 높아진다고 느꼈지만, 그가 장기 중독 상태에 빠졌다는 기록은 없다. 다만 프로이트는 평생 담배를 끊지 못했고 30회가 넘는 구강암 수술 끝에 1939년 세상을 떠났다. 코카인이 아니라 니코틴 중독이 낳은 비극이었다.

오랜 세월 남아메리카 사람들의 입속에서 천천히 흡수되던 코카 잎의 코카인 알칼로이드는, 정제 기술이 발달하며 순수한 결정으로 분리되자 전혀 다른 운명을 걷게 되었다. 한 번에 많은 양을 코로 들이마시거나 경구 복용하게 되었고 중추신경계에 미치는 자극도 강해졌다. 중독성도 더 뚜렷해졌다. 점막으로 흡수하는 것보다 더 빨리 쾌감을 얻기 위해 일부는 코카인을 정맥에 직접 주사하기 시작했다.

그러나 이보다 더 간단하고 강력한 방법이 등장한다. 바로 크랙 코카인crack cocaine이다. 크랙은 정제된 코카인 염산염에 베이킹소다(탄산수소나트륨)를 섞어 가열해 만든 결정 형태로, 열에 강하고 불에 잘 타는 성질을 지녔다. 이제 코카인은 주사기나 코가 아닌 폐를 통해, 연기와 함께 단 몇 초 만에 뇌에 도달하는 새로운 형태의 마약으로 변신했다. 흡연용 크랙은 몇 초 만에 뇌에 도달해 도파민을 폭발적으로 분비시킨다. 쾌감은 짧고 강렬하며 급속한 내성과

크랙 코카인. 유리형 코카인으로 중독성이 강하다. 코카인 1g으로 크랙 6회분을 만들 수 있어 저렴하다. '죽음의 마약', '빈민의 마약'이라 불리는데 효과는 5~10분이지만 약물을 하기 전보다 우울해지고 마비, 만성 정신병을 일으킨다. 중독 확률은 코카인의 2~3배다.

갈망을 유도한다. 일반 코카인보다 더 빨리 중독되고 치명적인 의존성을 남긴다.

한편 1886년 미국에서는 코카 잎 추출 성분을 넣은 독특한 음료가 등장했다. 조지아주 애틀랜타의 약사 존 펨버턴John Pemberton이 코카 잎 추출물과 콜라나무 콩, 알코올과 천연 향신료를 혼합한 음료를 만들었다. 코카라는 말이 암시하듯 이 탄산음료에는 코카인이 들어 있었다. 남북전쟁이 끝난 지 얼마 되지 않은 당시는 전쟁에서 쓰던 모르핀으로 중독자가 넘쳐나던 시기였다.

남군 장교 출신 약사 펨버턴은 북군과의 전투에서 칼에 찔려 중상을 입었고, 그 후유증으로 진통제 모르핀을 사용하게 되었다. 그는 모르핀 중독에 시달리는 자신과 동료를 위해 새로운 묘약을 찾고 있었다. 펨버턴은 남아메리카산 코카 잎과 서아프리카산 콜라나무 열매를 조심스럽게 달이고 그 추출물에 향신료와 알코올을 넣었다. 향긋한 진갈색 혼합물이 되었을 때 그는 잔을 들어 한 모금 마셨다. 혀가 무감각해지더니 다음 순간 미세한 전율이 혀끝에서 목구멍으로 타고 내려왔다. 번득이는 각성 효과와 짧은 환희. 펨버튼은 환호성을 터트렸다.

"바로 이 맛이야!"

이 음료는 우울증에 빠진 아편 중독자에게 각성과 활력을 주는 약이자 맛까지 좋은 음료로 각광받았다. 피로를 풀어주고 두통에 좋다고 입소문이 나 큰 인기를 끌었다. 그러나 얼마 지나지 않아 금주법이라는 난관에 부딪쳤다.

미국 연방 차원의 전국적인 금주법은 1920년에 시작되었지만 조지아주를 비롯한 남부는 그보다 훨씬 이른 시기부터 술을 '죄악의 물'로 간주했다. 기독교 근본주의 신앙이 깊게 뿌리내린 조지아주에서는 19세기 말부터 금주법이 시행되고 있었다.

금주법 때문에 팸버튼은 알코올을 빼고 대신 탄산수를 넣었다. 그리고 유리잔에 넣어 '코카콜라'로 이름 붙여 약국에서 판매했다. 코카콜라는 특유의 톡 쏘는 탄산과 달콤하고 쌉싸래한 맛으로 금세 입소문을 타고 널리 알려졌다.

시대에 맞게 변신한 코카콜라는 오히려 금주법 덕을 톡톡히 보았다. 술을 금지하자 무알코올 음료 시장이 폭발적으로 성장한 것이다. 알코올이 없는 코카콜라는 열심히 일하기 위해 활력이 필요한 시민들의 청량음료로 자리매김했다. 그런데 잘나가던 코카콜라는 또다시 복병을 만났다. 코카인이 문제였다.

20세기 초 미국에서 코카인이 중독성 마약으로 분류되면서 코카콜라는 성분을 대폭 수정해야 했다. 코카콜라 경영진은 코카인을 제거하되 향만 남기기로 한다. 그리고 1929년 코카인이 전혀 들어가지 않는다고 발표했다. 오늘날에도 코카콜라는 페루와 볼리비아에서 코카 잎을 들여와 코카인을 제거한 향료를 만들어 쓴다. 마약의 원료 식물이 세계에서 가장 상징적인 청량음료의 향이 된 셈이다.

2005년 코카콜라 제로의 등장은 또 한 번의 변신이었다. 건강을 위협하던 설탕과 과당을 빼고 맛과 색은 그대로 남겼다. 인공감

미료 아스파탐aspartame과 아세설팜acesulfame K를 둘러싼 논란은 지금도 끝나지 않았다. 하지만 코카콜라는 건강과 달콤함을 향한 욕망 사이, 그 아슬한 경계 위에서 묘한 균형을 이루며 시대와 함께 변해왔다. 코카 잎에서 시작된 한 잔의 음료는 이제 '변화 그 자체'를 상징하게 되었다.

한약재 마황에서 분리된 에페드린, 필로폰이 되다

오래전부터 한방에서 사용해온 약초 마황麻黃은 중국 북부와 몽골고원이 원산지다. 기침을 멎게 하고 혈관을 수축시키는 특성 덕분에 마황은 감기 같은 호흡기 질환에 널리 처방되었다. 19세기 유럽에서 발전한 천연물 추출 기술이 일본에 전해지면서 1885년 마황에서 교감신경 흥분제 에페드린ephedrine이 분리되었다.

에페드린은 기관지 천식, 기침, 코막힘에 효과적이다. 그러나 문제는 효과가 지나쳤다는 점이다. 심장 박동을 높이고 혈압을 올리며 불면과 불안을 유발할 수 있는 자극성 강한 약물이기 때문이다. 게다가 에페드린은 중추신경계를 자극해 중독성과 남용 가능성도 크다. 에페드린을 대신해 혈관을 수축시켜 코막힘을 없애는 약이 슈도에페드린pseudoephedrine이다. 화학적으로 에페드린과 슈도에페드린은 입체 이성질체다. 분자량과 원자 연결은 같지만 입체적인 배치가 다르다. 미세한 화학구조의 차이가 약효에는 큰 차이를 가져와 슈도에페드린은 중추 자극 작용이 적고 부작용도 덜하다. 그래서 오늘날 먹는 코막힘 제거제 대부분에는 에페드린이 아니라 슈도에페드린이 들어 있다.

감기약까진 좋았는데 슈도에페드린을 약간 변형하면 마약 메스암페타민methamphetamine이 나왔다. 1941년 일본의 다이닛폰제약大日本製藥이 판매한 메스암페타민 성분의 약 이름이 필로폰Philopon이다. 일본식 발음으로 히로뽕이라고 하는데 필로폰은 '노동을 사랑한다'는 뜻의 그리스어 philoponus에서 왔다. 태평양전쟁 당시 군수 공장이나 회사에서 밤늦도록 작업할 때 잠을 쫓는 각성제로 사용되었다.

일본군은 전쟁에 나간 군인에게도 필로폰을 지급했다. 이 약을 먹으면 두려움이 사라지고 적과 싸우려는 자신감이 생겼다. 전쟁터에서 적을 무서워하는 군인이 많았으나 필로폰을 먹으면 갑자기 사기가 찌를 듯이 높아졌다. 필로폰의 중추신경계 자극 효과로 군인들은 갈증과 수면이 사라지고 밥을 먹지 않아도 배가 고프지 않았다. 이들은 약을 먹고 싸우는 전쟁 도구가 되었다. 광란의 전쟁이 종말을 맞을 때쯤 일본군의 패색이 짙어지자, 가미카제 특공대원들이 필로폰을 복용했다. 미군 함정에 돌진해 자폭하기 위해 필로폰을 탄 차를 마시고 비행기 조종에 나섰다.

전쟁에서 패망한 일본인의 삶은 고달팠다. 밤늦게까지 노동하느라 필로폰을 남용하면서 1940년대 말 일본에는 중독자가 50만 명이 넘었다. 불면증, 이갈이, 심장 두근거림, 환청 같은 피해가 폭증하자 일본 정부는 필로폰을 마약으로 지정했다.

그러나 한번 맛을 본 이들은 필로폰의 굴레에서 쉽게 벗어나지 못했다. 이 틈을 타 일본과 가까운 우리나라가 필로폰 밀수 통로가 되었다. 필로폰 원료는 대만에서 밀반입되어 바다 위에서 은밀히 거래되었고, 도시 변두리의 대형 주택에서는 몰래 제조가 이어졌다. 하지만 일본의 단속이 강화되자 흐름이 바뀌었다. 일본으로 향하지 못한 필로폰이 한국에 쌓이면서, 국내 시장으로 스며들기 시작한 것이다.

1988년 서울올림픽을 맞아 정부는 손님맞이를 위해 유흥업소와 숙박 시설을 대대적으로 정비했다. 그렇게 기다렸다는 듯이 마련된 인프라는 마약 소비의 기반이 되었다. 마약의 그림자는 화려한 불빛 뒤에서 자라났고 필로폰은 아편과 대마를 제치고 우리나라에서 가장 많이 사용되는 마약이 되었다.

현재 한국에서 필로폰을 위시해 신종 마약이 크게 확산하고 있다. 이유는 간단하다. SNS로 마약을 손쉽게 사고팔 수 있기 때문이다. 공급책과 직접 만나지 않고 마약을 지정한 곳에 갖다 놓은 다음 사진을 찍어 보내면 구매하는 사람이 몰래 찾아가는 속칭 '던지기' 수법으로 거래된다. 결제는 코인 같은 가상 화폐를 이용한다.

카카오톡, 텔레그램, 인스타그램 같은 SNS 외에도 다크 웹이 있다. 다크 웹은 네이버, 구글 같은 일반 검색 엔진으로는 찾을 수 없고 특수한 경로로만 접근하는 웹사이트다. 어둠의 경로를 통하면 검열을 피하고 익명이 보장돼 추적하기가 어렵다. 다크 웹에는 불법 거래가 많아 마약, 청부 살인, 장기 밀매 같은 반사회적인 행위들이 거래된다.

사회에 물의를 일으키는 클럽 마약
엑스터시와 물뽕

엑스터시MDMA는 종종 클럽이나 파티에서 불법으로 사용하는 향정신성 알약으로, 알록달록한 색상과 귀여운 모양새로 위장하고 있다. 이 약을 먹으면 긴장이 풀리고 낯선 이에게도 유달리 친근감을 느끼며, 강렬한 행복감과 더불어 마치 사랑에 빠진 듯한 감정이 피어난다. 밤이 깊어질수록 파티의 열기는 이 약에 의존한다. 더 오래, 더 짜릿하게 즐기려는 욕망 속에서 그것은 단순한 각성제를 넘어 감정의 벽을 무너뜨리는 유혹의 약이 된다.

엑스터시는 1912년 독일 머크사에서 자궁출혈을 막는 지혈제를 개발하던 중 우연히 생성된 부산물이었다. 당시엔 효능이나 용도가 명확히 밝혀지지 않은 채 묻혔고 1970년대 중반까지도 특별히 이목을 끌지 못했다.

그러던 1976년, 미국의 화학자이자 '환각제의 연금술사'로 불리는 알렉산더 셜긴_{Alexander Shulgin}이 이 물질을 재합성하면서 상황이 달라진다. 그는 엑스터시가 뇌를 자극해 감정과 감각을 극도로 자극한다는 사실을 발견했다. 이후 몇몇 정신과 의사가 이 약물을 우울증이나 외상 후 스트레스 장애_{PTSD} 치료 보조제로 사용하기 시작했다. 엑스터시를 복용한 환자들은 내면의 감정을 수월하게 드러내고 공감 능력이 좋아졌다.

하지만 그 감정 고양의 힘이 문제였다. 감정의 경계를 허무는 이 약물은 곧 클럽과 파티 문화에 흘러 들어갔고, 사람들은 환각과 쾌락을 좇아 약을 찾기 시작했다. 결국 1985년 FDA는 엑스터시를 향정신성 마약으로 지정하며 불법 약물 목록에 올렸다.

엑스터시 한 알의 환각 효과는 보통 3시간, 길게는 6시간까지 이어진다. 복용 직후에는 강한 쾌감과 함께 감각이 고조되지만 곧이어 근육 긴장, 메스꺼움, 갈증, 턱과 다리의 떨림 같은 부작용이 뒤따른다.

장기간 복용하면 뇌 속 세로토닌_{serotonin} 신경계가 심각하게 손상되며, 이는 우울증과 불안, 공허감 같은 정신적 장애로 이어진다. 드물게는 급성 알레르기 반응으로 즉사하는 사례도 있다. 사망자 대부분은 엑스터시를 알코올과 함께 복용한 경우였다. 이 조합은 뇌 탈수를 유발하고, 체내 열 조절 기능을 마비시켜 심각한 고체온증으로 이어지면서 제때 수분과 체온이 조절되지 않으면 생명을 위협할 수 있다.

우리나라에는 2000년대 초반 밀반입되어 유흥가를 중심으로 확산되었다. 현재는 관세청과 마약 수사기관의 단속, 통관절차 강화에 힘입어 유통이 크게 줄어든 상태다.

"클럽에서 술 한 잔 마셨을 뿐인데 아무것도 기억나지 않습니다."

이 말은 단순한 숙취 이야기가 아니다. 지금도 누군가에게 일어나고 있을 가능성이 있는, 은밀하고 비열한 범죄를 알리는 경고다. 이 범죄의 시작점에 한 남자의 이름이 있다. 1900년대 초 미국 시카고의 어느 허름한 술집에서 바텐더 미키 핀Mickey Finn은 손님들의 술잔에 몰래 약을 타고는 정신을 잃은 이들의 주머니를 털었다. 그가 쓴 약은 수면제였다. 이후 '미키 핀'은 술에 몰래 약을 타는 행위를 가리키는 말이 되었고 몰래 기절시키는 약의 상징적인 표현이 되었다.

범죄에 사용된 약은 '최소율 법칙'으로 잘 알려진 19세기 독일의 화학자 유스투스 폰 리비히Justus von Liebig가 합성한 수면제 클로랄 하이드레이트chloral hydrate이다. 약이 나오자마자 부녀자에게 몰래 먹이는 수면제로 이용되면서 범죄 약물의 대명사가 되었다. 시대마다 다양한 약이 범죄에 이용되었는데 현재 우리나라에서 가장 문제가 되는 강간 약물 중 하나는 GHBgamma hdroxy butyric acid이다.

흔히 '물뽕'이라 불리는 GHB는 냄새가 없는 흰 가루약으로 알약이나 캡슐 형태로 물이나 술에 타 액체 상태로 마신다. 물 같은 히로뽕이라는 뜻에서 물뽕이 되었다. 이름은 비슷하지만 히로뽕과는 종류가 다르다. 히로뽕은 신경을 흥분시키는 데 반해 GHB는 신경을 가라앉힌다.

원래 GHB는 수면 장애와 기면증 치료에 사용되었다. 무색무취의 액체로 적은 양으로도 졸음, 근력 약화, 기억 소실 등을 유발한다. 1980~1990년대 미국 클럽 문화 속에서 '액체 엑스터시'라는 별명을 얻으며 급속히 퍼졌고, 이후 성범죄에 자주 이용되면서 미국에서는 2000년부터 마약류 1급으로 지정됐다.

2000년대에 들어 언론 보도에 자주 등장한 GHB는 물에 타 마시면 10~15분 이내 근육이 풀리면서 취한 듯 기분이 좋아진다. 갑작스럽게 졸음이 쏟아지기도 하는데 심하면 식은땀을 흘리고 몸을 떨거나 구토, 두통, 환각 증상이 나타난다. 술에 타면 증세가 더 크게 나타나 당시 상황을 기억하지 못하고 의식불명에 이를 수 있다. 3~4시간 효과가 지속되며 다량 복용하면 환각 증세와 강한 흥분을 일으킨다.

GHB는 분자구조가 아주 단순하고 만들기도 쉽다. 복용하고 12시간이 지나면 몸 밖으로 배출되어 증거가 남지 않고 체내에는 소량 남을 뿐이어서 검출하기가 어렵다. 유명 연예인의 마약 스캔들이나 폭력, 탈세 등 범죄와도 연결고리가 된다. 술을 마시고 졸린 상태에서 피해를 당하면 잠을 푹 잔 것처럼 느껴져 강간이 일어나도 피해자는 모를 수 있다. 피해자 중 20대의 비율이 48%에 달하는데, 여성 피해자의 평균 나이가 25세다.

대응 방법은 믿을 수 없는 사람이 주는 술이나 음료를 먹지 않는 것이다. 캔은 본인이 직접 개봉해야 한다. 화장실을 다녀오거나 자리를 비울 때는 술이나 음료에 약을 탔을 수 있으니 새것을 마시는 게 좋다. 평소 주량보다 술을 적게 마셨는데 정신이 몽롱하거나 이상 증상이 나타나면 도움을 요청하거나 즉시 전화로 신고해야 한다.

맥각 알칼로이드에서 유래한 LSD

15~18세기 유럽은 마녀사냥이라는 광기에 휩싸였다. 애꿎은 여성 수만 명이 마녀로 몰려 화형대에 올랐는데 그중 다수는 민간 약초 치료사, 산파, 가난한 여성 들이었다. 마을 사람들은 외딴곳에 홀로 사는 여자가 다루는 약초에 초자연적인 힘이 있다고 믿었다. 통증을 가라앉히고 열을 내리고 마음을 진정시키는 약초가 당시 사람들의 눈엔 마법처럼 보였다.

마녀는 빗자루를 타고 하늘을 날아 악마의 잔치에 간다는 소문도 퍼졌다. 지금 들으면 터무니없는 이야기지만 상상력의 배경엔 실제 식물의 약리 작용이 있었다. 마녀로 몰린 여자들이 쓰던 식물, 예컨대 벨라돈나belladonna 나 맨드레이크mandrake 등은 현실과 환상을 뒤섞는 환각을 유발했다. '마녀의 연고'로 알려진 이 식물들은 몽롱한 도취감과 무의식을 유발해 공중 비행을 일으킨다고 오해받았다. 교회는 이를 사탄과의 계약으로 보았고 무고한 수많은 여성이 고문과 화형을 당해야 했다.

특정 식물에는 약성이 강한 알칼로이드 성분이 들어 있다. 이 물질은 미량으로도 약이 되지만, 때로는 독으로 작용해 영문도 모른 채 사람들을 죽음으로 몰아넣곤 했다. 현실에서 도무지 설명할 길 없는 고통과 재앙 앞에서 사람들은 그것을 마녀가 건 저주, 혹은 악마의 주문이라 믿었다. 무지는 공포와 미신을 낳았고, 그 불길은 사회의 불안과 분노로 번져 힘없는 여자들을 집어삼켰다.

수많은 생명을 앗아가 사람들의 분노를 일으킨 사건이 또 있었다. 중세 유럽 사람들은 주식으로 호밀빵을 먹었는데, 여기에 기생하는 곰팡이 맥각균ergot fungus이 맥각을 만들어냈다. 이 곰팡이가 만든 알칼로이드 에르고타민ergotamine이 든 빵을 먹으면 강한 혈관 수축 작용과 환각을 일으킨다. 심하면 죽음에까지 이르는데, 이런 증상을 중세 유럽에선 '성 안토니우스의 불St. Anthony's Fire'이라 불렀다. 사지가 불타는 듯한 통증과 괴사, 환각, 신경장애 증상이 나타날 때 환자들은 성 안토니우스 수도회에 도움을 청했다.

이 병은 주로 호밀을 수확하기 전 장마철에 맥각균이 이삭에 기생하면서 시작된다. 이렇게 오염된 호밀이 밀가루에 섞이면 소량의 에르고타민으로도 중독을 일으킨다. 병의 원인을 알지 못했던 사람들은 병에 걸리지 않은 여자들을 의심했다. 마을 변두리에 떨어져 사는 가난한 여자들은 밀가루를 살 돈이 없어 맥각 중독을 피해갈 수 있었다. 이들이 병에 걸리지 않는 걸 이상하게 여긴 사람들이 떼 지어 마녀로 몰아세워 화형으로 분풀이했다.

1692년 식민지 시대, 미국 동부 매사추세츠 항구도시 세일럼에서 200여 명이 '귀신에 들렸다'며 고발되어 그중 19명이 처형당했다. 당시 호밀을 주로 재배하던 이 지역에서 맥각균에 오염된 곡물을 먹은 이들이 환각에 빠져 발작을 한 것이다. 원인을 알 수 없는 증상 앞에서 사람들은 공포에 휩싸였다. 분노한 군중은 원인을 '마녀'에서 찾았다.

사회적으로 힘이 없는, 나이 많고 홀로 사는 여자들이 마녀사냥의 표적이 되었다. 실상은 사사로운 원한이나 질투로 고발하는 경우도 많았다. 세일럼 마녀재판은 무지와 집단 히스테리가 빚어낸 비극이다. '신의 뜻을 따르는 특별한 나라'라는 청교도 예외주의는 미국 건국의 뿌리이지만, 신앙의 자유를 찾아 나선 그들이 같은 신앙의 여인들을 '마녀'로 몰아 처형한 사건이 바로 세일럼 마녀재판이었다.

미국 소설 『주홍 글씨*The Scarlet Letter*』의 작가 너새니얼 호손Nathaniel Hawthorne은 매사추세츠주 세일럼의 청교도 집안에서 태어났다. 호손의 고조부는 세일럼에서 마녀재판을 벌인 판사였다. 판사는 증거가 부족한 상황에서도 마녀로 지목된 사람들을 가혹하게 심문해 처형하거나 고통을 주었다. 호손은 제 조상이 세일럼 마녀재판에 깊이 관여한 사실에 평생 죄책감을 느꼈다.

그는 소설을 통해 사회가 만든 낙인의 폭력을 고발했다. 주인공 헤스터Hester는 혼외 임신으로 간통의 상징인 'AAdultery' 글자를 가슴에 달고 살아간다. 그럼에도 그녀는 침묵 속에서 존엄을 지키며 이웃에 자비를 아끼지 않는다. 시간이 흐르며 사람들은 그녀의 가슴에 달린 'A'를 간통이 아니라 천사able 또는 유능함able의 상징으로 여기게 된다. 헤스터의 삶은 마녀로 몰려 억울하게 불타 죽거나 힘겹게 살아야 했던 세일럼의 가난한 여성들과 닮았다.

호밀에서 자라는 맥각은 환각 물질 LSDlysergic acid diethylamide의 원료인 리세르그산lysergic acid의 천연 공급원이다. LSD는 극미량(μg 단위)으로도 강력한 환각을 일으키며 일반적으로 1회 용량은 약 100~250μg이다. LSD는 맥각 알칼로이드보다 수십 배 강력하며, 그 효과는 8~12시간 동안 이어진다.

1938년 스위스 제약사 산도스Sandoz의 화학자 알베르트 호프만Albert Hofmann은 호밀에서 유래한 리세르그산을 변형해 새로운 화합물을 합성했다. 이 물질이 인류 최초의 합성 환각제 LSD이다. 실험을 마치고 나서 호프만은 기분 좋은 어지러움을 느꼈다. 신기하게도 눈을 감자 현란한 색채와 환상이 밀려들며 기분이 좋아졌다. 그는 실험에 쓴 용매 클로로포름chloroform 탓이라 여겼지만, 며칠 후 LSD를 소량 먹어보고 자신이 만든 물질이 일으키는 작용임을 알게 되었다.

LSD의 강력한 효과로 정신과에서는 조울증, 알코올 중독, 성적 일탈 같은 병리적 상태의 치료 보조제로 활용하기 시작했다. 기분을 전환하고 의식을 확장하는 특성 덕분에 예술가와 심리학자, 철학자 들의 실험 도구로 주목받았다.

1960년대 히피 문화의 확산과 프랑스 사회변혁 운동인 68혁명 이후, 성 해방과 새로운 사고를 추구하는 흐름 속에서 LSD는 젊은 층에 유행처럼 번졌다. 특별한 감각을 추구하며 환각제를 남용한 결과, 약물 중독이 심각한 사회문제로 떠올랐다. LSD는 복용 후 시간이 지나도 환각이 다시 나타나는 플래시백flashback 현상을 일으킬 수 있다. 플래시백이란 약물 복용 후 일정 기간이 지나 뇌 기능이 정상으로 돌아왔는데도 불구하고 여전히 환각이 나타나는 현상이다. 단 한 번 복용으로도 생길 수 있고 며칠 후부터 수년 뒤까지도 나타날 수 있다. 체내에서 약이 배설되는 것은 하루면 되지만, 환각을 일으키는 작용 메커니즘은 여전히 불가사의다. 이 때문에 LSD는 마약류로 분류되어 철저히 규제되고 있다.

1960년대 이후 세계적으로 약물 남용이 심각한 사회문제로 부상했다. 과거에는 아편 계열이 약물 문제의 주를 이뤘지만, 다양한 합성 약물이 범람하면서 문제는 복잡해졌다. 미국, 멕시코, 필리핀 등 여러 나라가 '마약과의 전쟁'을 선포했으나 근절은 요원하고 폭력적이고 강압적인 대응이 또 다른 문제를 낳고 있다.

우리나라에서는 1957년 '마약법'을 제정한 이후 1970년 '습관성의약품 관리법'을 거쳐 1980년부터는 '향정신성의약품 관리법'이 시행되고 있다. 그러나 약물 남용은 단속만으로는 한계가 있으며 지속적인 교육과 홍보 그리고 재활 치료가 병행되어야 한다. 마약 사범은 재범률이 아주 높아 단순 처벌보다는 회복을 돕는 지원 체계가 더 중요하다.

한때는 기적의 치료제라 환호받던 약들이 오남용되면서 사회적 지탄을 받으며 법으로 엄격히 금지된 경우가 많다. 모르핀은 극심한 통증을 줄여주는 세기의 명약이었고 코카인은 한때 피로 회복과 국소마취제로 찬사를 받았다. 헤로인도 처음엔 기침 치료제로 판매되었고 메스암페타민은 고된 노동을 도와주는 각성제였다.

최근에는 기존 마약의 구조를 변형한 신종 마약이 등장하며 새로운 사회적 위협으로 떠오르고 있다. 치유 목적으로 세상에 나온 약물이 쾌락을 좇는 탐닉 수단으로 모습을 바꾼 것이다. 이처럼 약은 짧은 기간에 특성을 모두 알기 어렵다. 그 때문에 신약은 1상부터 2상, 3상까지 단계별 임상 시험을 거쳐 안전성과 효과를 검증한다. 의약품이 시판된 이후에도 정부는 부작용 보고와 시판 후 조사를 통해 안전성 평가를 거듭한다. 이상 사례가 발생할 경우, 정부는 제약사에 해당 의약품의 생산과 판매를 중단시키고 약국과 병·의원에는 사용 중지와 회수를 지시한다.

프로포폴 과다 투여로 사망한 마이클 잭슨

우유처럼 희고 부드러운 외관 탓에 프로포폴propofol은 흔히 '우유 주사'로 불린다. 프로포폴은 기름기가 많은 지용성 약물로, 혈액(물)과 잘 섞이도록 콩기름과 인지질로 유화해 흰 우유처럼 보인다. 1977년 영국 제약사 ICIImperial Chemical Industries에서 개발한 이 약은 수술용 전신마취제로 나왔다. 중추신경계를 진정시키며 뇌 혈류와 대사 속도를 낮춰 자연스럽게 수면 상태로 유도한다.

소량 투여해 빠르게 수면을 유도하지만, 용량이 과하면 호흡이 억제되거나 멈춰 생명을 위협할 수 있다. 일부는 투약 직후 황홀감이나 기분 좋은 이완감을 경험하기도 하며, 반복해 사용하면 의존성이 생길 수 있다.

프로포폴은 2009년 6월 25일, 세계적인 팝스타 마이클 잭슨Michael Jackson의 사망 원인으로 지목되며 전 세계의 이목을 끌었다. 유럽 투어 준비로 불면증에 시달리던 잭슨은 심장 전문의 콘래드 머리Conrad Murray를 개인 주치의로 고용해 약 6주간 프로포폴을 반복 투여했다. 머리는 사망 당일에도 잭슨에게 25mg을 주사했고 그가 잠시 자리를 비운 사이 잭슨의 호흡이 멈췄다. 부검 결과, 실제 주사된 약물의 양은 그의 진술보다 훨씬 많았던 것으로 드러났다.

마이클 잭슨은 그날 주치의 머리에게 프로포폴 외에 수면제인 로라제팜lorazepam과 미다졸람midazolam도 함께 투여받았다. 호흡이 멈춘 잭슨은 심폐소생술에도 불구하고 결국 사망했다. 머리는 과실치사 혐의로 기소돼 2011년 징역 4년 형을 선고받았지만 2년 만에 출소했다.

프로포폴, 로라제팜, 미다졸람은 모두 진정과 수면 유도에 쓰이는 약물로 호흡 억제를 유발할 수 있다. 동시에 함께 투여하면 위험하며, 투약 후 환자 상태를 제대로 관리하지 않으면 치명적인 결과를 초래할 수 있다.

프로포폴을 쓸 때는 반드시 심박수, 혈압, 산소포화도 등을 측정하는 생체 모니터링 장치를 연결해야 한다. 이러한 필수 장비 없이 개인적인 수면 유도 목적으로 투여한 것 자체가 중대한 의료 과실이었다. 예기치 못한 상황이 벌어졌을 때 주치의 혼자서는 적절한 응급조치를 할 수 없었고, 우왕좌왕하는 가운데 골든 타임은 지나갔다.

콘래드 머리는 마취 전문의가 아니었으며, 재판 과정에서는 침대 위에서 심폐소생술을 시행한 점과 911 신고가 지연된 사실 등이 모두 부적절한 대응으로 지적받았다. 심폐소생술은 흉부 압박이 심장에 효과적으로 전달돼야 하는데, 침대 위에서는 힘이 매트리스에 흡수돼 압박 효과가 크게 떨어진다. 혈류 생성이 부족해지고 뇌 손상이 올 수 있어 반드시 딱딱하고 평평한 바닥에서 시행해야 한다. ‘세기적인 팝의 황제’는 믿었던 주치의의 부주의 속에 허망하게 생을 마감하고 말았다.

우리나라는 2011년 2월 1일, 세계에서 처음으로 프로포폴을 향정신성의약품(마약류)으로 지정해 식품의약품안전처가 관리하고 있다. 일반인보다는 의료인을 중심으로 한 오남용 사례가 늘어난 데 따른 조치였다. 이후 식약처는 2018년 5월부터 마약류 통합관리시스템을 도입해, 마약류의 제조부터 유통, 보관, 투약, 폐기까지 전 과정을 실시간 전산으로 관리하고 있다. 이 시스템으로 마약류 오남용 방지와 투명한 관리가 한층 강화되었다.

죽음을 부르는 마약성 환각제
옥시콘틴과 펜타닐

아편에는 모르핀 외에도 기침을 멎게 하는 코데인, 복통에 사용하는 파파베린 등 다양한 활성 성분이 들어 있다. 그중에는 모르핀보다 효능이 약한 테바인thebaine도 있는데, 테바인을 개량해 중독성은 낮고 진통 효과는 강한 약들이 개발되었다. 1920년대 독일에서 나온 옥시코돈oxycodone이 대표적이다. 옥시코돈은 진통 효과가 모르핀의 1.5배 정도다. 그러나 이 약은 주목을 받지 못했다. 모르핀을 변형한 강력한 헤로인이 널리 퍼져 있었기 때문이다.

옥시코돈은 20세기 후반 미국에서 부활했다. 1996년 유대계 미국 제약사 퍼듀 파마Purdue Pharma가 마약성 진통제 옥시콘틴OxyContin을 출시한 것이다. 옥시콘틴은 옥시코돈과 같은 성분이지만 수십 년에 걸쳐 향상된 기술력으로 약이 일정 시간에 걸쳐 서서히 방출되는 서방정으로 개발됐다. 이 약은 통증이 극심한 말기 암 환자에게 처방해 집에서 임종을 맞기 위해 스스로 고통을 줄이는 용도로 사용되었다. 하지만 중증 질환만이 아니라 관절통이나 근육통 같은 일반 통증에도 옥시콘틴을 남용하면서 문제가 되었다.

강력한 영업력을 자랑하는 퍼듀 파마는 옥시콘틴 매출을 늘리기 위해 공격적인 마케팅을 펼쳤다. 고급 호텔에 의사들을 불러 모아 극진히 대접하면서 학술 세미나를 개최했다. 그러면서 슬쩍, 검증되지 않은 논문을 가져와 과대 광고했다. 1만 명이 넘는 입원 환자를 대상으로 마약성 진통제를 투여해도 중독자는 겨우 네 명에 불과했다고 주장하면서, 옥시콘틴으로 인한 중독은 걱정할 필요가 없다고 설득했다.

퍼듀 파마의 계산은 적중했다. 의사들은 중증 환자에 한정해 쓰던 옥시콘틴을 경증 환자, 청소년, 심지어는 임산부에까지 마구잡이로 처방했다. 개인정보보호법의 허점으로 옥시콘틴에 중독된 사람이 여러 군데 병원을 돌아다니며 쇼핑하듯 약을 처방받아도 알 수가 없었다.

마약성 진통제 옥시콘틴을 먹으면 통증이 사라지고 기분이 좋아진다. 용법대로 사용하면 크게 도움이 되지만, 중독된 사람은 약을 깨뜨린 다음 한 번에 다량을 삼켰다. 과량 복용으로 아편 성분의 황홀감을 맛본 사람들은 더 강한 자극을 원했고 약을 구하기 위해 재산을 탕진하기 일쑤였다.

출시 직후부터 2010년대 초반까지 미국에서는 옥시콘틴 중독자가 속출했다. 이들은 식은땀을 흘리고 구역질하며 성격도 과격해졌다. 마지막에는 과량 복용으로 호흡 정지를 일으켜 죽음을 맞았다. 이 기간 미국에서 옥시콘틴으로 사망한 사람은 무려 64만 명이나 되었다.

반면 퍼듀 파마는 옥시콘틴으로 46조 원에 달하는 어마어마한 돈을 벌었다. 피해가 눈덩이같이 커지자 퍼듀 파마는 수천 건의 손해배상 소송을 당했다. 그러자 2019년 파산 신청을 하고 경영권과 지분을 포기하겠다고 선언했다. 피해자들에게는 8조 원 상당의 합의금을 지급하겠다고 했다.

그러나 이는 서막에 불과했다. 옥시콘틴에 의한 오피오이드 1차 유행은 미국 정부가 처방 단속을 강화하면서 줄어들었지만, 짜릿한 쾌감을 맛본 사람들은 싸구려 길거리 마약 헤로인으로 넘어갔다. 헤로인의 중독성과 위험도는 훨씬 높았고 이때부터 사망률이 급증했다.

헤로인은 값이 훨씬 싸고 효과는 더 빨랐다. 옥시콘틴과 기제가 유사해 몸이 쉽게 받아들였기 때문이다. 옥시콘틴 처방 약 한 알을 60~80달러에 사던 중독자들은 3~5달러면 구하는 헤로인을 합리적인 선택이라 여겼다. 2010년 이후 헤로인 사용자의 80%는 처방 오피오이드 경험자였다. 여기에 멕시코 마약 카르텔의 대규모 공급이 맞물리면서 오피오이드 2차 유행은 걷잡을 수 없이 확산했다.

불과 몇 년 만에 헤로인은 정점을 찍었다. 이후 한층 강력한 펜타닐fentanyl이 등장했다. 3차 유행이 시작된 것이다. 주사기를 사용하는 헤로인보다 옥시콘틴처럼 처방받아 복용하는 펜타닐이 압도적으로 편리했다. 게다가 효과가 강력하고 값도 저렴하며 무엇보다 구하기 쉬웠다. 마약 시장의 중심은 단번에 펜타닐로 이동했고, 과다 복용 사망의 양상을 완전히 바꾸어놓았다.

마약성 진통제 펜타닐은 모르핀, 코카인, 대마같이 식물에서 유래한 전통적인 마약과 달리 화학합성으로 만든 약이다. 모르핀보다 진통 효과가 100배 강한 펜타닐을 투여하면 뇌에서 신경전달물질 도파민이 엄청나게 분비되어 극도로 짜릿한 쾌감을 느낀다. 한번 강렬한 환각을 맛본 사람은 쾌감을 좇아 어떤 위험도 감수한다. 그러나 펜타닐은 치사량이 불과 2mg, 그 끝은 호흡 정지와 죽음이다. 본래 극심한 통증 환자에게만 제한적으로 허가된 약이었지만, 제약사에겐 그 제한이 곧 매출 저하를 의미한다. 매출을 높이기 위해 약물을 규제하는 정부 기관과 의사를 상대로 한 치열한 로비가 펼쳐진다. 약품 허가에 관여하는 FDA 공무원이 퇴직하면 일자리를 제공해 취직시켜주고, 의사에게는 리베이트 명목으로 처방량에 따라 거액의 돈을 건넨다.

미국은 2023년 기준 11만 명 이상이 약물 오남용으로 사망하는 재앙을 겪고 있다. 그중 8만 명 이상이 펜타닐 같은 오피오이드에 중독되어 죽는다. 특히 코로나 팬데믹 시기 집에서 혼자 지내는 시간이 늘면서 큰 폭으로 늘어났다. '좀비 랜드'로 방송에 나온 필라델피아 켄싱턴은 몸을 제대로 가누지 못해 기괴하게 굽은 좀비 같은 사람이 거리에 넘쳐난다. 펜타닐 중독자들인데 수가 너무 많아 경찰도 통제할 수 없을 정도다.

펜타닐이 심각한 문제가 되자 미국 정부는 원료를 공급하는 중국에 무역 제재를 가했다. 이 합성 마약을 만드는 곳은 멕시코지만 핵심 물질은 중국산이다. 미·중 무역 갈등 속에서 펜타닐은 새로운 분쟁의 불씨가 되었다. 트럼프는 관세로 중국을 압박했고, 중국은 규제를 강화했지만 공급은 계속되고 있다.

문제는 펜타닐 중독이 미국만의 문제가 아니라는 사실이다. 식품의약품안전처에 따르면 우리나라에서도 2018년 806만 건이던 펜타닐 처방이 2022년에는 1,411만 건으로 폭증했다. 각종 SNS를 통해 마약을 접하는 나이가 점점 낮아지고, 급기야 고교생까지 중독되면서 펜타닐을 쉽게 처방받을 수 있는 병원 목록을 공유한다. 2021년 전에는 부산과 경남 청소년 41명이 펜타닐 패치 남용으로 검거되기도 했다.

펜타닐을 비롯해 합성 대마, 야바Ya ba, 엑스터시, GHB 등 신종 마약들이 활개 치면서 해마다 마약 사범 수는 꾸준히 늘고 있다. 자칫하면 미국처럼 사회 전반을 뒤흔드는 중독 재난으로 번질 수 있는 만큼, 지금이야말로 경각심과 철저한 대응이 절실한 시점이다.

5

염증을 가라앉히고 고통을 잠재우다

진통제

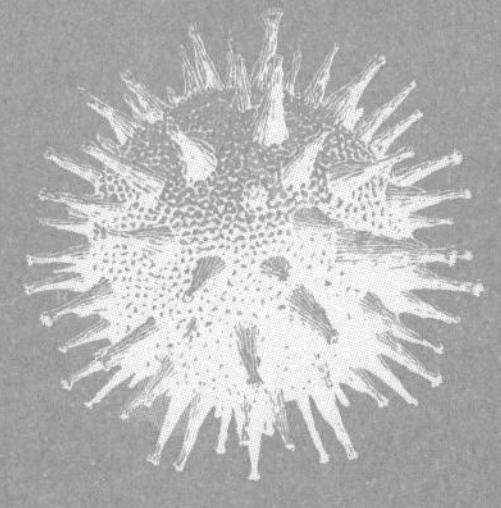

인류는 오래전부터 통증에서 벗어나기 위해
약을 찾아왔다. 하지만 목적 하나를 달성하면
예상치 못한 부작용이 뒤따르곤 했다.
버드나무 껍질 추출물 살리실산에서 출발한 진통제는
아스피린으로 발전했다.
중증 통증에는 오피오이드 계열의 모르핀이 쓰이며,
강력한 진통 효과를 낸다.
스테로이드인 코르티손이 류머티즘 관절염을 치료하며
주목받았지만 심각한 부작용을 동반했다.
부작용 적은 진통제 이부프로펜과 아세트아미노펜이
개발되었고, 위장 장애가 적은 COX-2 선택 억제제 등이
출시되며 부작용을 줄이는 방향으로 진화하고 있다.

#아스피린 #오피오이드 #코르티손 #이부프로펜 #염료모브 #타이레놀
#세레브렉스

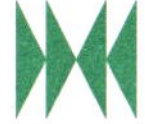

버드나무 껍질과
오피오이드

열이 나거나 몸이 아플 때 가장 먼저 찾는 약이 바로 진통제다. 통증은 누구에게나 일상처럼 찾아오지만, 잠깐의 두통에도 집중력이 무너지고 심한 생리통은 일상 자체를 버겁게 만든다. 관절염이라도 생기면 삶의 질은 순식간에 떨어진다. 그래서 진통제는 인류가 가장 먼저, 그리고 가장 간절히 원했던 약이라 할 수 있다. "아프지 않고 싶다"라는 이 단순한 열망의 역사는 놀랍게도 고대 이집트까지 거슬러 올라간다.

기원전 16세기경 작성된 「에베르스 파피루스*Ebers Papyrus*」에는 버드나무 추출물이 해열과 진통에 효과적이라는 기록이 있다. 당시 의사들은 열이 나거나 통증이 심한 환자에게 버드나무 껍질을 달여 마시게 했다. 이집트인의 지혜는 고대 그리스로 이어졌다. 의학의 아버지 히포크라테스는 환자에게 버드나무 껍질을 씹게 하거나 우린 물을 마시게 해 고열, 두통, 관절 통증을 치료했다. 이후 로마제국의 의사 디오스코리데스Dioscorides와 중세 아랍의 의학자 이븐시나Ibn sina 역시 버드나무가 통증을 완화한다는 사실을 저술에 담았다. 로마 군인들은 전쟁에 출정할 때 버드나무 껍질을 잔뜩 가지고 나갔다. 버드나무 껍질에는 염증을 줄이고 통증을 완화하는 물질, 바로 살리실산이 함유되어 있다. 이 성분이 훗날 아스피린의 탄생으로 이어졌다.

고대 중국에서는 강가에 늘어진 수양버들 껍질을 한약재로 썼다. 수양버들은 버드나무의 한 종류인데 유백피柳白皮란 한약재로 류머티즘 통증에 처방했다. 신기하게도 오랫동안 문명의 교류가 단절된 6~7세기경 아메리카 대륙의 원주민들 역시 버드나무 껍질을 사용했다. 미국 콜로라도주의 덴버 외곽에서 발굴된 도기에 남아 있던 버드나무 추출물을 화학 분석한 결과, 살리실산의 흔적이 발견되었다. 아메리카 원주민들이 민간요법으로 버드나무의 진통 성분을 알고 약재로 활용한 것이다.

수술 후 뒤따르는 통증이나 말기 암의 고통은 상상을 초월한다. 이런 경우에는 일반적인 해열진통제로는 통증을 완전히 가라앉히기 어렵다. 이때 쓰는 것이 마약성 진통제인데 대표적인 것이 모르핀이다. 모르핀은 자연에서 얻은 가장 강력한 진통제로 뇌 속 오피오이드 수용체와 결합해 통증을 효과적으로 차단한다. 놀라운 점은, 우리 뇌가 모르핀과 정확히 결합하는 수용체를 미리 갖추고 있다는 사실이다. 이를 두고 과학자들은 몸속에도 모르핀과 유사한 물질이 있을 것이라 추측했다.

1975년 찾아낸 물질이 엔도르핀endorphin이다. 내인성 모르핀endogenous morphine, 즉 몸에서 생성되는 모르핀이라는 뜻의 엔도르핀은 우리 몸이 고통을 이겨내기 위해 스스로 만들어내는 천연 진통제다. 맹수에게 쫓기다 다쳤을 때 엔도르핀이 분비돼 순간 고통을 잊고 도망칠 수 있게 한다. 엔도르핀이 늘어나면 통증이 줄어드는 동시에 마음이 편안해지고, 행복감이 밀려온다.

마약성 진통제는 불법 마약과 달리, 의학적으로 승인된 합법적인 치료제다. 일반 진통제로는 버티기 어려운 수술 후 통증이나 암성 통증을 완화하는 데 사용된다. 그러나 장기간 복용하거나 용량이 늘어나면 중독을 일으킬 수 있어 철저한 의료 관리가 필요하다.

오피오이드는 강력한 진통 효과를 내면서도 습관성이나 호흡 억제 같은 부작용을 줄인 약물들이다. 대표적으로 옥시코돈이 있으며 중등도 이상의 통증에 사용한다. 암성 통증에는 WHO 지침에 따라 옥시코돈 같은 강한 오피오이드를 1차 진통제로 쓸 수 있다. 약한 통증에는 먼저 비스테로이드성 소염진통제NSAIDs로 시작해 필요하면 오피오이드로 단계적으로 넘어간다. 패치 형태의 마약성 진통제 부프레노르핀buprenorphine은 피부에 붙이면 정해진 양만 서서히 나와 일주일 내내 효과가 지속된다. 사용하기 편리해 만성 통증 환자에게 적합하다.

많은 약물은 일정 용량 이상에서 더 이상 효과가 증가하지 않는 천장 효과가 있지만 모르핀은 예외다. 용량을 높이면 진통 효과도 함께 높아져 말기 암 환자에게는 초기 용량의 10~100배 이상 증량해 통증을 조절하기도 한다.

천연 진통제인 엔도르핀을 경구 약물로 개발하려는 시도도 있었지만 상용화에 이르지는 못했다. 엔도르핀은 아미노산이 길게 연결된 펩타이드peptide 호르몬으로, 복용하면 소화효소에 잘게 분해되어 단일 아미노산이나 두세 개의 짧은 펩타이드 조각으로 나뉜다. 이 과정에서 본래의 약리 작용은 사라지기 때문에 입으로 먹는 방식으로는 약효를 기대하기 어렵다.

만성 염증성 질환 류머티즘을 치료한 스테로이드 코르티손

류머티즘 관절염은 통증과 부종으로 관절이 점차 망가지는 만성 염증성 질환이다. 면역세포가 스스로의 관절을 공격하는 자가면역질환으로, 예전에는 치료법이 거의 없는 난치병이었다. 1929년 미국 미네소타주 로체스터에 있는 메이요클리닉Mayo Clinic의 의사 필립 헨치Philip Hench는 이 질환에 얽힌 한 가지 기이한 이야기에 관심을 가지게 된다.

관절염 환자가 황달에 걸리면 신기하게도 통증이 깨끗이 사라진다는 것이다. 이상하게도 황달이 가라앉고 3주쯤 지나면, 잦아들었던 통증이 다시 찾아왔다는 말을 들었다. 비슷한 사례에 임신부도 있었는데 임신 중에는 관절염이 나았다가 출산 후에 재발했다. 헨치는 이를 단순한 우연으로 보지 않고 관절염을 치료할 단서로 받아들였다. 그는 간이 나빠져 생기는 황달과 임신 사이에 공통으로 간여하는 물질이 있다고 판단했다.

헨치는 오랜 고민 끝에 한 가지 가설에 도달했다. 간 손상이나 임신 같은 특별한 상태에서는, 몸이 스스로 스트레스를 완화하기 위해 어떤 물질을 만들어낸다는 것이다. 그는 이 물질이 관절염 증상을 완화한다고 생각했고, 정체를 알 수 없어 '물질 X'라 이름 붙였다. 하지만 그 비밀을 풀기 위한 연구는 오랫동안 제자리걸음을 했다.

1936년 같은 병원에서 일하는 생화학자 에드워드 켄들Edward Kendall은 소의 부신에서 코르티손cortisone을 분리했다. 코르티손을 스테로이드 호르몬이라고 하는데, 스트레스에 대응하고 염증을 억제한다. 헨치가 주목한 황달이나 임신 중 관절염 증상의 호전은 코르티손 덕분이었고 이것이 물질 X의 정체였다. 문제는 코르티손을 충분히 확보하기가 너무 어려웠다. 코르티손을 얻으려면 소 수천 마리의 부신이 필요했다. 부신 조직 1톤에서 코르티손은 겨우 1g 남짓한 양이 나왔다. 그러니 값이 금보다 비쌌다. 이처럼 비효율적인 추출법은 코르티손의 상용화를 가로막는 가장 큰 걸림돌이었다. 대량생산이 불가능한 것이다.

그러던 1942년 제2차 세계대전 중 미국 정보국은 독일이 아르헨티나에서 소의 부신을 대량 수입한다는 첩보를 입수한다. 아르헨티나는 이 시기 유럽에 쇠고기를 대량으로 공급하고 있었다. 미국은 이 거래에 특별한 군사적 목적이 있을지도 모른다고 의심했다. 당시 전투기의 작전 고도는 평균 9,000m에 이르렀다. 이 높이에서는 산소 농도가 지상의 30% 수준으로 떨어져 조종사들이 저산소증에 노출되었다.

그런데 독일 공군 조종사 일부는 1만 2,000m가 넘는 고도에도 안정적으로 비행한다는 소문이 돌았다. 미군은 그들이 어떻게 저산소증을 이겨내는지가 궁금했다. 그때 캐나다 몬트리올 맥길 대학의 한 생리학자가 발표한 연구가 큰 주목을 받았다. 부신에서 분비되는 호르몬이 저산소 상태로 극심한 스트레스에 처한 동물의 생존력을 높여준다는 사실을 밝혀낸 것이다.

이 소식은 곧바로 독일 전투 조종사들의 고공비행과 연결되었고 그 비밀이 부신에서 나오는 호르몬일지도 모른다는 추측이 나왔다. 깜짝 놀란 미군은 '부신피질 호르몬 연구'를 전시 우선 연구 1순위로 설정했다. 막대한 자금을 투입하며 머크사와 협력해 호르몬 연구를 적극 지원했다. 이때의 머크는 완전한 미국 제약사였다. 19세기 말 독일 머크의 미국 지사로 출발했지만 제1차 세계대전 중 '적국 기업 자산 몰수법'을 통해 분리되었다.

그러나 시간이 지나면서 독일 조종사에 관한 이야기가 과장된 소문에 불과했다는 사실이 드러났다. 독일은 조종사를 위해 호르몬을 연구한 적이 없었다. 제2차 세계대전 당시, 미국의 연구비는 하나의 목표를 향해 집중되었다. 원자폭탄 개발이었다. '맨해튼 프로젝트'라는 이름의 이 거대한 비밀 계획은 인류에게 첫 핵무기를 안기며 과학사의 흐름을 바꿔놓았다. 그 뒤를 이어 페니실린과 말라리아 치료제 개발이 전쟁의 또 다른 전략 과제로 떠올랐다. 이처럼 전쟁이 선택한 우선순위 속에서 스테로이드 호르몬 연구는 상대적으로 미미한 지원에 머물렀다.

전쟁이 끝난 뒤 미국 머크는 본격적으로 부신 호르몬 연구에 착수했다. 소의 부신에서 극소량 추출하는 방식으로는 한계가 뚜렷했기에 화학합성법을 택할 수밖에 없었다. 그리고 1948년 머크 소속 화학자 루이스 새럿Lewis Sarett은 가축의 담즙산을 출발점 삼아 무려 36단계에 이르는 정교한 반응 과정을 거쳐 코르티손 합성에 성공했다. 코르티손 9g을 얻은 것이다.

적정량의 코르티손이 확보되면서 임상 시험도 할 수 있게 됐다. 메이요 클리닉의 헨치는 동료 켄들과 협력해 머크사로부터 귀중한 코르티손 5g을 받았다. 첫 환자는 29세의 가드너 부인이었다. 류머티즘 관절염으로 오랜 세월 병상에 누워 있던 그녀는 쉰 살쯤 된 것처럼 지쳐 있었고 5년째 혼자 힘으로는 침대를 벗어날 수도 없었다. 헨치는 약을 오전 50mg, 오후 50mg 투여했다. 그리고 사흘 후, 기적 같은 변화가 시작됐다. 움직이지 못하던 가드너 부인이 일어나 걷기 시작한 것이다. 며칠 뒤에는 시내를 돌아다니며 쇼핑을 즐길 만큼 회복되었다. 난치병 류머티즘 치료의 문을 연 역사적 순간이었다.

코르티손이 류머티즘 관절염에 보여준 극적인 치료 효과는 단 2년 만에 노벨 생리·의학상을 안겨주었다. 1950년 에드워드 켄들과 필립 헨치는 공로를 인정받아 스위스 바젤 대학 생리학자 타데우시 라이히슈타인Tadeusz Reichstein과 함께 노벨상 수상의 영예를 누렸다. 켄들은 코르티손을 분리했고 헨치는 약효를 검증했으며 라이히슈타인은 분자구조를 규명하고 화학합성법을 제시한 업적이다.

당시 『타임Time』지는 이렇게 보도했다.

"불과 며칠만 투약해도 환자들은 침대에서 일어나 걷기 시작했고 통증과 부기는 말끔히 사라졌다."

약의 효능이 입증된 후 이토록 빠르게 노벨상이 수여된 사례는 인슐린 이후 전례가 없었다.

탁월한 효능의 이면에
부작용도 많은 스테로이드

1960년대 동서 냉전의 한복판에서 '젊고 강인한 지도자'로 상징되던 40대 미국 대통령 존 F. 케네디는, 애디슨병과 허리 통증에 시달리며 비밀리에 치료를 이어가고 있었다. 애디슨병은 부신피질 기능이 떨어져 몸이 필요로 하는 '코르티솔'이라는 호르몬을 제대로 만들지 못하는 희귀 질환이다. 케네디는 부족한 코르티솔을 대신하기 위해 매일 아침 약으로 된 '하이드로코르티손'을 복용했다. 하이드로코르티손은 신장 위에 있는 부신피질이 자연적으로 만들어내는 코르티솔과 화학적으로 동일한 약이다.

애디슨병을 처음 세상에 알린 인물은 영국 스코틀랜드 출신의 내과 의사 토머스 애디슨Thomas Addison이다. 미국의 발명가 토머스 에디슨Thomas Edison과는 다른 인물이다. 1855년 토머스 애디슨은 이유 없이 체중이 줄고 극심한 피로와 피부 착색을 보이는 환자들을 면밀히 관찰했다. 부검을 통해 그는 이들 모두에서 부신이 심하게 위축되어 있음을 발견했다. 이어진 동물실험에서는 부신을 제거하면 생명을 유지하지 못하고 즉시 사망한다는 사실이 드러났다. 신장 위에 조용히 자리 잡은 작은 부신 한 쌍이 생존의 핵심을 담당하는 내분비기관임이 처음으로 밝혀진 순간이었다. 이후 개발된 하이드로코르티손은 바로 이 부신피질 기능 저하증, 즉 애디슨병을 치료하는 데 결정적인 전환점을 마련한 약이 되었다.

스테로이드제인 하이드로코르티손은 생명을 지켜주는 약이었지만, 장기간 고용량으로 복용하면 여러 부작용을 일으킨다. 피부가 얇아지고 뼈가 약해지며, 감염에 취약해지고 기분이 불안정해지는 현상이 나타날 수 있다. 케네디가 겪은 우울감과 예민함은 이런 약물의 영향이 일부 작용했을 가능성이 있다. 다만 그의 만성 요통과 척추 손상은 선천적 요추 문제와 태평양전쟁 중 부상, 반복된 수술이 주된 원인이었다.

코르티손과 하이드로코르티손을 시작으로 프레드니솔론prednis-olone, 덱사메타손dexamethasone, 베타메타손betamethasone 같은 더 강력하고 정밀한 합성 스테로이드가 개발되었다.

이들 스테로이드 약물의 공통점은 분자구조상 '스테로이드 핵'을 지닌다는 것이다. 6각형 3개, 5각형 1개 이렇게 총 4개의 고리가 화학구조의 핵심이다. 스테로이드는 호르몬 수용체에 결합해 염증과 면역 반응을 조절한다. 흥미롭게도 구조가 동일한 가장 흔한 물질은 콜레스테롤이다. 콜레스테롤은 모든 동물 세포막에 존재하며 스테로이드 호르몬의 재료가 되는 핵심 물질이다. 달걀노른자나 담석에서 흔히 발견되며 우리 몸속 생화학 반응의 기초 재료 역할을 한다.

대표적인 스테로이드 과다 부작용으로 쿠싱Cushing증후군이 있다. 이 질환을 앓는 환자는 얼굴이 보름달처럼 둥글어지고 복부에 지방이 쌓여 뚱뚱해지며 팔다리는 가늘어진다. 메이요 클리닉에서 류머티즘 관절염을 처음 치료한 가드너 부인도 부작용을 피할 수 없었다.

그녀는 코르티손을 투여해 극적으로 회복했지만, 장기간 이어진 고용량 복용으로 몸이 서서히 무너졌다. 당시에는 스테로이드의 부작용이 제대로 알려지지 않았고 전신 부종, 정신착란, 골다공증, 감염이 차례로 나타났다. 몇 년 뒤 가드너 부인은 심각한 합병증으로 생을 마감했다. 정확한 사인은 남아 있지 않지만, 장기간 스테로이드 복용에 따른 쇠약과 감염이 결정적인 원인으로 추정된다. 가드너 부인은 코르티손의 기적을 세상에 증명한 첫 환자였지만, 역설적이게도 그 약이 지닌 그림자까지 가장 먼저 겪어야 했던 사람이었다. 이후 '최소 용량, 최소 기간'이 스테로이드 치료의 기본 원칙이 되었다.

2000년 우리나라에서 시작된 의약분업 이전에 용하다던 일부 의원과 약국에서는 스테로이드가 마치 만병통치약처럼 팔렸다. 약을 먹고 불과 며칠 만에 관절 통증이 사라지고 밥맛이 돌아온다는 말에 먼 거리도 마다하지 않고 몰려들었다. 하지만 빠른 효과 뒤에는 무서운 대가가 따라왔다. 스테로이드를 장기간 복용하면 각종 부작용에 더해 호르몬 생성 기능마저 잃고 평생 약에 의존하게 된다.

약은 절대 효과만으로 판단해서는 안 된다. 효능과 부작용 그리고 시간의 테스트를 통해 추적하면서 면밀히 확인해야 한다. 아무리 좋은 약이라도 사용자가 대폭 늘어나면 임상 시험에서 발견하지 못한 이상 반응이 나타날 수 있다. 어떤 약이 좋다고 과하게 부각될수록 그만큼 숨은 위험은 없는지 의심하는 태도가 필요하다.

스테로이드의 대안
이부프로펜

스테로이드 부작용에 대한 우려가 커지자 대안이 필

요했다. 제약사들은 염증을 가라앉히되 부작용을 줄인 새로운 진통소염제 개발에 나섰다. 이렇게 등장한 것이 비스테로이드성 소염진통제NSAIDs이다.

1955년 영국 제약사 부츠Boots의 스튜어트 애덤스Stewart Adams도 부작용이 적은 소염제를 찾기 시작했다. 그는 소염 작용이 있는 아스피린에서 힌트를 얻어 그와 구조가 유사하지만 위장 장애가 적고 효과가 지속되는 물질을 연구했다. 아스피린의 분자구조는 단순하다. 벤젠고리 하나에 카르복실산기-COOH와 에스터기-COOR가 붙는다.

애덤스는 새로 만든 화합물의 소염 효과를 확인하기 위해서 염증을 줄이는 정도를 비교할 표준 모델이 필요했다. 그는 실험용 기니피그의 등에 30분 동안 자외선을 쬐어 인위적으로 염증을 유발한 다음 아스피린을 먹여 염증이 얼마나 줄어드는지를 측정했다. 이 실험법 덕분에 애덤스는 수백 종의 합성 화합물 가운데 아스피린보다 효과가 우수한 후보 물질을 객관적으로 찾아낼 수 있었다.

그는 화학자 존 니콜슨John Nicholson과 함께 소염 효과가 더 강력한 물질을 찾아 연구를 진행했다. 600개에 달하는 화합물 중에서 선택된 약이 이부프로펜ibuprofen이다. 이부프로펜은 동물실험 결과 소염 작용뿐 아니라 진통, 해열 효과도 뛰어났다. 1969년 영국에서 이부프로펜이 처방 약으로 시판되었다. 1983년부터는 미국에서 일반 의약품으로 전환되었으며 소염진통제 중에서 부작용이 가장 적은 약물 중 하나가 되었다.

스테로이드 구조가 아니면서 염증을 없애는 약을 엔세이드NSAIDS, non steroidal anti inflammatory drugs라고 한다. 비스테로이드성 항염증약으로 대표적인 것이 이부프로펜이다. 이부프로펜은 위장관 출혈을 일으키는 아스피린보다 부작용이 적었다. 우리나라에서는 부루펜Brufen이, 미국에서는 애드빌Advil이라는 제품이 유명하다. 이부프로펜은 열이 나거나 두통, 인후통 그리고 류머티즘 관절염에도 쓸 수 있다.

아스피린의 분자구조에 있는 카르복실산기에서 보듯이 엔세이드는 대부분 약산성이다. 엔세이드는 산성도가 높은 염증 조직에 잘 침투한다. 그래서 염증 부위에서 약물 농도가 높아져 COX 효소cyclooxygenase를 효과적으로 억제하게 된다. COX는 우리 몸에서 통증·발열·염증을 일으키는 프로스타글란딘prostaglandin을 만드는 핵심 효소다. 이 작용뿐만 아니라 프로스타글란딘은 위 점막을 보호하고 신장의 작은 혈관들을 확장해 혈류를 조절하는 등 여러 가지 생리 기능을 한다. 그 결과 엔세이드 같은 소염진통제를 장기간 복용하면 위장 장애나 신장 기능 저하 같은 부작용이 함께 따라온다.

최근에는 이부프로펜의 유효 성분 덱시부프로펜dexibuprofen이 자주 사용된다. 이부프로펜은 입체 구조가 다른 이성질체 두 종류가 섞여 있는데, 그중 효과가 있는 (S)-형만 분리한 것이 덱시부프로펜이다. 이런 구조를 거울상 이성질체라고 부른다. 덱시부프로펜은 더 적은 양으로 효과는 높이고 부작용은 줄인 약으로 어린이

해열제 시럽에 들어가는 대표적인 성분이기도 하다.

나프록센naproxen과 케토프로펜ketoprofen도 이부프로펜과 같은 약산성 계열의 엔세이드다. 나프록센은 정형외과와 치과에서 많이 처방하고 케토프로펜은 붙이는 파스(케토톱) 등에 널리 쓰인다. 이부프로펜과 함께 이들 약물은 모두 프로스타글란딘 생성을 억제해 염증과 통증을 줄이는 대표적인 진통소염제다.

염색 회사에서 시작한 바이엘

독일 바이엘은 1863년 상인이던 프리드리히 바이어Friedrich Bayer와 화학자 요한 프리드리히 베스코트Johann Friedrich Wes-kott가 공동 설립한 제약사다. 오늘날에는 글로벌 제약 기업으로 유명하지만 시작은 의약품이 아니라 염료였다. 비단 상인 바이어는 염색에 쓰는 색소에 관심이 많았다. 산업화가 본격화되던 유럽에서 그는 석탄 산업의 부산물인 콜타르에 주목했다.

콜타르는 끈적이고 시커먼 액체였지만 다채로운 빛을 띠는 성질이 있었다. 당시 천연색소는 비싸고 얻기가 어려웠다. 바이어는 이 문제를 해결하기 위해 콜타르에서 합성염료를 추출하는 연구에 과감히 투자했다. 그 결과 품질이 뛰어나면서도 값싼 염료를 대량생산할 수 있게 되었고 회사 성장의 결정적인 전환점이 되었다.

염색 산업은 영국의 젊은 화학자 윌리엄 퍼킨_{William Perkin}이 만들어낸 모브_{mauve}라는 보라색 염료에서 시작되었다. 1856년 런던 왕립화학대학에서 18세 퍼킨은 말라리아 치료제 퀴닌을 인공적으로 합성하려 했다. 그러나 당시 기술로는 퀴닌을 만들기가 너무나 어려웠다. 대신 그는 실험 중에 뜻밖의 결과를 얻었다. 콜타르에서 얻은 아닐린_{aniline}을 원료로 실험하던 중 우연히 선명한 보랏빛 물질을 만들어낸 것이다. 이 화합물은 그저 실험실에서 생긴 부산물이 아니었다. 인류 최초의 합성염료 '모브'를 탄생시킨 역사적인 발견이었다.

그때 퍼킨의 형은 맨체스터 인근의 섬유 공장에서 일하고 있었다. 19세기 중엽 영국은 산업혁명의 중심지였고 특히 맨체스터와 랭커셔는 '세계의 직물 공장'으로 불릴 만큼 방직 산업이 번성했다. 인디고_{indigo}의 푸른색과 코치닐_{cochineal}의 붉은빛은 아름다웠지만, 자연에서 얻는 천연염료는 채취에서 운송까지 많은 비용이 드는 고가의 재료였다. 그는 형에게 모브를 보내 옷감 염색에 쓸 수 있는지를 확인했다. 선명하고 희귀한 보라색 염료는 실크 같은 섬유에 잘 염색되었다. 퍼킨은 모브의 상업적 가치를 간파했다. 그는 학교를 그만두고 염료 대량생산과 염색 기술 개발에 착수했다.

곧 대형 방직 공장에서 모브를 채택했고 저렴한 산업폐기물 콜타르에서 뽑아낸 합성염료 산업은 빠르게 유럽 전역으로 확산했다. 퍼킨의 발명은 섬유 산업을 천연염료 시대에서 합성화학 시대로 이끈 혁신의 분기점이었다. 산업혁명으로 직물 수요가 폭증하던 영국에서, 퍼킨의 모브는 실험실의 과학이 산업 현장으로 도약한 출발점이었다. 이 보라색 염료는 근대 화학공업의 첫 장을 연 상징이었다.

그러나 영국은 퍼킨의 성공을 계속 이어가지 못했다. 영국은 개인 중심의 발명가와 실용 위주의 과학에 머물렀고, 정부의 정책적 뒷받침도 부족했다. 이후 염료 산업의 중심은 독일로 옮겨갔다. 독일은 발전하던 유기화학과 산업을 연결하며 바이엘, 바스프BASF SE, 아그파Agfa 같은 화학 기업들이 염료 회사를 설립했다. 라인강 연안을 따라 대형 화학 공장이 들어섰고 독일 화학 회사들은 세계 염료 시장의 80~90%를 장악했다.

1880년대 후반 바이엘은 콜타르의 부산물 아닐린을 활용해 강력한 해열·진통 작용을 하는 페나세틴phenacetin을 개발했다. 1889~1892년 세계를 휩쓴 러시아 독감은 해열진통제 페나세틴 수요를 폭발적으로 끌어올렸다. 염료에서 제약사로 변신한 바이엘의 질주는 여기서 멈추지 않았다. 1898년 헤로인을, 1899년에는 아세틸살리실산acetylsalicylic acid을 정제한 아스피린을 잇달아 선보이며 세계 제약 산업의 선두 주자로 도약했다.

바이엘은 20세기 초 염료와 의약을 넘어 살충제, 합성수지, 인공 고무 등으로 사업을 확장했다. 1913년에는 직원이 1만 명이 넘고 8,000건 이상의 특허를 보유한 종합 화학 기업으로 성장했다. 그러나 제1차 세계대전이 발발하자 바이엘은 정부의 요청 아래 군수 기업으로 전환했다. TNT 폭약은 물론 포스겐phosgene과 겨자가

1929년 네덜란드의 아스피린 광고. 1897년에 바이엘에서 근무하던 호프만은 화학적으로 순수하고 안정한 살리실산을 합성해 아스피린을 개발했다. 아스피린은 기존의 살리실산보다 위에 부담이 없고 관절염 치료 효과가 좋았다. 바이엘사의 적극적인 홍보로 1899년 판매가 시작되자마자 선풍적인 인기를 끌었다.

스mustard gas 같은 독가스까지 생산해 전장에 공급했다. 전쟁 말기, 바이엘은 독일 최대의 폭발물 제조 업체로 부상하며 생명을 치료하던 손으로 살상 무기를 만들어내는 아이러니의 상징이 되었다.

제1차 세계대전이 끝난 1919년 베르사유조약에 따라 바이엘을 포함한 독일 주요 화학 기업들의 해외 자산이 연합국에 몰수되었다. 바이엘은 아스피린 상표권마저 미국에 잃으며 큰 타격을 입었다. 전쟁 배상금과 극심한 인플레이션으로 독일 경제는 무너졌고 산업계는 생존이 걸린 돌파구를 모색했다. 1925년 바이엘, 바스프, 회흐스트 등 화학 기업 6곳이 합병해 이게 파르벤IG Farben이 탄생했다. 당시 세계 최대의 대형 화학 카르텔이었고 현대 화학 산업의 모델이 되었다.

이게 파르벤의 계열사 바이엘은 제2차 세계대전 동안 군수 기업으로 변신했다. 나치 수용소의 죄수들에게 실험용 약물을 투여하는 데 관여했으며 독가스 치클론 BZyklon B를 생산해 아우슈비츠 학살에 가담했다. 전쟁이 끝난 후 연합국은 독일 산업의 재무장을 막기 위해 이게 파르벤을 해체했다. 1951년 거대 카르텔은 12개 회사로 분리되었고 그 과정에서 바이엘은 다시 독립 기업으로 재탄생했다. 전쟁이 남긴 윤리적 상처를 뒤로한 채, 제약 산업의 전면으로 돌아온 것이다.

독일에 본사를 둔 바이엘은 전 세계 150여 개국에서 계열사 350여 개를 운영하며 10만 명 이상 고용하고 있다. 수많은 의약·화학 제품을 생산하는 글로벌 기업 바이엘은 우리나라에도 설립

이게 파르벤은 아그파, 바스프, 바이엘, 카셀라, 회흐스트, 칼레 등 주요 화학 회사 여섯 곳이 합병해 설립되었다. 제2차 세계대전 중 강제 수용소에서 수감자를 대상으로 잔인한 의학 실험을 하는 등 다양한 범죄로 뉘른베르크 재판에서 선고를 받았다.

되어 의약품과 농업 관련 제품을 공급하고 있다. 160년이 넘는 역사를 보유한 이 회사는 막대한 연구개발비를 투입해 삶의 질을 높이는 의약품을 꾸준히 개발해왔다. 하지만 동시에 제2차 세계대전 당시 전범 기업으로서의 어두운 과거도 안고 있다. 바이엘의 역사는 제약 기업이 이윤 창출과 더불어 윤리적 책임을 반드시 감당해야 한다는 값비싼 교훈을 남긴다.

진통제를 넘어선 아스피린의 놀라운 변신

1828년 독일의 약사이자 화학자인 요한 안드레아스 부흐너Joahnn Andreas Buchner는 버드나무 껍질에서 살리신을 분리했다. 10년 뒤 이탈리아의 화학자 라파엘레 피리아Raffaele Piria는 살리신을 화학적으로 분해해 순수한 살리실산을 처음으로 합성하는데 성공했다. 19세기 중반부터 유럽에서는 살리실산이 류머티즘, 통풍, 발열 치료제로 본격 사용되기 시작했다. 하지만 살리실산은 위장을 심하게 자극했고 구토, 위출혈 같은 부작용이 문제로 떠올랐다.

약학을 전공하고 바이엘에서 일하던 펠릭스 호프만Felix Hoffmann은 어릴 적부터 류머티즘 관절염으로 고통받던 아버지를 지켜보며 자랐다. 그의 아버지는 통증을 줄이기 위해 살리실산을 복용했지만 극심한 속쓰림에 시달렸다. 호프만은 효과를 유지하면서도 부작용을 줄인 약을 만들고 싶었다.

그는 실험실에서 살리실산의 분자구조를 분석했고 1897년 8월 살리실산 분자에 아세틸기를 결합하는 데 성공한다. 이렇게 탄생한 약이 바로 아세틸살리실산, 제품명으로 아스피린이다. 아스피린은 살리실산의 약효는 그대로 유지하면서 위장 자극은 눈에 띄게 줄인 획기적인 약물이었다. 초기에는 바이엘 연구소에서도 이게 얼마나 큰 성과인지 그 의미를 미처 몰랐지만, 임상 사용 이후 입소문이 빠르게 퍼져나갔다. 1899년 바이엘이 정식 출시하자마자 이 약은 세계적으로 폭발적인 호응을 얻었다.

아스피린은 한 세기를 넘도록 쓰였지만, 그 정확한 작용 원리는 20세기 후반이 되어서야 규명되었다. 1971년 영국의 약리학자 존 베인John Vane은 아스피린이 COX 효소를 억제해 염증과 통증을 일으키는 프로스타글란딘의 생성을 차단한다는 사실을 처음으로 규명했다. 70년 넘게 베일에 싸여 있던 아스피린의 작용 원리가 마침내 밝혀진 순간이었다.

이 연구는 비스테로이드성 소염진통제가 어떻게 효과를 나타내는지에 대한 이해를 넓혔고 존 베인은 그 공로로 1982년 노벨 생리·의학상을 받았다. 아스피린은 또한 혈소판 응집을 억제해 혈전 생성을 막는 기능도 지녀 심근경색이나 뇌졸중 같은 심혈관 질환 예방에 소량씩 장기 복용하기도 한다. 이 경우 복용량은 하루 75~100mg 정도인데 일반적인 해열·진통 목적으로 사용되는

500mg보다 훨씬 적다. 이 같은 저용량 아스피린을 미국에서는 베이비 아스피린Baby Aspirin이라고 부른다. 저용량은 유아용이 아니라, 성인이 예방 목적으로 사용하는 낮은 복용량을 의미한다.

저용량 아스피린은 고혈압약과 함께 처방되는 경우가 많다. 아스피린은 혈소판 응집 작용을 막아 혈전 생성을 억제하고 혈액순환을 도와 심근경색이나 뇌졸중 같은 심혈관 질환을 방지한다. 때로는 손발이 저리는 증상을 완화하는 목적으로도 쓰인다. 하지만 장점만 있는 게 아니다. 아스피린이 출혈을 유발할 수 있어 치아 발치나 내시경, 수술 등을 앞두고는 복용을 멈춰야 한다. 일반적으로는 시술 5~7일 전에 끊는 것이 안전하다.

한 번에 여러 종류의 약을 먹으면 내가 먹는 약에 아스피린이 있는지 없는지 헷갈리는 경우가 있다. 그럴 때는 약국에서 약사에게 확인하면 쉽게 알 수 있다. 아스피린 외에도 혈액 응고에 영향을 주는 약물이나 건강 기능 식품은 다양하다. 수술을 앞두고 있다면 복용 중인 모든 약을 의료진에게 반드시 알려야 한다. 수술 전 잠시 중단해야 하는 약으로 항응고제(와파린warfarin, 리바록사반rivaroxaban 등), 항혈소판제(클로피도그렐clopidogrel, 실로스타졸cilostazol 등), 그리고 은행잎 추출물(예: 기넥신Ginexin) 등이 있다. 이 약들은 경우에 따라 수술 2~14일 전부터 복용을 중단해야 하므로 사전 확인이 필수다. 작은 약 한 알이 수술에 큰 영향을 줄 수 있다.

영국 옥스퍼드 대학을 포함한 여러 연구팀은 저용량 아스피린을 오래 복용하면 대장암, 식도암, 위암 등 소화기계 암의 발생률과 전이 위험이 낮아진다는 결과를 잇달아 발표했다. 특히 2010년 세계적인 의학 저널 『랜싯Lancet』에 실린 메타 분석에서는 아스피린을 5년 이상 복용한 사람의 대장암 사망률이 약 34% 감소하는 것으로 나타났다. 이 연구들은 아스피린이 심혈관 질환 예방을 넘어 일부 암의 위험을 줄이는 효과를 지니고 있음을 보여준다. 작은 약 한 알이 생명을 지키는 또 하나의 방패가 되고 있다.

아스피린은 혈소판 응집을 억제해 지혈 기능을 떨어뜨리는 약이다. 장기간 복용하면 위장관 출혈이나 뇌출혈의 위험이 커지며, 위험도는 나이와 건강 상태에 따라 크게 달라진다. 그래서 의사와 상의하지 않은 채 아스피린을 임의로 복용하는 것은 위험하다. 아스피린은 장점과 위험이 맞물린 약이다. 언제, 왜, 얼마나 복용하느냐에 따라 결과는 전혀 달라진다. 필요와 근거가 갖춰질 때에만 비로소 그 가치가 발휘된다.

코로나 백신 접종으로
품귀 현상을 빚은 타이레놀

1877년 미국 존스홉킨스 대학의 화학자 하먼 모스 Harmon Morse가 아세트아미노펜을 처음 합성했다. 그러나 당시 해열진통제 시장은 바이엘의 페나세틴이 장악하고 있어 아세트아미노펜은 주목받지 못했다.

1893년 아세트아미노펜의 해열·진통 효과를 확인하기 위해 임상 시험이 진행되었으나 투여 후 메트헤모글로빈혈증methemoglo-binemia이 발생해 개발이 중단되고 말았다. 이 증상은 혈액 내의 산화된 헤모글로빈이 산소를 제대로 실어 나르지 못해 일어난다. 입술과 손톱, 피부가 푸르게 변해 청색증을 일으킨다. 부작용의 원인은 불순한 제제에 있었고 당시에는 화합물을 순수하게 분리할 정제 기술이 부족했다.

그러나 해열진통제의 효과와 독성을 둘러싼 논란은 여기서 끝나지 않았다. 19세기 말 아세타닐리드acetanilide는 해열진통제로 널리 쓰였지만, 청색증과 혈액 독성으로 인해 점차 사용되지 않았다. 시간이 흘러 1947년 미국의 생화학자 데이비드 레스터David Lester와 레온 그린버그Leon Greenberg는 아세타닐리드가 체내에서 아세트아미노펜으로 바뀐다는 사실을 밝혀냈다. 그러면서 부작용을 일으킨 것은 약 자체가 아니라 대사 과정에서 생기는 독성 물질이라는 점이 확인됐다. 2년 후 해열진통제 페나세틴도 아세트아미노펜으로 대사된다는 연구가 발표되면서, 오랫동안 제대로 평가받지 못했던 아세트아미노펜이 다시 주목받기 시작했다.

그들은 실험용 쥐에게 아세트아미노펜을 고용량 투여해도 메트헤모글로빈혈증이 발생하지 않는다는 사실을 입증했다. 50여년 전 당시 시험에서 나타난 부작용은 아세트아미노펜 자체가 아니라, 정제 불량으로 섞여 있던 불순물이나 대사 과정에서 생성되는 페닐하이드록실아민phenylhydroxylamine 같은 독성 물질 때문인 것으로 확인되었다.

수십 년 만에 다시 태어난 아세트아미노펜은 1953년 미국에서 처음 소개되었으며 아스피린과 달리 위장에 부담을 주지 않는 진통제로 알려졌다. 1955년에는 타이레놀Tylenol이라는 이름으로 출시되었다. 이 약은 위장 장애나 출혈 위험이 적고 다른 약물과의 상호작용도 거의 없어 빠르게 대중의 신뢰를 얻었다. 1980년대에 이르러 타이레놀은 아스피린을 제치고 미국에서 가장 많이 판매되는 해열진통제로 자리 잡았다.

하지만 1982년 가을 미국 시카고에서 시판 중이던 타이레놀 일부가 시안화물(청산가리)에 오염되어 7명이 사망하는 사건이 발생했다. 범인은 약국이나 슈퍼마켓에서 판매 중이던 타이레놀 병을 열고 시안화물을 주입한 뒤 다시 진열한 것으로 밝혀졌다. 미국 전역에 큰 충격과 공포를 안긴 사건이었다.

타이레놀의 모회사 존슨앤드존슨Johnson&Johnson은 사건 직후 미국 내 유통 중이던 타이레놀 3,100만 병을 전량 회수했다. 제품 생산 라인을 폐쇄하고 광고도 중단하는 등 전례 없는 강경한 대응을 취했다. 그리고 제약업계 최초로 안전 밀봉 포장을 도입하며 신뢰를 되찾았다. 타이레놀은 끔찍한 사건을 겪고도 무너지지 않았다. 오히려 위기를 기회로 바꾼 기업 윤리의 표본이 되었다.

코로나19 백신 접종이 본격화되던 2021년에는 우리나라 약국에서 예상치 못한 풍경이 펼쳐졌다. 백신 접종 후 발열과 통증 완화를 위해 권하던 해열진통제 타이레놀이 전국적으로 품귀 현상

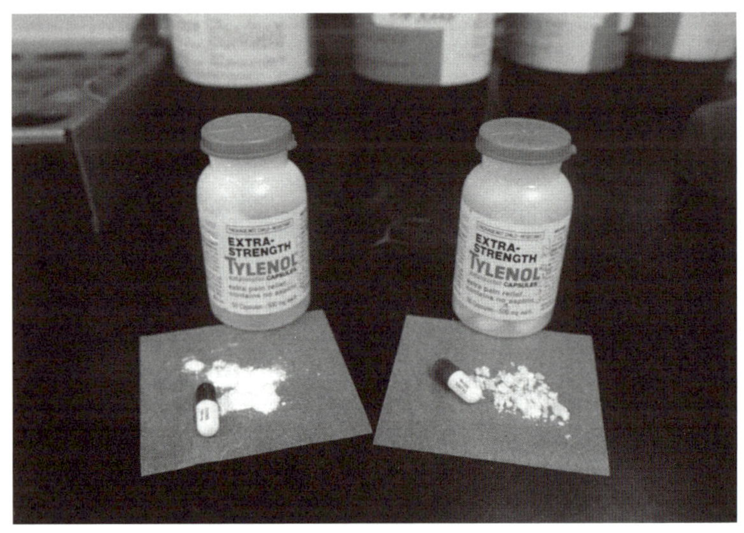

1982년 9월, 존슨앤드존슨은 큰 수익을 올리던 타이레놀 캡슐에서 청산가리가 나오면서 큰 난관을 겪었다. 조작된 약(오른쪽)에서는 정상 약(왼쪽)과 달리 입자가 거칠고 향도 다른 회색 물질이 들어 있었다. 존슨앤드존슨의 신속한 대응으로 1983년 5월 타이레놀은 1982년 9월에 추락한 시장 점유율을 거의 회복했다.

을 빚은 것이다.

질병관리청이 화이자, 모더나 같은 백신을 맞은 뒤 타이레놀 복용을 권고하자 단숨에 수요가 폭증했다. 약사들은 성분이 같은 다른 제품을 안내했지만 소비자들은 타이레놀이라는 상품명에 확고한 신뢰를 보였다. 결국 많은 이들이 약국마다 돌아다니며 타이레놀을 찾는 진풍경이 벌어졌다.

타이레놀은 특정 회사의 제품명일 뿐 동일 성분인 아세트아미노펜 제품은 우리나라에도 부지기수다. 하지만 정부와 언론이 타이레놀이라는 제품명을 중심으로 안내하면서 소비자들 사이에 타이레놀만 효과가 있다는 오해가 퍼진 것이다.

아세트아미노펜은 오늘날 진통제를 대표하는 약으로 자리 잡았다. 위장 장애나 출혈 위험이 거의 없어 널리 사용되지만, 장점에도 불구하고 과량 복용하면 심각한 간 독성을 일으킬 수 있다. 미국은 하루 최대 복용량을 3,000mg으로 제한하고, 우리나라에서는 4,000mg까지 허용한다.

영국에서는 아세트아미노펜을 과량 복용한 뒤 알코올을 함께 섭취해 급성 간부전으로 사망한 사례가 꾸준히 보고되고 있다. 이약이 비교적 쉽게 구할 수 있다는 점 때문에, 안타깝게도 자해나 자살 시도로 악용되는 경우도 적지 않다. 우리나라에서도 편의점에서 쉽게 구매할 수 있어 약물 오남용의 우려가 제기되고 있다. 쉽게 구할 수 있다는 점만큼이나, 약의 위험성과 올바른 사용법에 대한 정확한 인식도 중요하다.

위장 장애 없는
소염진통제

1991년 미국 브리검 영 대학의 댄 시먼스Dan Simmons 연구팀은 비스테로이드성 소염진통제가 작용하는 COX 효소가 두 가지 유형으로 나뉜다는 사실을 밝혀냈다. COX-1은 위 점막을 보호하고 혈소판 응집을 돕는 등 정상적인 생리 기능을 유지하는 데 관여한다. 반면 COX-2는 염증이 발생할 때만 활성화해 통증과 발열을 유발하는 프로스타글란딘을 생성한다는 것이다.

이 발견으로 진통제 개발의 방향이 근본적으로 달라졌다. 제약사들은 COX-1의 생리적 기능은 보존하면서 염증 반응에 관여하는 COX-2만 억제하는 새로운 진통제 개발에 나섰다. 선택적으로 COX-2 효소만 억제해 속쓰림 같은 위장 장애 부작용이 적은 새로운 개념의 진통제다.

미국 제약사 설Searle은 2,500개가 넘는 화합물을 실험한 끝에 마침내 COX-2에만 선택적으로 작용하는 신약을 찾아냈다. 이 약은 1999년 세레브렉스Celebrex라는 이름으로 출시되었다. 세레브렉스는 골관절염, 강직성 척추염 같은 정형외과 질환에 처방하며 속 편한 진통제로 인기를 끌었다.

그러자 다른 제약사들도 잇따라 COX-2를 억제하는 진통제를 출시했다. 미국 머크가 개발한 COX-2 억제제 바이옥스Vioxx는 출시 초기 폭발적인 호응을 얻었다. 그러나 2004년 임상 연구에서 이 약을 먹은 환자들이 심장마비와 뇌졸중 위험이 더 높아진다는 사실이 드러났다. 안전성 문제가 불거지면서 바이옥스는 시장에서 퇴출되었다. 화이자가 개발한 COX-2 억제제 벡스트라Bextra도 심혈관계 부작용과 심각한 피부 반응(스티븐스-존슨 증후군) 우려로 2005년 전면 판매가 중단되었다.

위장 장애가 없다는 장점에도 불구하고 선택적인 COM-2 저해제들에서 심각한 부작용이 나타난 것이다. COX-2만 억제하면 될 줄 알았는데, COX-1과 COX-2의 균형이 깨져 COX-1이 과도해졌기 때문이다. 전혀 의도하지 않은 문제가 생긴 것이다.

현재 미국에서 사용되는 대표적인 COX-2 억제제는 세레브렉스다. 세레브렉스는 비교적 위장 장애가 적고 하루 1~2회 복용으로 통증을 조절할 수 있어 편리하다. 위장 부담이 있는 환자의 통증 조절에 유용하지만, 심혈관 질환이 있거나 혈전 위험이 높은 환자에서는 심근경색·뇌졸중 위험이 증가할 수 있어 신중하게 사용해야 한다.

국내에서는 2015년 크리스탈지노믹스CrystalGenomics가 개발한 아셀렉스가 출시되었다. 국내에서 스물두 번째로 허가받은 국산 신약이다. 선택적인 COX-2 억제제 아셀렉스는 임상 시험에서 세레콕시브와 동등한 효능을 보였으며 일부 지표에서는 관절 기능 개선 효과가 더 우수한 것으로 나타났다. 하루 2mg의 저용량으로 효과를 발휘해 위장관 부작용 부담을 줄였으며, 심혈관계 안전성에서도 비교적 유리한 것으로 평가되고 있다.

한 명의 의사가 평생 치료할 수 있는 범위를 훌쩍 뛰어넘어, 신약은 상상할 수 없는 많은 수의 생명을 구한다. 아버지의 고통을 덜어주고자 아스피린을 만들었던 펠릭스 호프만처럼, 사람에 대한 연민과 존중이야말로 길고 지난한 신약 개발의 여정을 끝까지 끌고 가는 근본적인 원동력이다.

6

외과 수술의 혁명

마취제

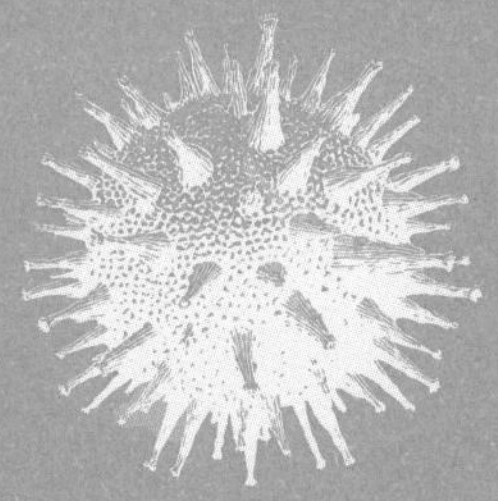

마취제는 현대 외과 수술의 핵심이다.

마취제가 없던 시절엔 극심한 통증과 감염, 출혈로

환자는 목숨을 걸어야 했고, 수술은 공포 그 자체였다.

19세기 들어 웃음 가스, 에테르, 클로로포름이 등장하며

본격적인 마취 시대가 열렸다.

마취제는 통증을 없애 수술 성공률을 높이고,

환자의 삶의 질을 크게 향상시켰다.

과거엔 종교적 반발이나 부작용으로 논란도 있었지만

오늘날 마취는 전문 의료진이 철저하게 관리해

매우 안전하다. 마취의 발달은 외과 의학을 비약적으로

진보케 한 인류의 위대한 성취로 평가받는다.

#마비산 #통선산 #웃음가스 #에테르 #클로로포름 #세보플루란
#바르비탈 #티오펜탈

마취제 없이
수술할 수 있을까

중대한 수술을 받을 때는 전신마취를, 치과 치료처럼 비교적 간단한 처치에는 부분마취를 한다. 특히 외과 수술에서 마취제는 없어서는 안 될 필수품이다. 2023년 한 해에 국내에서 시행된 주요 수술 34종의 건수가 약 200만 건에 달했다. 그중 백내장 수술, 일반 척추 수술, 치핵 수술, 제왕절개수술이 가장 많이 이루어졌다.

환자를 깊이 재워 통증을 차단하는 마취제는 현대 외과 의학의 비약적인 발전을 가능케 한 숨은 영웅이다. 만약 마취제가 없었다면, 이처럼 많은 수술이 이뤄지는 것은 상상조차 하기 어렵다.

사람에게 통증은 공포에 가까운 감정이다. 보통 사람들은 단순한 주사 한 방에도 두려움을 느낀다. 순간 따끔한 것도 싫은데 복부를 절개하고 장기를 건드리는 외과 수술의 고통은 말로 표현하기조차 어렵다.

수술 집도는 외과 의사가 하지만, 환자를 안전하게 잠재우고 호흡을 관리하는 일은 마취과 의사의 몫이다. 마취과 의사는 수술 내내 환자의 심장 박동과 혈압을 면밀히 관찰한다. 혈압이 과도하게 오르지 않도록 조절하고 출혈이 발생하면 신속히 수혈을 시행한다. 또 산소가 온몸에 고르게 전달되도록 돕고 필요하면 인공호흡으로 생명을 이어간다. 환자는 의식 없이 누워 있지만, 마취과 의사와 여러 의료진의 손길 덕에 아픔을 느끼지 않고 수술받을 수 있다.

수술 진단을 받으면 누구나 마음이 무거워진다. 하지만 수술이 불가피하고 이점이 크다면 마침내 용기를 내 결단을 내리게 된다. 가장 두려운 순간은 수술실로 들어서는 바로 그때다. '마취에서 깨어나지 못하면 어쩌나' 하는 불안과 '수술이 실패하지는 않을까' 하는 의심이 한꺼번에 몰려온다. 사람들은 인터넷 후기나 지인의 조언을 참고해 가장 신뢰할 수 있는 의사를 찾아 수술을 맡기려 한다. 예기치 않은 상황에 바로 대처할 수 있다는 점 때문에 대형 병원을 선호하는 이들도 많다.

마취제는 크게 전신마취제와 국소마취제로 나뉜다. 전신마취제는 흡입형과 정맥주사용으로 나뉘며 각각 기체를 들이마시거나 혈관에 약을 주입해 의식을 잃게 만든다. 이제부터 살펴볼 마취제

의 역사는, 우리가 얼마나 약의 혜택 속에서 살아가고 있는지를 분
명히 보여준다.

고통스럽던
외과 수술

마취제가 없던 시절에는 수술을 받으려면 목숨을 걸
어야 했다. 팔다리 절단, 제왕절개, 개복수술 같은 중대한 수술을
받고 목숨을 잃는 일이 흔했다. 환자들은 쇼크, 과다 출혈, 감염 등
으로 극심한 통증 속에 생명을 잃었다. 수술실은 고통에 찬 고함으
로 가득했고 건장한 사람들이 환자의 몸을 억지로 붙잡아 수술을
진행했다. 병원에 비명이 울려퍼지는 것을 막기 위해 서양에서는
수술실을 병원 가장 높은 탑 꼭대기에 두기도 했다.

그때는 상처를 소독하는 개념도, 감염을 막을 항생제도 없었다.
외과 수술 후 감염으로 목숨을 잃는 일이 다반사였다. "수술을 받
느니 차라리 죽는 게 낫다"라는 말이 돌 정도였다. 당장 생명이 위
급한 상황이 아니면, 수술은 최후의 선택이었다.

마취제가 없던 시절 고통을 줄이는 유일한 방법은 외과 의사의
수술 속도였다. 얼마나 빠르고 정확하게 수술을 끝내느냐가 곧 의
사의 실력을 말해줬다. 날렵한 메스로 짧은 시간 안에 절단을 마쳐
야만 환자의 고통을 덜고 생존율도 높일 수 있었다.

　19세기 초 가장 속도가 빠른 외과의로 명성을 떨친 이는 런던 대학병원의 로버트 리스턴Robert Liston이다. 그는 단 몇 분 안에 수술을 마치는 솜씨로 유명했고 다리 절단을 30초 만에 끝냈다는 기록까지 전해진다.

　마취제가 없던 시절, 수술 중 통증을 줄이려고 사람들은 술, 아편, 얼음을 사용했다. 환자에게 술을 많이 마시게 하거나 아편을 투여해 고통을 흐리게 했고 얼음은 국소마취제처럼 활용했다. 나폴레옹의 주치의였던 도미니크 장 라레Dominique Jean Larrey는 1812년 러시아 원정 중 혹한에 동상 환자를 치료하며 얼음의 마취 효과를 확인했다. 추위로 동상에 걸려 손발이 괴사하는 사람이 많았는데 얼음을 사용해 절단 수술을 하면 신경 전도가 느려져 통증이 덜하다는 걸 발견했다. 그는 수술 전 얼음으로 피부 감각을 무디게 하는 방법을 실용화했다. 나폴레옹은 라레를 크게 칭찬하고 남작 작위와 상금 10만 프랑을 하사했다. 과학을 전쟁의 도구로 삼아 군 의료에 적극 활용했던 나폴레옹의 면모가 잘 드러나는 장면이다.

　갖은 노력을 기울였지만 술, 아편, 얼음은 모두 근본적인 해결책이 아니었다. 그저 어쩔 수 없이 쓰는 임시방편에 불과했다. 1839년 프랑스 외과의 루이 벨포Louis Velpeau는 "우리 시대에 수술에서 통증을 없앤다는 건 헛된 망상이다"라고 탄식했다. 그는 마취제 도입 이전의 무마취 수술 시대를 대표하는 외과 의사였다.

　동양에서는 후한 말 명의 화타華陀가 마비산痲沸散이라는 약을 사용해 수술했다는 기록이 있다. 그는 마취 효과가 있는 약제를 술에 타 마시게 한 뒤, 환자가 의식을 잃으면 복부를 절개해 병든 장기를 꺼냈다고 한다. 마비산의 정확한 성분은 전해지지 않지만, 일부 학자들은 대마초가 포함되었을 가능성을 제기하고 있다.

나관중의 소설 『삼국지연의』에는 형주 북부 조조曹操 군이 지키던 번성 전투가 나온다. 촉나라의 오호대장군(관우關羽, 장비張飛, 조운趙雲, 마초馬超, 황충黃忠) 중 한 명인 관우는 조조 군의 장수 방덕龐德이 쏜 화살에 팔을 맞는다. 관우를 치료하러 온 명의 화타가 관우를 진찰한 후 말한다.

"화살촉에 묻은 독이 뼛속까지 침투했습니다. 칼로 살을 가르고 뼈를 긁어내지 않으면 팔은 물론 장군의 목숨도 보장할 수 없습니다."

그러자 관우는 바둑판 앞에 앉아 바둑을 두며 수술을 받는다. 화타는 팔을 절개하고 칼로 뼛속의 검은 독기를 긁어낸다. 이에 관우는 바둑을 두면서 담담히 말한다.

"고통이 느껴지나 수술에 방해될 정도는 아니오."

화타의 외과술을 묘사한 전설적인 이야기다. 화타는 대개 침술이나 탕약으로 병을 다스렸지만, 효과가 없으면 절개 수술도 마다하지 않았다고 한다. 수술 후 며칠 만에 통증이 사라지고 한 달 안에 완전히 회복했다는 이야기도 전한다.

시간이 흐르면서 동아시아의 의학도 외부의 지식과 영향을 조금씩 받아들이기 시작했다. 에도 시대 도쿠가와막부는 조선처럼 쇄국을 유지했지만, 규슈 나가사키현의 데지마를 통해서 네덜란드와 제한적인 교역을 허용했다. 이를 통해 서양 의학이 일찍이 유입되었고 화란和蘭에서 수입된 학문이라는 의미로 난학蘭學이라고 불렀다. 기이번(지금의 와카야마현) 출신의 하나오카 세이슈華岡靑洲는 전통 한방 의술에 뿌리를 두면서도 난학에 깊은 관심을 기울였다. 그는 서양 외과술을 적극적으로 수용해 임상에 적용했다.

하나오카는 한의학과 네덜란드 의학을 융합해 화타의 마비산을 모델로 전신마취제를 만들고 싶었다. 오랜 연구 끝에 그는 통선산通仙散을 완성했다. 이 약물의 주요 성분인 흰독말풀은 독성이 강한 식물이다. 그는 흰독말풀의 적정 용량을 찾기 위해 고심했다. 그 과정에서 스스로 인체 실험 대상이 된 아내 카에加惠는 시력을 잃었고 어머니는 사망했다는 이야기가 내려온다. 하나오카의 의학에 대한 집념과 가족의 희생을 상징하는 일화다.

비극적인 희생 끝에 하나오카는 1804년 60세 여성 환자 아이야간藍屋勘에게 통선산을 투여해 세계 최초로 전신마취를 통해 유방 종양 절제술을 성공했다. 이후 그는 150건이 넘는 유방암 수술을 포함해 다양한 외과 질환에 통선산을 활용했다. 이 마취법은 수제자인 혼마 겐초本間玄調에게 전해졌지만, 19세기 중반 미국의 에테르 마취법이 도입되면서 점차 사라지고 말았다.

통선산은 흰독말풀과 바꽃 뿌리 등 여러 약초를 혼합해 만든 복합제로 정확한 조성은 전해지지 않는다. 그렇지만 스코폴라민sco-polamine, 아트로핀atropine, 아코니틴aconitine 등 강력한 알칼로이드 성분이 포함되었을 가능성이 크다. 이들 성분은 진정 및 마취 효과

1830년대 일본에서 출간된 〈채색기환지도彩色奇患之図〉에 하나오카 세이슈의 의술이 그림으로 담겨 있다. 하나오카는 통선산을 써 전신마취한 뒤 수술을 집도했고, 일본 전역에 명성을 날리면서 진료소와 학교를 열어 제자를 배출했다. 영향을 크게 받은 제자들은 그의 수술을 기록한 책을 남겼다.

를 나타내지만, 동시에 강한 독성을 지녀 극도로 주의해 써야 한다. 현재 하나오카의 실제 처방은 전해지지 않고 그의 제자와 가족이 남긴 기록으로 간접적으로 추정할 뿐이다.

1970년대 아오모리현 히로사키대학弘前大学의 마츠키 아키토모松木明知 교수는 하나오카 세이슈에 관한 기록을 바탕으로 통선산을 재구성해 실험적인 마취에 성공했다. 그는 통선산의 효과에 과학적 근거를 제시했다. 그러나 알칼로이드의 강한 독성 때문에 현대 의학에서 통선산은 더 이상 사용되지 않는다.

웃게 만드는 마취제
웃음 가스

아산화질소N_2O는 '웃음 가스Laughing Gas'로 불린다. 얌전한 사람도 가스를 마시면 이유 없이 웃게 만든다. 초기에는 파티용 오락물처럼 쓰였지만 진통과 마취 효과가 확인되면서 의료에 활용되기 시작했다.

아산화질소는 1772년 영국의 화학자 조지프 프리스틀리Joseph Priestley가 질산암모늄NH4NO3을 가열해 최초로 합성했다. 그는 화학에 재능이 있어서 이외에도 산소와 다른 기체 20가지를 발견한 기체 화학의 선구자였다. 산소라는 이름은 프랑스의 화학자 앙투안 라부아지에Antoine Lavoisier가 붙였다. 당시에는 정제 기술의 한계로 아산화질소에 질소산화물NO, NO₂이 섞이기도 했고 그로 인해 독성이 있다는 오해도 있었다.

아산화질소의 마취 효과는 1799년 영국의 화학자 험프리 데이비Humphry Davy가 처음 밝혀냈다. 그는 정제된 아산화질소를 직접 흡입한 뒤 기분이 고조되고 웃음이 터지며 통증이 완화되는 효과를 경험했다. 이에 웃음 가스라는 이름을 붙이고 감각을 둔화시키는 작용을 활용해 마취제로 사용할 수 있다고 저서에 기록했다.

그러나 데이비의 제안은 실험으로 이어지지 않았다. 마취제보단 수십 년 동안 오락 도구로 주목받았다. 젊은이들은 파티나 행사에서 웃음 가스를 흡입하고 웃고 떠들며 놀았다.

1844년 12월 10일 미국 코네티컷주 하트퍼드에서 떠돌이 행상인 퀸시 콜턴Quincy Colton이 행사를 열어 웃음 가스를 시연했다. 관객 중에서 자원한 청년 샘 쿨리Sam Cooley는 웃음 가스를 흡입한 뒤 흥분 상태로 관중석을 뛰어다녔다. 그러다 의자에 부딪혀 다리가 찢어졌지만, 통증을 느끼지 못해 피가 흐르는 줄도 몰랐다. 이 장면을 지켜본 치과 의사 호러스 웰스Horace Wells는 웃음 가스의 마취 가능성에 주목했다.

다음 날 웰스는 콜턴에게서 웃음 가스를 받아 들이마신 뒤, 동료 치과 의사에게 어금니를 뽑아달라고 했다. 그는 통증 없이 이를 뽑았고, 의식을 되찾은 웰스는 곧바로 외쳐 말했다.

"새로운 발치의 시대가 열렸다!"

이후 한 달간 웰스는 웃음 가스로 15차례 무통 발치에 성공했다.

확신에 찬 웰스는 당시 미국 의학의 중심지 보스턴으로 향했다. 예전 동업자였던 윌리엄 모턴William Morton에게 도움을 요청했고, 모턴은 웰스를 매사추세츠 종합병원의 외과의 존 워런John Warren에게 소개했다. 워런의 초청으로 웰스는 하버드 대학 의대생들 앞에서 웃음 가스의 외과적 활용 가능성에 대해 강의했고, 이어 다리 절단 수술을 시도하려 했다. 그러나 환자는 웰스가 가져온 정체불명의 가스를 불신하며 수술을 거부했다. 며칠을 기다린 끝에 웰스는 의대생들을 다시 모아 한 학생의 자원으로 자신이 잘하는 공개 발치를 시도하기로 했다.

1845년 2월 매사추세츠 종합병원에서 열린 시연에서 웰스는 자원자에게 웃음 가스를 흡입시킨 후 이를 뽑았다. 그런데 갑자기 자원자가 고통을 호소하며 고함을 질렀다.

"아야!"

실험은 실패로 보였고 의대생들의 야유와 비웃음 속에 퇴장한 웰스는 큰 타격을 입었다. 그는 사기꾼 취급을 받았다. 나중에야 자원자 학생이 "평소보다는 덜 아팠다"라고 말했지만 이미 엎질러진 물이었다. 당시에는 몰랐지만, 웰스가 긴장한 나머지 웃음 가스가 누출되었거나 마취 용량이 부족했던 것이 실패의 원인이었던 것으로 추정된다.

보스턴 공개 실험이 실패했다는 소문이 퍼졌고 웰스는 한순간에 조롱거리가 됐다. 그는 치과 의사 일도 접어야 했다. 깊은 낙심 속에서도 그는 기체 마취의 가능성을 포기하지 않고 실험을 이어갔다. 그러던 중 새로운 마취제인 클로로포름을 직접 시험하다가 중독되고 말았다. 1848년에는 뉴욕에서 클로로포름에 취한 상태로 브로드웨이를 걷던 행인 두 명에게 황산을 뿌려 체포되었다. 수감된 웰스는 면도칼로 동맥을 끊어 생을 마감했다. 고작 서른셋의 젊은 나이였다. 1870년 미국치과협회는 웰스를 세계 최초의 마취제 사용자로 공식 인정했다. 웰스는 죽은 뒤에야 위대한 발견자로 인정받았다.

외과 수술의 혁신, 흡입마취제 에테르

에탄올에 황산을 넣어 140℃로 가열하면 분자 간 탈수 반응이 일어나 에테르ether를 만들 수 있다. 정확하게는 다이에틸 에테르diethyl ether를 말한다. 16세기 의사 파라셀수스가 동물실험을 통해 에테르의 마취 효과를 처음 언급했으나 실제 수술에 적용한 것은 호러스 웰스의 동료 치과 의사 윌리엄 모턴이었다. 그는 한때 웃음 가스를 실험하던 웰스와 협력했지만, 공을 차지하려는 다툼이 일어나 결별하고 말았다.

하버드 출신 화학자 찰스 잭슨Charles Jackson은 모턴에게 에테르의 진통 효과를 조언한 사람이었다. 관심을 가진 모턴은 강아지, 금붕어, 곤충 등을 대상으로 마취 실험을 했다. 1846년 9월 그는 환자 에벤 프로스트Eben Frost에게 에테르를 흡입시킨 뒤 이를 뽑았다. 프로스트는 통증을 느끼지 않았다. 확신을 얻은 모턴은 곧바로 공개 시연을 준비했다.

1846년 10월 16일 매사추세츠 종합병원에서 목에 종양이 있는 환자에게 세계 최초의 에테르 마취 수술이 시행됐다. 모턴이 에테르를 흡입시킨 뒤, 외과 의사 워런이 수술을 집도했다. 수술은 25분 동안 이뤄졌고 환자는 고통을 호소하지 않았다. 수술은 큰 성공을 거뒀다. 이 광경을 지켜본 워런은 "여러분 이것은 속임수가 아닙니다"라고 외쳤고 참관자들은 깊은 충격을 받았다. 이것은 마취 시대를 연 상징적 사건으로 후대에 이 날을 기념해 에테르의 날Ether Day로 부르게 되었다.

웃음 가스와 달리 에테르 마취의 성공은 외과 수술의 패러다임을 바꿔놓았다. 많은 의사가 적극 도입했고 환자들 역시 마취 수술을 선호하게 되었다. 모턴은 에테르 마취제에 레세온Letheon 이라는 이름을 붙여 특허를 신청했다. 에테르에 붉은색 염료를 첨가해 레세온을 상표화했다. 그러나 곧 에테르가 주성분임이 밝혀지면서 특허의 의미가 사라졌다. 정부와 의료계는 이를 공공재로 간주해 독점권을 인정하지 않았다.

모턴은 특허로 돈을 벌려 했으나 에테르가 이미 널리 알려진 물질이고 쉽게 구할 수 있어서 실효성이 없었다. 이 과정에서 조언한 찰스 잭슨은 자신이 에테르의 공동 개발자라고 주장하며 분쟁이 일어났다.

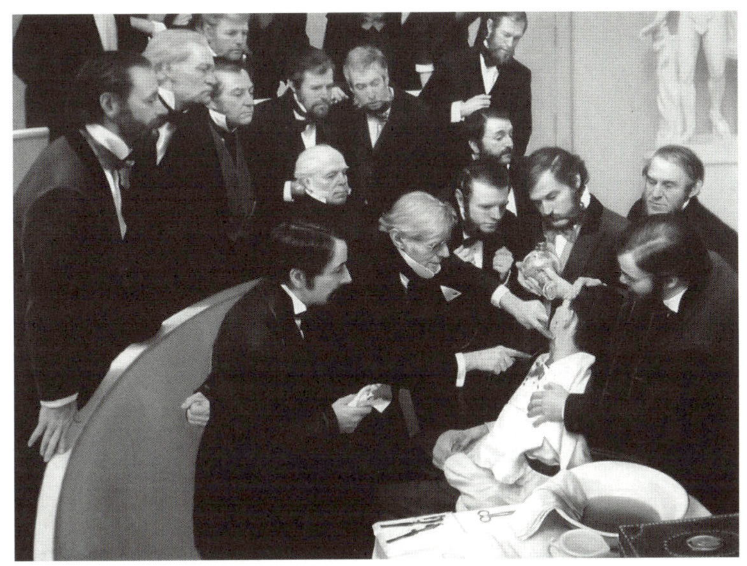

1846년 10월 16일 미국 보스턴에서 윌리엄 모턴이 목 종양 제거 수술을 시행했다. 모턴은 에테르로 환자를 마취했고, 외과 의사가 수술했다. 성공적으로 수술을 마친 후 의사는 "여러분 이것은 속임수가 아닙니다"라고 외쳤다. 이후 모턴은 유명해졌고, 이날을 '에테르의 날'로 불렀다.

잭슨은 특허 수익의 10%를 받기로 모턴과 합의했으나 특허 자체가 무산되면서 이익은 거의 없었다. 잭슨은 자기가 에테르의 마취 효과에 대한 핵심 정보를 제공했다고 주장했고 반면 모턴은 자신이 독자적으로 실험했다고 맞섰다. 두 사람의 다툼은 오랜 기간 이어졌고 실질적인 경제적 보상은 이뤄지지 않았다.

고소하고 고소당하는 진흙탕 싸움 속에 모턴은 치과 진료를 포기해야 했다. 재정 파탄에 이른 모턴은 정서적으로 심각한 장애를 겪었다. 그는 부인과 마차를 타고 가다 뛰어내려 근처 담장 너머로 떨어졌다. 모턴은 그 자리에서 의식을 잃었고, 뇌출혈로 삶을 마감했다. 잭슨도 말년에 심각한 정신 질환을 앓았다. 1873년 정신병원에 입원해 7년 가까이 요양하다 생의 마지막을 맞았다. 웰스, 모턴, 잭슨은 마취제 발견이라는 위대한 업적을 이뤘음에도 안타깝게 모두 비극적으로 삶을 마쳐야 했다.

세상을 놀라게 했던 마취제였지만, 에테르는 치명적인 약점을 가지고 있었다. 인화성이 매우 높아 작은 불꽃에도 쉽게 불이 붙어 수술실 화재 사고가 잇따랐다. 강한 냄새가 기도를 자극해 구토를 유발하는 점도 문제였다.

안전한 마취제를
찾아서

에테르의 단점을 보완한 마취제를 찾으려는 시도는 계속되었다. 1847년 스코틀랜드의 산부인과 의사 제임스 심프슨 James Simpson은 실험 중 우연히 클로로포름의 마취 효과를 발견했다. 그는 친구들과 함께 저녁 식사를 마친 후 새로운 마취 물질을 탐색했다. 그러던 중 이들은 클로로포름을 흡입하고 기절하고 말았다. 의식을 되찾은 뒤 심프슨은 이렇게 외쳤다.

"이거야! 바로 이것이 우리가 찾던 물질이다!"

그는 클로로포름을 분만 수술에 적용했다. 산모들은 심한 진통 없이 출산을 마칠 수 있었다. 클로로포름은 에테르보다 냄새가 약하고 자극이 적으며 마취 작용이 빠르게 나타났다. 에테르에 비해 적은 양으로 효과를 보는 것도 큰 강점이었다. 클로로포름은 1831년경 독일의 화학자 유스투스 폰 리비히가 합성한 물질이다. 심프슨은 클로로포름으로 무통 분만의 시대를 열었다.

그런데 뜻하지 않게 종교계가 반발했다. 신앙심 깊은 이들은 「창세기」 3장 16절("또 여자에게 이르시되 내가 네게 임신하는 고통을 크게 더하리니 네가 수고하고 자식을 낳을 것이며 너는 남편을 원하고 그는 너를 다스릴 것이니라")을 거론하며 출산의 고통은 신이 인간의 원죄에 대해 내리는 벌이라며 심프슨을 비난했다. 그들은 클로로포름이 고통을 없애는 사탄의 도구이며 산고를 통해 모성애와 신앙심이 깊어진다고 주장했다. 통증을 완화하는 그 자체가 신의 뜻을 거스르는 일이라는 말이다. 지금으로선 대단히 어이없는 주장이다.

심프슨은 이런 비판에 「창세기」 2장 21절("여호와 하나님이 아담을 깊이 잠들게 하시니 그가 잠들매 그 갈빗대 하나를 취하고 그 자리에 살을 채우시고")로 반박했다. 하나님도 아담의 갈빗대를 취하는 외과 행위에 앞서 마취를 사용했다고 주장한 것이다.

그러다가 1853년, 빅토리아 여왕이 레오폴드 왕자를 낳을 때 클로로포름을 사용하면서 분위기가 바뀌었다. 왕실 주치의가 약을 투여했고 여왕은 1857년 막내딸 비어트리스 공주 출산 때도 다시 사용했다. 마취제를 써 분만한 여왕은 이렇게 말했다고 한다.

"이 약으로 편안하고 차분해졌으며 이루 말할 수 없이 기분이 좋았다."

권위 있는 왕실에서 인정하면서 클로로포름은 빠르게 보급되었다.

미국에서는 남북전쟁 동안 수많은 부상자가 발생하며 야전 수술이 급증했다. 이에 따라 에테르와 클로로포름 같은 흡입마취제도 널리 사용되었다. 특히 클로로포름은 간편하고 작용이 빨라 야전 수술에 적합했다. 북군의 경우 전체 8만 건 정도 수술을 했는데 약 76%가 클로로포름을 사용했다.

클로로포름은 인화성이 없어 야간이나 등불 아래서도 안전하게 쓸 수 있었다. 이동이 잦고 화재 위험이 큰 야전병원에는 필수적이었다. 클로로포름은 야전병원에서 주로 사용되었고 에테르는 주로 후방 병원에서 쓰였다. 클로로포름으로 마취한 7,000명 중 37명 (0.53%)이 사망했으나 당시엔 수술 중 사망 자체가 흔한 일이었기에 문제로 여겨지지 않았다.

전쟁 때 유용한 마취제로 널리 사용되었지만, 시간이 지나면서 치명적인 부작용이 드러났다. 클로로포름의 간 독성이 나타났고, 심장이 무질서하게 수축하는 심실세동을 일으켜 환자가 사망하는 사례가 잇따랐다. 마취제 사용이 확대되면서 이러한 위험은 더 크게 부각되었다. 1937년 클로로포름이 심장 박동 조절에 영향을 줘 심실세동을 일으킨다는 사실이 규명되자 점차 자취를 감추게 되었다.

마취 효과는 웃음 가스보다 에테르가, 에테르보다 클로로포름이 더 강하다. 그러나 에테르는 인화성, 클로로포름은 독성 문제로 이제는 사용하지 않는다. 반면 웃음 가스는 마취 효과가 약하지만 비교적 안전해 진정제로 널리 쓰인다. 특히 수술 유도나 회복 단계에서 다른 약제와 함께 쓰면 마취 깊이 조절에 편리하다. 치과 치료를 두려워하는 어린이에게도 유용해, 불안과 통증을 줄이는 데 사용된다.

20세기 들어 수술실에 전기 장비가 도입되면서 인화성이 강한 에테르와 밀폐 공간에서 연소하는 클로로포름을 대체할 안전한 마취제가 필요해졌다. 수술실은 건조해 정전기가 쉽게 발생하고, 가연성 기체와 만나면 폭발할 위험이 크다. 이에 따라 양모나 나일론 같은 옷은 금지하며, 정전기 방지 기능이 있는 소재의 옷을 입어야 한다.

클로로포름에 염소가 포함된 점에 착안해 의약 화학자들은 인화성을 낮추기 위해 불소를 도입한 새로운 마취제를 개발했다. 하지만 탄소에 붙은 수소를 모두 불소로 바꾸면 마취 효과가 사라졌다. 염소와 불소 같은 할로겐 원자가 적절히 배치된 구조에서만 약효가 나타났다. 이런 사실을 활용한 대표적인 마취제가 할로탄Halothane이다.

1956년 영국에서 도입된 할로탄은 인화성이 낮아 폭발 위험이 거의 없고, 마취 유도도 빠르다. 상온에서는 액체지만 쉽게 기화해 흡입 가스로 사용되며 보통 웃음 가스와 함께 투여된다. 저렴한 비용 덕에 1970~1980년대 널리 쓰였으나, 드물게 심각한 간 독성이 나타나면서 1990년대 이후 다른 마취제로 대체되었다.

1975년에 나온 세보플루란Sevoflurane도 불소계 할로겐화 마취제로 체내 대사가 적고 독성도 낮아 현재 가장 널리 사용되고 있다. 세보플루란의 체내 대사율(약물이 몸에서 분해되고 변환되는 비율)은 약 3~5%로 이전 세대의 다른 흡입마취제에 비해 매우 낮아 간과 신장의 독성이 현저히 줄었다. 수술 후 의식 회복이 빠르고 당일 퇴원이 가능해 단시간 수술이나 소아 마취에 적합하다.

마취제는 수술에 널리 쓰이지만, 정확한 작용 원리는 오랫동안 미스터리였다. 흡입마취제들은 서로 화학적인 관련성이 없다. 폐를 거쳐 뇌에 작용하고 대부분 다시 폐로 배출된다. 공통점은 지용성이 높은 작은 분자라는 점뿐이다. 그러던 2013년, 서울대학교와 미국 매사추세츠 종합병원 공동 연구팀은 마취제가 전두엽과 두 정엽 간의 정보 흐름을 차단해 의식을 잃게 만든다는 사실을 밝혀내며 작용 기제에 중요한 실마리를 제공했다. 마취는 뇌 영역 간 네트워크 단절을 통해 의식을 소실시킨다는 것이다.

전신마취의 사망률은 약 25만 분의 1로 매우 낮고, 건강한 환자는 40만 분의 1 수준까지 줄어든다. 현대 마취제는 안전하지만, 드물게 알레르기나 심혈관 이상으로 사고가 생길 수 있다. 마취과 전문의가 마취하고 적절한 장비를 갖춘 환경이라면 대부분 안전하게 수술받을 수 있다.

마릴린 먼로의 시신에서 발견된 수면제 펜토바르비탈

전신마취는 코로 들이마시는 흡입제뿐 아니라 정맥주사로도 유도할 수 있다. 의료용 수면 마취는 바르비탈barbital 계열 수면제가 등장한 덕에 가능해졌다. 이 이야기는 1864년으로 거슬러 올라간다. 독일의 유기화학자 아돌프 폰 베이어Adolf von Baeyer는 요소와 말론산malonic acid을 이용해 바비투르산barbituric acid이라는 물질을 합성했다. 이 물질을 바탕으로 다양한 수면제가 개발되기 시작했다.

1903년에는 화학자 에밀 피셔Emil Fischer와 요제프 폰 메링이 다이에틸바비투르산diethylbarbituric acid을 만들고, 이를 개에게 투여해 강한 수면 유도 효과를 확인했다. 이후 독일의 바이엘은 베로날Veronal이라는 제품명으로 세계 최초의 경구 수면제를 출시한다. 베로날은 이탈리아 북부 도시 베로나에서 딴 것으로 전해진다. 셰익스피어의 『로미오와 줄리엣Romeo and Juliet』의 배경이 된 곳이기도 하다. 고요하고 평화로운 도시의 이미지가 수면제의 효과와 잘 어울린다고 판단한 것이다.

하지만 제1차 세계대전이 발발하면서 상황이 바뀐다. 미국은 독일과의 교역을 중단하고, 독일산 의약품과 화학제품 수입을 금지한다. 전쟁이 끝난 뒤에는 독일 기업들의 특허와 상표권도 몰수해버린다. 그 결과 독일의 기술을 흡수한 미국 제약 산업이 급속히 성장한다. 바이엘의 대표 제품이던 아스피린과 베로날도 그 대상이었다. 미국에서는 베로날을 바르비탈이라는 이름으로 바꿔 판매했고, 이후 수면제가 점점 대중화되기 시작했다.

베로날보다 작용 시간이 오래가는 수면제를 찾던 과학자들은 분자에 페닐기를 더한 약을 만들어냈다. 이렇게 탄생한 약이 페노바르비탈Phenobarbital이다. 이름 앞의 페노pheno는 페닐기를 뜻한다. 베로날이 약 8시간 작용했다면, 페노바르비탈은 12시간 이상 수면을 유지시켰고 효과도 강해 불면증에 시달리던 사람들 사이에선 한때 '마법의 수면제'로 불렸다.

하지만 페노바르비탈은 내성과 의존성이 강한 데다 아침에 일어나면 머리가 멍하고 몽롱한 부작용이 있었다. 결국 수면제보다는 간질 발작 억제용 항경련제로 더 많이 쓰이게 되었고, 현재는 간질이나 신생아 황달 치료에 제한적으로 사용한다.

이런 단점을 보완해 나온 약이 펜토바르비탈Pentobarbital 이다. 1930년대 등장한 이 약은 3~4시간 정도 짧고 깊은 수면을 유도해 불면과 불안 치료에 널리 사용되었다. 긴 잠은 페노바르비탈, 짧은 잠은 펜토바르비탈. 사람들은 이제 자기 수면 유형에 맞춰 약을 고를 수 있게 되었다.

불행히도 페노바르비탈과 펜토바르비탈은 강한 수면 유도 효과 때문에 자살 수단으로 자주 남용됐다. 화려하지만 정서적으로 불안정한 할리우드 스타들 역시 예외는 아니었다. 대표적인 인물이 마릴린 먼로다. 미국 대통령 존 F. 케네디와의 스캔들로 시선을 받던 그녀는 1962년 8월 5일, LA 자택에서 수면제 과다 복용으로 숨진 채 발견됐다.

먼로는 1953년 영화 《신사는 금발을 좋아해Gentlemen Prefer Blondes》로 세계적인 스타가 되었다. 이후 《7년 만의 외출The Seven Year Itch》에서 지하철 환풍구 바람에 치마가 날리는 장면으로 세계인의 주목을 받았다. 금발 머리, 붉은 입술, 반쯤 감긴 눈, 풍만한 몸매는 수많은 이의 마음을 사로잡았다. 그러나 섹시 스타의 화려한 겉모습 뒤에는 불안과 외로움이 그림자처럼 따라다녔다.

먼로는 침실에서 엎드려 숨진 상태로 발견되었다. 그때 나이가 서른여섯이었다. 부검 결과 치사량의 펜토바르비탈과 클로랄 하이드레이트가 검출되었다. 케네디 형제와의 열애설, 미국 당국의 개

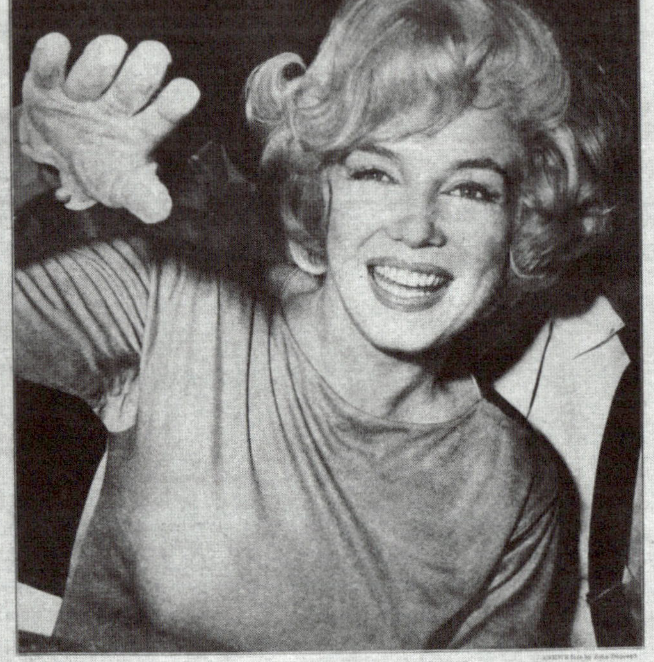

할리우드의 상징이던 마릴린 먼로가 서른여섯 나이로 숨졌다. 사인은 바비투르산 과용이었다. 우울증과 불안, 불면증 등 정신적인 문제와 알코올, 약물에 의존하는 문제로 건강이 좋지 않던 먼로의 죽음은 충격이었고, 이후 자살이 아니라는 의혹이 끊이지 않았다.

입설 등 여러 의혹이 제기됐지만, 공식 사인은 약물 과다 복용에 의한 자살로 발표되었다.

수면제에서 마취제로 변신한 티오펜탈의 두 얼굴

펜토바르비탈의 산소를 황으로 바꾼 약이 1934년에 나온 티오펜탈thiopental이다. 이 약은 작용이 매우 빨라, 정맥주사 하면 금세 뇌에 도달해 20~60초 안에 의식을 잃게 한다. 몸속에 남은 약이 처음 양의 절반으로 줄어드는 반감기도 짧아 투여를 중단하면 5~10분 내 의식이 돌아온다. 초기엔 수면제로 개발되었지만, 마취 유도제로 용도가 바뀌어 세계 최초의 초단시간형 정맥마취제가 되었다.

1941년 12월 7일, 일본의 진주만 공습으로 미국은 제2차 세계대전에 본격 참전한다. 전장에서 총과 폭탄만 난무하는 게 아니라 병원에서도 치열한 싸움이 벌어졌다. 몰려드는 부상병을 살리기 위해 군의관들이 가장 먼저 손에 쥔 것은 티오펜탈이었다. 기존 흡입마취제인 에테르나 클로로포름과 달리 인화성이나 폭발 위험이 없어 야전에서 훨씬 안전했다.

진주만 공습 이후 미군은 티오펜탈을 대량 도입했고, 유럽과 태평양 전선의 야전 외과에서는 이 약으로 마취한 다음 흡입마취로 전환하는 2단계 마취 방식을 표준화했다. 짧은 시간에 수술을 하고 후유증도 줄이는 전시 의료 대책이었다.

1944년 노르망디 상륙작전에서도 티오펜탈은 큰 역할을 했다. 야전병원은 하루 200건이 넘는 수술을 소화했는데, 들것에 실려온 병사들에게 티오펜탈을 주사하면 곧바로 의식을 상실해 바로 수술에 돌입할 수 있었다. 치열한 전투 현장에서 생사를 가르는 마법의 마취제였다.

미군 보고서에 따르면 전쟁 기간 티오펜탈은 전체 야전 수술의 약 75% 이상에 사용되었고, 치명적 부작용 발생률은 0.02% 이하로 매우 낮았다. 단순한 수면제가 아니라, 티오펜탈은 정맥마취 시대의 문을 연 선구자로 외과 수술의 대중화에 경이적인 이정표를 세웠다.

한때 티오펜탈은 '진실의 약'으로도 주목받았다. 정맥주사한 환자는 몽롱해진 상태에서 개인적이고 민감한 질문에 솔직하게 답하는 경우가 있어 경찰 수사나 외상 후 스트레스 장애PTSD 치료에 사용되기도 했다. 그러나 진실만 말한다는 과학적 근거는 부족하고, 마취 중 자백도 법적 효력을 인정받지 못해 지금은 거의 쓰이지 않는다.

이처럼 한때는 인간의 심리를 탐색하는 도구로까지 기대를 모았지만, 시간이 흐르자 티오펜탈의 쓰임새는 전혀 다른 방향으로 이동했다. 오늘날 티오펜탈은 벨기에, 네덜란드, 스위스 등 안락사가 허용된 나라에서 '죽음을 돕는 약'으로 쓰인다. 죽음을 앞둔 말기 환자의 요청에 따라 티오펜탈이나 프로포폴 같은 정맥주사로 의식을 끊고, 뒤이어 중추성 근육 이완제와 심정지 유도제(칼륨염)를 투여해 고통 없이 삶을 마무리하게 한다. 이른바 '세 약물 프로토콜'이라 불리는 방식은 사람의 의식을 끊은 뒤 생리 기능을 차례로 멈추게 하는 절차로, 고통을 최소화하기 위한 의도로 마련되었다.

미국에서는 사형 집행용으로 사용되었다. 1977년부터 시행된 약물 주입형 사형의 첫 단계가 바로 티오펜탈이었다. 사형수에게 혼수를 유도한 뒤, 근육 이완제와 심정지 약물을 투여하는 3단계 방식은 인도적 처형을 표방했으나 이후 도덕적 논란에 휘말렸다.

2010년대 들어 유럽의 티오펜탈 제조사들은 약이 사형에 쓰이는 데 반대하며 미국 수출을 중단했다. 그 여파로 여러 주에서 사형이 중단되거나 연기되었고, 미국은 대체 약물 찾기에 나섰다.

티오펜탈은 본래 생명을 살리려는 약이었다. 하지만 인간이 죽음을 통제하려는 순간, 의미는 정반대가 되었다. 안락사든 사형이든, 티오펜탈은 상황에 따라 생명의 문을 여닫는 약이 된다. 어떤 약물이든 그 쓰임은 윤리적 토대 위에서 결정되어야 한다. 한 가지 약이 생명을 살리기도, 반대로 끝내기도 한다는 사실은 그 약을 사용하는 사회 전체에 무거운 선택과 책임을 던진다.

베로날로 시작된 바르비탈 계열 수면제의 역사는 수십 년 동안 지속적인 개선과 변화를 거쳐왔다. 더 안전하고 효과적인 약을 만들기 위한 노력은 이어졌고, 그 과정에서 티오펜탈처럼 정맥마취

의 새로운 장을 연 약물도 탄생했다. 그 덕에 오늘날 우리는 다양
한 선택지를 갖게 되었지만, 아직도 인류가 필요로 하는 약은 너무
나 많다. 질병과 환경은 끊임없이 변하고, 신약 개발을 둘러싼 세
계적인 경쟁이 치열한 이유도 여기에 있다.

코카인에서 출발한
국소마취제

전신마취는 흡입하거나 정맥주사로 유도할 수 있으
며, 주로 큰 수술에 사용된다. 반면, 신체 일부분만 마취하면 되는
안과 수술이나 치과 치료에는 국소마취제가 적합하다. 국소마취제
의 출발점은 앞서 살펴본 코카인이었다. 최초로 국소마취제를 사
람은 오스트리아의 안과 의사 카를 콜러Carl Koller이다.

눈은 감각이 예민해 수술하기가 어렵고 위험한데, 당시에는 국
소마취제라는 개념이 없어 시술에 큰 어려움이 따랐다. 빈 대학 의
대 시절 콜러는 지그문트 프로이트와 친구였다. 코카인에 심취한
프로이트의 제안으로 콜러는 연구를 시작했고, 1884년 코카인 몇
방울을 떨어뜨려 각막을 마취할 수 있음을 증명했다.

콜러는 코카인 용액을 개구리와 기니피그는 물론 자기 눈에 직
접 점안해 마취 효과를 확인했고, 동료들에게도 적용해 통증이 사
라지는 사실을 발견했다. 통증 없는 안과 수술 시대가 열리면서 코

카인은 세계 최초의 국소마취제로 인정받게 되었다.

콜러의 발견은 획기적이었다. 안과에서 행하는 백내장 수술은 미세한 자극에도 눈이 반사적으로 감겨 어려웠지만, 눈의 특성상 전신마취를 하기에는 부담스러웠다. 국소마취제의 장점은 마취 후 신경세포에 아무런 손상을 주지 않은 채 정상으로 회복된다는 것이다. 코카인 점안 마취는 안과에서 그치지 않고 간단한 외과 치료, 비뇨기과 시술, 치과 발치 등 다른 분야로도 확장했다.

이후 콜러는 코카 콜러Coca Koller라는 별명으로 불릴 만큼 국소마취제의 선구자로 주목받았지만, 얼마 있지 않아 부작용이 뒤따랐다. 코카인 중독이 일어난 것이다. 코카인에 중독된 의사 가운데 미국의 유명 외과 의사 윌리엄 할스테드William Halsted가 있다. 그는 컬럼비아 대학 의대를 졸업하고 오스트리아 빈으로 유학을 떠났다. 그 시절 미국 의사들 사이에서 오스트리아와 독일의 병원에서 외과 수련을 받는 것이 하나의 유행처럼 번지고 있었다.

1848년 독일의 정치 개혁(3월 혁명)은 실패로 끝났지만, 대학 개혁은 오히려 활기를 띠었다. 독일은 연구 중심 대학, 기초과학 투자, 정부 지원, 대학·산업 연계 등으로 학문을 실용적으로 융합하는 체계를 갖추며 세계 과학의 중심지로 떠올랐다. 미국 졸업생들은 선진 학문을 배우기 위해 독일과 오스트리아로 유학을 떠났다. 교수와 학생이 함께 실험하고 논문을 쓰는 연구 중심의 박사 과정은 당시 미국에 없던 새로운 학풍이었다.

암 수술에 근치적 유방절제술(당시로선 가장 효과적인 치료)을 도입한 현대 외과 수술의 선구자 할스테드는 코카인 실험 과정에서 약물 의존에 빠졌다. 일부 환자도 코카인 점안 마취 후 초조, 불면, 환각 등 부작용을 겪었고 드물게 의존성이 나타났다. 코카인은 마취제로서 잠재력은 컸지만, 그만큼 더 안전한 대체 약물을 찾아야 한다는 문제도 함께 드러났다.

대안으로 1905년 등장한 프로카인procaine은 중독성이 없어 비교적 안전했다. 프로카인은 신경세포막의 소듐(나트륨) 통로를 차단해 통증 신호를 생성하거나 전달하지 못하게 만든다. 이로써 자극이 뇌에 도달하지 않아 고통을 느끼지 않게 된다. 감각은 차단되지만 의식은 유지되며, 비교적 안전하게 국소마취를 할 수 있다.

그러나 프로카인은 작용 시간이 짧고 알레르기 위험이 있어 이보다 안전한 약이 필요했다. 1948년 프로카인을 개량한 리도카인lidocaine은 빠르게 작용하고 효과가 오래가며, 중독성과 알레르기 위험도 낮았다. 리도카인은 프로카인을 빠르게 대체했고, 지금도 치과에서 발치 때 잇몸에 주사해 신경을 차단하는 데 가장 흔히 쓰인다. 리도카인은 바르는 겔이나 뿌리는 스프레이 형태로 남성 성기의 민감성을 낮춰 조루증 치료에도 활용된다. 현재 안과 점안 마취에는 프로파라카인과 테트라카인 같은 새로운 계열의 약물이 널리 쓰인다.

흡입마취제, 정맥주사제 외에 국소마취제까지 나오자 마취 방법은 훨씬 다양해졌다. 서두에 언급한 프랑스 외과 의사 루이 벨포의 탄식 이후 웃음 가스로 시작된 마취제의 역사는 새로운 약

물의 등장으로 끊임없이 확장되었다. 피할 수 없는 숙명처럼 여겨
지던 수술의 고통을 덜어낸 것은 19세기 의학이 이룬 위대한 성취
였다.

한때 종교적 편견과 오남용의 위험 속에서 논란을 겪었지만, 오
늘날 마취과 전문의가 관리하는 환경에서는 통증을 안전하게 조
절할 수 있다. 고통은 누구에게나 두렵기 마련이다. 앞으로 더 안
전하고 정교한 무통 치료제가 개발되어, 누구도 고통 때문에 치료
를 망설이지 않는 시대가 오기를 바란다.

임상에 가장 널리 쓰이는
수면마취 3총사

케타민ketamine, 미다졸람, 프로포폴은 가벼운 수술에 흔히 쓰이는 정맥마취제로, 흔히 '수면마취 3총사'로 불린다. 주사하면 빠르게 잠들고 회복도 빨라 성형수술이나 내시경에 널리 사용된다. 다만 일부는 환각이나 쾌감을 유발해 오남용 시 문제가 될 수 있다.

1962년 미국 제약사 파크 데이비스Parke-Davis가 개발한 케타민은 냄새 없는 흰색 분말로, 해리성 마취제다. 해리성 마취제는 통증 인식과 의식을 분리하는 특성이 있어 소아 치과, 외상 응급수술, 화상 치료, 제왕절개(저혈압 시) 등에 널리 사용된다. 호흡을 거의 억제하지 않고 혈압과 맥박을 오히려 증가시키는 특성이 있어, 쇼크 상태의 환자나 호흡기 관리가 어려운 상황에도 유용하게 쓰인다.

케타민은 뇌에 작용해 혈압과 맥박을 높이고, 고용량 사용하면 환각과 혼란을 유발할 수 있다. 이런 특성 때문에 '스페셜 KSpecial K'라는 별명으로 클럽 마약이나 파티용 약물로 쓰이기도 한다. 케타민을 코로 흡입하면 약 45~60분 동안 해리, 몽롱함, 환각 등이 지속된다. 단기 기억을 흐리게 하는 작용이 있어, 일부에서는 의식을 흐리게 하거나 저항을 어렵게 만드는 수단으로 악용된다.

기억을 흐리는 작용으로 인해 다른 약물과 결합할 경우 약물 범죄나 성범죄의 수단으로 악용되는 사례도 보고된다.

1976년 스위스 제약사 로슈 Roche가 개발한 미다졸람은 벤조다이아제핀 benzodiazepine계 진정제로 수면 유도, 불안 완화 효과가 있다. 벤조다이아제핀은 바르비탈 계열 이후에 나온 수면제로 뇌의 기능을 억제하는 신경전달물질 GABA gamma aminobutyric acid의 작용을 강화해 근육 이완, 발작 억제에도 쓰인다. 정맥주사하면 1~5분 만에 진정 효과가 나타나며, 보통 30~60분간 지속된다. 위내시경이나 외래 수술에 주로 사용되며 회복도 빠르다. 당일 퇴원하는 외래환자 수술은 부드럽고 빠른 회복이 중요해 많이 사용되고 있다. 특히 프로포폴 남용이 사회문제로 부각되면서 일부 성형외과와 내과에서는 환각 유발이 적은 미다졸람 사용을 강조하기도 한다.

1980년대 영국에서 상용화된 프로포폴은 불안을 완화하고 편안한 수면을 유도하는 정맥마취제다. 주사 후 30초 이내에 효과가 나타나며, 투여를 중단하면 몇 분 안에 의식이 회복된다. 회복이 빠르고 부작용이 적어 내시경과 성형 수술에 널리 쓰인다. 반복해 쓰거나 과량 사용하면 도취감, 희열, 만족감이 나타날 수 있으며, 일부에선 환각, 기억상실, 심리적 의존이 발생한다. 오남용하면 약물에 대한 갈망이 커지고, 효과가 줄어들면서 점점 더 많은 양을 찾게 된다. 의학적 목적을 벗어나 사용하면 무호흡, 저혈압, 심장 기능 저하, 사망 등 심각한 부작용을 초래할 수 있다.

마취제는 수술의 고통을 없애 인간의 생존율을 높인 혁신적인 도구다. 반면에 자칫하면 오남용이라는 치명적인 위험이 뒤따른다. 약은 본래 선악이 없다. 쓰는 방식에 따라 생명을 살리는 도구가 되기도, 파괴하는 힘이 되기도 한다.

7

뭉친 근육이 풀리다

근육 이완제

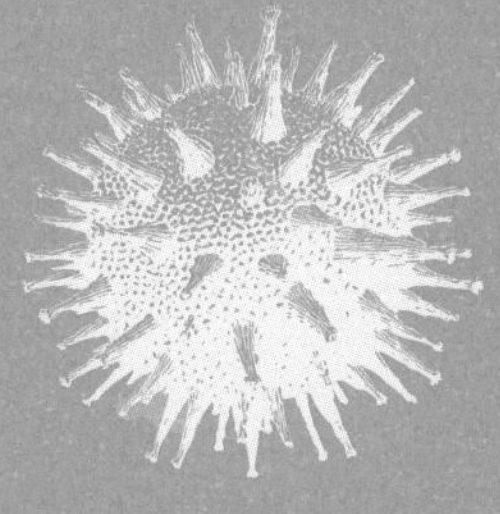

근육 이완제는 담 같은 일상 통증부터 전신마취까지

폭넓게 쓰인다. 이 약은 정글의 독화살에서 시작했다.

남아메리카 원주민이 사용하던 쿠라레는

신경근 접합부에서 아세틸콜린 작용을 차단해

적과 짐승을 마비시켰고,

이 독에서 투보쿠라린을 분리한 것이

수술용 근육 이완제로 발전했다.

독에서 출발한 이 약은 근육 생리의 비밀을 밝혀냈고

수술의 안전성을 높였으며, 약물학 발전의 이정표가 되었다.

#중추성근이완제 #말초성근이완제 #쿠라레 #투보쿠라린 #아세틸콜린
#에페리손

세 가지
근이완제

　　운동을 과하게 하거나 잘못된 자세로 잠을 자면 근육이 뭉치고 통증이 생긴다. 이런 긴장을 풀어주는 데 쓰이는 약이 근육 이완제다. 근육은 대뇌에서 시작된 신경 신호가 척수를 거쳐 전달되면 신경근 접합부에서 아세틸콜린acetylcholine이 분비되어 수축한다. 근육 이완제는 중추신경계에서 과도한 근긴장을 낮추거나, 말초 신경근 접합부에서 아세틸콜린의 작용을 조절함으로써 근육의 긴장을 풀어준다.

　　근이완제는 작용 위치에 따라 크게 세 가지로 나뉜다.

　　첫째, 중추성 근이완제는 뇌나 척수에 작용해 과도하게 긴장한 근육의 신경 반응을 줄여 근육을 풀어준다. 근육이 아프거나 뭉쳤을 때 자주 쓰이며, 졸리거나 어지러울 수 있어 운전이나 음주는 피하는 것이 좋다.

둘째, 말초성 근이완제는 신경과 근육이 만나는 신경근 접합부에 작용해, 근육을 수축시키는 신경 물질(아세틸콜린)의 작용을 막는다. 주로 전신마취 중에 근육을 일시적으로 움직이지 못하게 하는데 쓰며, 지속 시간에 따라 단시간형과 장시간형으로 나뉜다. 대부분 정맥주사로 투여한다.

셋째, 근육에 직접 작용하는 근이완제는 근육세포 안에서 칼슘이 밖으로 나오는 것을 억제해 근육의 수축을 막는다. 대표적인 약물 덴트롤렌dantrolene은 척수 손상이나 뇌성마비처럼 근육이 지나치게 뻣뻣해질 때 사용된다.

근이완제는 마취제와 밀접한 관련이 있다. 전신마취 때는 의식과 통증을 없애는 마취제와 함께 근육을 풀어주는 말초성 근이완제를 투여하는 경우가 많다. 마취제는 감각과 의식을 차단하지만 근육 긴장은 남아 있어, 수술 부위에 따라 근이완제가 필요하다.

초기에는 마취제의 용량을 늘려 근육을 이완시키려 했지만 부작용이 크고 효과도 불완전했다. 말초성 근이완제가 도입되면서 근육을 안정적으로 이완시킬 수 있게 되었고, 복부나 흉부 같은 깊은 부위의 수술도 수월해졌다.

콩키스타도르와 바이러스에 멸망한 신대륙 문명

근이완제의 역사는 신대륙 원주민이 사냥을 위해 사용한 독에서 시작되었다. 동물의 생명을 끊는 데 쓰던 맹독이 생명을 구하는 약으로 탈바꿈한 것이다. 극적인 반전의 시작은 16세기로 거슬러 올라간다. 황금과 향신료를 찾아 신항로를 개척하던 스페인과 포르투갈 탐험가들은, 아메리카의 깊은 밀림에서 예상치 못한 광경을 마주했다. 아메리카 원주민들이 그릇에 담긴 검고 끈적한 액체를 화살촉 끝에 정교하게 문지르며 사냥을 준비하고 있었다. 덩굴식물의 즙을 바른 화살을 입으로 불어 쏘면 맹수는 급소를 맞은 것도 아닌데 꼼짝을 못 하다가 잠시 뒤 숨이 멎었다. 유럽인들은 그 장면에 충격을 받았다.

"저건… 피도 안 흘렸는데 눈 뜬 채 죽었어. 도대체 저 검은 액체가 뭐지?"

그들은 짐승의 근육을 마비시키는 독을 '쿠라레Curare'라고 불렀다.

2006년 멜 깁슨 감독이 만든 영화 《아포칼립토Apocalypto》에는 마야인 주인공이 쿠라레로 적과 싸우는 장면이 나온다. 지금의 멕시코 유카탄반도와 과테말라, 온두라스 서부 등지에 걸쳐 번영한 마야문명은 열대우림과 고지대에서 독자적인 문화를 꽃피웠다. 주인공은 추격자를 따돌리기 위해 정글에 함정을 설치하고, 독을 바른 나뭇가지로 적을 마비시킨다. 적들은 독화살을 맞고 눈을 뜬 채 근육을 움직이지 못하고 쓰러진다.

영화는 쿠라레의 신경독이 가져오는 근육 마비와 숨 막히는 죽음을 강렬하게 그려낸다. 그러나 쿠라레는 영화와 달리, 마야문명이 아니라 남아메리카 밀림에서 유래한 독이다. 아마존과 오리노코 강가의 부족들은 숲속에서 채취한 청피 덩굴의 즙을 끓여 농축한 쿠라레를 화살 끝에 바르고 사냥에 나섰다.

독화살의 위력은 유럽 탐험가들에게 큰 충격을 주었지만, 구대륙과 신대륙의 만남은 비극으로 귀결되었다. 유럽에서 건너온 총과 철기, 그리고 면역력이 없던 원주민 사회를 휩쓴 바이러스가 신대륙을 강타한 것이다.

한편 마야문명은 스페인이 도착하기 훨씬 전부터 장기적인 가뭄과 식량 부족, 도시 국가 간의 경쟁과 정치적 불안정으로 이미 쇠퇴의 길에 접어들고 있었다. 그리고 아즈텍·잉카문명은 스페인 콩키스타도르conquistador에 차례로 정복당하며 역사 속으로 사라졌다. 마야가 내부 요인으로 서서히 무너지는 동안, 다른 지역의 제국들은 스페인의 무력과 전염병이라는 갑작스러운 외부 충격에 직면해 몰락했다.

1519년 스페인 탐험가 에르난 코르테스Hernán Cortés는 600명의 병력으로 멕시코 동부 베라크루즈 항구에 상륙해 현지 부족과 동맹을 맺고 아즈텍의 수도 테노치티틀란을 공격했다. 황제 몬테수마Montezuma 2세는 코르테스를 경계하면서도 외교적 판단에 따라

도시로 들였고, 코르테스는 그 틈을 노려 황제를 감금하고 거액의 황금을 요구했다.

1520년 축제 중 폭동이 일어나 몬테수마가 사망하고 스페인군은 철수했다. 이후 코르테스는 쿠바에 주둔한 스페인 지원군과 힘을 합쳐 공격했고, 유입된 천연두에 걸린 아즈텍 사람들은 떼죽음을 당했다. 1521년 코르테스는 수도 테노치티틀란을 함락시킨 뒤 도시 이름을 '멕시코시티'로 바꾸고 아즈텍문명의 흔적을 지워버렸다.

파나마에 있던 프란시스코 피사로Francisco Pizarro는 아즈텍의 멸망 소식을 듣고 황금 도시 엘도라도를 찾아 남아메리카로 향했다. 그가 다다른 곳은 페루와 에콰도르 일대의 찬란한 세계, 잉카제국이었다. 1532년 피사로는 페루 북부 고산지대의 카하마르카에서 황제 아타우알파Atahualpa와 마주쳤다.

당시 황제는 내전을 막 끝낸 상태였다. 그는 수만 명의 군대와 함께 있었는데, 반면 피사로의 병력은 고작 168명뿐이었다. 피사로는 황제에게 기독교로 개종하라 강요하며 갈등을 빚었고, 거부당하자 "산티아고Santiago!"를 외치며 기습했다. 산티아고는 스페인의 수호성인 성 야고보Saint James를 부르는 이름으로, 스페인군이 예로부터 돌격할 때 외치던 전통적 전투 구호였다. 총과 말을 앞세운 스페인 병사들은 철기와 화기를 갖추지 못한 잉카 병력 수만 명을 순식간에 혼란에 빠뜨렸다. 잉카 병사들은 혼란에 빠져 제대로 싸워보지도 못한 채 학살당했다.

포로가 된 아타우알파는 피사로가 "이 방을 황금으로 가득 채우면 풀어주겠다"고 말하자, 실제로 천장까지 금으로 채우라는 명령을 내렸다. 사방에서 황금과 은이 실려 왔고, 방 안은 눈이 부실 만큼 빛나는 보물 창고로 변했다. 그러나 피사로는 약속을 지키지 않았다. 그는 금을 손에 넣고도 아타우알파를 석방하지 않고 처형해버렸다. 황제가 사라지자 잉카제국은 급격히 붕괴했다.

중남미 문명의 멸망은 스페인 정복자와의 전쟁에서 패하면서 비롯됐지만, 근본적인 원인은 구대륙에서 유입된 천연두, 홍역, 인플루엔자 같은 바이러스였다. 공기를 통해 바이러스가 급속히 퍼졌고 면역이 전혀 없던 아메리카 원주민들은 순식간에 감염되었다. 사회 체계가 한 번에 무너졌고, 인구의 70~90%가 죽는 대재앙이 일어났다.

침묵의 독약 쿠라레의 성분은
투보쿠라린

쿠라레는 극도로 강력한 신경독이다. 어느 스페인 탐험가는 동료가 독화살에 스치듯 맞았음에도 숨졌다고 기록했다. 화살에 묻은 독은 혈류를 타고 퍼져 전신 근육을 마비시켰고, 남아메리카 원주민들은 입으로 불어 발사하는 무기로 독화살을 쏘아 적을 제압했다. 병사들은 의식을 잃지 않은 채 숨을 거뒀고, 겪어보지 못한 은밀한 죽음 앞에 유럽인들은 정글에 들어가기를 두려

20세기 중반부터 쿠라레는 임상에 사용되었다. 초기에는 전기충격요법에서 발생할 수 있는 골절을 막기 위해 경련을 억제하는 용도로 쓰였다. 이후 강력한 근육 이완 효과 덕분에 기관 내 삽관과 수술 중 근육을 안정적으로 이완시키는 데 효과적이라는 점이 입증되었고, 특히 복부와 흉부 수술에서 전신마취의 깊이를 줄여주는 중요한 약이 되었다.

위했다.

　흥미로운 점은, 쿠라레를 맞고 죽은 동물의 고기를 먹어도 인체에 해가 없다는 것이다. 오히려 근육이 이완되어 고기가 더 부드럽고 맛있어졌다. 쿠라레는 19세기 초부터 의학계에서 실험적으로 연구되었지만, 실제 임상에 본격적으로 사용되기 시작한 것은 20세기 중반이었다. 초기에는 전기충격요법에서 발생할 수 있는 골절을 막기 위해 경련을 억제하는 용도로 쓰였다. 이후 강력한 근육 이완 효과 덕분에 기관 내 삽관과 수술 중 근육을 안정적으로 이완시키는 데 효과적이라는 점이 입증되었고, 특히 복부와 흉부 수술에서 전신마취의 깊이를 줄여주는 중요한 약이 되었다.

　1730년대 프랑스의 탐험가 샤를 마리 드 라 콩다민Charles Marie de la Condamine은 에콰도르 일대에서 원주민들이 쓰는 쿠라레를 유럽으로 처음 가져갔다. 쿠라레는 곧바로 학계의 주목을 받으며 연구자들의 관심을 끌었다. 어떻게 적은 양의 액체가 생명을 멈추게 하는 걸까? 쿠라레에 맞은 고양이의 심장이 두 시간 가까이 뛰는 모습이 관찰되면서 이 독이 호흡은 마비시켜도 심장에는 직접 영향을 주지 않는다는 사실이 드러났다.

　1769년에는 소량이라도 쿠라레가 혈관에 들어가면 치명적이라는 사실이 밝혀졌다. 사람들은 독화살에 맞으면 상처 위쪽을 묶어 독의 확산을 막는 방식으로 응급처치했다. 실험에서 당나귀에 쿠라레를 투여한 지 10분 만에 호흡이 멈췄지만 인공호흡을 하자 회복되었다. 이로써 쿠라레의 치명성은 심장이 아니라 호흡근을 마비시켜 숨을 멎게 만드는 데서 비롯된다는 점이 확인되었다.

1855년 프랑스 생리학자 클로드 베르나르Claude Bernard는 쿠라레의 정체를 밝히기 위해 일련의 정교한 생리 실험에 나섰다. 그는 신경과 근육의 구조가 단순해 반응을 관찰하기 쉬운 개구리를 실험동물로 선택했다.

베르나르는 쿠라레를 주입한 개구리에서 신경을 전기 자극하면 근육이 전혀 움직이지 않지만, 근육을 직접 자극하면 정상적으로 수축하는 모습을 확인했다. 이 결과는 쿠라레가 신경이나 근육 자체를 파괴하는 독이 아니라, 신경과 근육이 만나는 접합부(신경근 접합부)에서 신호 전달을 차단한다는 사실을 명확히 보여주었다. 이 실험을 통해 베르나르는 근육 이완제의 작용 원리를 생리학적으로 규명한 선구자 중 한 사람이 되었다.

다음은 베르나르가 실험 결과를 토대로 쿠라레의 특성을 정리한 내용이다.

① 먹어서는 중독되지 않고, 혈류를 타고 들어가야 근육이 마비된다.
② 감각은 멀쩡하고 운동 마비만 일어난다.
③ 운동 마비는 팔다리 근육, 가슴 근육 그리고 호흡 근육 순서로 일어난다.
④ 사망 원인은 호흡 마비다.
⑤ 호흡 마비가 와도 심장마비는 한참 뒤에 오기 때문에 인공호

남아메리카의 깊은 밀림, 아마존과 오리노코강 유역의 원주민들은 대나무 통에 보관한 쿠라레 독을 화살촉에 발라 사냥에 사용했다. 독화살에 맞으면 근육이 서서히 마비되어 움직일 수 없게 되었고, 그 효과는 치명적이었다. 쿠라레는 제조 과정이 복잡하고 재료가 귀해 전쟁보다는 주로 사냥용으로 쓰였으며, 점차 부족 사이에서 값비싼 교환품이자 부의 상징으로 여겨지기도 했다.

흡하면 살 수 있다.

⑥ 중추신경계와는 상관없이 말초신경에만 작용한다.

⑦ 작용 부위는 신경과 근육이 만나는 곳이다.

1935년 영국의 화학자 해럴드 킹Harold King은 쿠라레에서 활성 성분인 알칼로이드, 투보쿠라린tubocurarine을 분리하는 데 성공했다. 투보쿠라린이라는 이름은 원주민들이 쿠라레를 대나무 통bamboo tubes에 담아 운반한 데서 유래했다.

1942년 캐나다 몬트리올에서 투보쿠라린을 수술용 근육 이완제로 처음으로 사용했다. 복부와 흉벽에서 자발적으로 움직이는 근육을 이완시켜 수술하기가 수월했고, 마취제와 진통제 사용량도 줄일 수 있었다. 환자의 근육은 무의식 상태에서 고통 없이 이완되었다. 근이완제와 마취제의 조합은 오늘날 균형 마취 개념의 기초가 되었다. 균형 마취는 여러 약물을 조합해 각 약물의 장점을 분담시키고, 이를 통해 마취 효과를 최적화하면서 부작용을 줄이는 방식이다.

사냥용 독으로 쓰이던 쿠라레는 현대 의학의 근육 이완제로 재탄생해, 죽음을 부르던 독에서 생명을 지키는 의약품으로 완전히 역할이 바뀌었다.

근육 이완의 열쇠 아세틸콜린과
여기서 파생된 독극물

1921년 오스트리아의 약리학자 오토 뢰비_{Otto Loewi}는 개구리 두 마리의 심장을 준비했다. 첫 번째 심장은 미주신경(부교감신경)에 연결된 채 살아 있었다. 뢰비는 약한 전기로 이 신경을 자극했다. 심장은 느려졌다. 당시에도 잘 알려진 생리 반응이었다.

하지만 뢰비는 여기서 멈추지 않았다. 그는 첫 번째 심장이 담긴 링거 용액을 두 번째 개구리 심장에 부었다. 놀랍게도, 아무 자극도 가하지 않은 두 번째 심장의 박동이 천천히 늦어지기 시작했다. 그 순간 뢰비는 이렇게 말했다.

"신경은 단순히 전기 자극만으로는 작동하지 않는다. 부교감신경에서 나온 어떤 화학물질이 신경 말단에서 분비되어 심장에 영향을 준다."

그는 이 물질을 '미주신경 물질'이라 이름 붙였고, 이후 그 정체는 아세틸콜린으로 밝혀졌다.

단순한 실험으로 보이지만 이는 신경이 전기뿐 아니라 화학물질을 통해 생체에서 소통한다는 사실을 과학적으로 증명한 사례다. 이후 아세틸콜린은 골격근을 움직이고 장기를 조절하며, 뇌에서 기억을 만드는 데까지 관여하는 대표적인 신경전달물질임이 밝혀졌다. 그는 아세틸콜린을 분리한 영국의 생리학자 헨리 데일_{Henry Dale}과 함께 1936년 노벨 생리·의학상을 공동 수상했다.

아세틸콜린이 세포막 수용체에 결합하면 소듐 통로가 열리고 탈분극이 일어나 근육이 수축한다. 반대로 심장, 방광, 동공 등 신체의 다양한 부위에 작용하는 아세틸콜린의 작용을 막으면 근육은 수축하지 않고 이완한다. 근이완제는 신경 말단에서 분비된 아세틸콜린이 근육 수용체에 닿지 못하도록 차단해 근육 수축을 잠시 멈추게 하는 약이다.

아세틸콜린은 신경과 근육 사이에서 '움직이라'는 명령을 전달하는 화학 메신저다. 그런데 이 신호가 끊어지지 않고 계속 흘러나오면 무슨 일이 벌어질까? 근육은 쉬지 않고 수축하며 결국 몸은 경련과 마비에 빠진다.

이 원리를 이용한 대표적인 독이 사린sarin과 VXVenomous Agent X이다. 이들은 아세틸콜린을 분해하는 효소를 마비시켜 신경 신호를 멈추지 않게 만든다. 숨을 쉬고 싶어도 몸의 근육은 움직이지 않고, 호흡은 조용히 멎는다. 1938년 독일 과학자들은 농약을 만들다 우연히 사린을 발견했다. 제2차 세계대전 중 독일은 이 독가스를 대량생산했지만, 다행히도 실전에는 사용하지 않았다.

그러나 1995년 일본의 종교 테러단 옴 진리교는 도쿄 지하철에 사린을 살포했다. 출근길 시민들이 갑자기 눈물을 흘리며 가쁜 숨을 몰아쉬다 쓰러지기 시작했다. 이 테러로 열세 명이 사망하고 수천 명이 중독되었다. 그로부터 20여 년 뒤, 시리아 내전에서도 사린 가스가 사용되었다. 민간인 거주지에서 벌어진 화학무기 공격에 세계가 충격에 빠졌다.

VX는 아세틸콜린을 분해하는 효소를 억제해 신경 신호를 끊지 못하게 만드는 치명적인 신경 작용제다. 사린보다 수십 배 강하며, 피부나 눈으로도 흡수된다. 2017년 2월, 북한 김정은의 이복형 김정남은 말레이시아 쿠알라룸푸르 공항에서 두 여성에게 얼굴을 기습 공격받았다. 이들의 손에는 치명적인 화학무기 VX 신경가스가 묻어 있었다. 김정남은 병원으로 이송하는 구급차 안에서 끝내 숨을 거뒀다. 얼굴에 VX가 묻은 후 약 30분 만이었다.

범행 직후 두 여성은 재빨리 손을 씻어 노출을 피했다. 노출량이 극히 적고 곧바로 손을 씻었기 때문에 중독되지 않았다. VX에 노출되면 콧물, 침, 경련 등이 나타나고, 곧 자율신경이 마비되어 몇 분 만에 호흡곤란으로 사망한다. 치사량은 단 10mg이다.

사린이나 VX 같은 신경가스는 아세틸콜린의 작용을 멈추지 못하게 해 신체를 마비시킨다. 다행히 해독제가 있다. 아트로핀atropine과 옥심pralidoxime이다. 해독할 때는 먼저 아트로핀으로 부교감신경 증상을 완화하고, 이어 옥심으로 기능을 회복시킨다. 응급 상황에서는 두 약을 거의 동시에 투여한다.

군대에서는 화학전에 대비해 독가스 노출 시 허벅지에 바로 찌를 수 있는 자가 주사용 해독제를 지급한다. 유기인계 농약 역시 해충의 신경계를 같은 방식으로 마비시키며, 사람에게는 급성 신경계 중독을 일으킨다. 이때도 옥심은 중요한 해독제로 사용된다.

모든 근육을 풀어주는
말초성 이완제

　　수술에 투보쿠라린이 도입되었지만 단점도 있었다. 투보쿠라린의 약효가 길어 수술 후 환자가 호흡을 회복하는 데 1~2시간이나 걸렸다. 여러 부작용도 있어 더 안전하고 짧게 작용하는 아트라쿠륨atracurium과 석시닐콜린succinylcholine 같은 약물들이 그 자리를 대신하게 되었다.

　　전신마취 때 말초성 근이완제는 정맥으로 투여하며, 수술 중 근육의 움직임을 억제하는 데 쓰인다. 일반적으로 프로포폴이나 미다졸람 같은 마취 유도제를 먼저 주사한 후에 근이완제를 투여해 근육의 긴장을 풀어준다. 근이완제는 신경근 접합부에서 아세틸콜린 수용체에 경쟁적으로 결합해, 아세틸콜린의 작용을 차단함으로써 근육 수축을 억제한다. 작용 시간은 대개 30~60분 정도이며, 수술이 길어지면 추가 투여나 지속 주입으로 효과를 유지한다. 여기에 펜타닐 같은 진통제를 함께 사용해 통증을 조절한다.

　　말초성 근이완제는 크게 두 가지로 나뉜다. 탈분극성 근이완제와 비탈분극성 근이완제다. 탈분극성 근이완제의 대표 약물은 석시닐콜린이다. 이 약은 효과가 아주 빨리 나타나지만, 그만큼 금방 사라진다. 근육을 움직이라는 신호가 잠시 과하게 켜졌다가 꺼지지 못하면서 근육이 마비되는 방식이다. 보통 30~60초 안에 효과가 시작되고, 5~10분이면 거의 사라지기 때문에 전신마취 직후 빠르게 기관 내 삽관을 해야 할 때 자주 사용된다.

반면 비탈분극성 근이완제(로쿠로늄Rocuronium, 트라쿠륨atracurium 등)는 효과가 나타나는 데 조금 더 시간이 걸리지만, 한번 작용하면 오랫동안 근육을 이완시킨다. 신경에서 근육으로 전달되는 신호를 차단해 근육을 풀어주는 방식이다. 이런 이유로 길고 세심한 수술에서 안정적으로 근육 이완을 유지하는 데 널리 쓰인다.

이들은 모두 쿠라레에서 분리한 투보쿠라린을 개량해 개발한 약이다.

1950~1960년대, 마취 기술이 아직 불완전하던 시절 수술실에서는 간혹 진정이나 진통 없이 근이완제만 투여해 수술을 하기도 했다. 환자는 의식이 또렷한 상태에서 온몸이 마비된 채 수술을 견뎌야 했다. 근육이 이완돼 비명을 지를 수도, 눈을 감을 수도 없는 채로 끔찍한 공포에 시달렸다. 불안감에 환자는 "나에게 묻지 마세요, 아직 살아 있어요"라는 메모를 남기고 수술을 받았다는 이야기가 전설처럼 내려온다.

근이완제가 마치 사망한 것처럼 보이게 만든다는 점에서 이후 마취의 기준이 바뀌었다. 전신마취에는 반드시 '진정(의식 소실)+근이완제(근육 이완)+진통제(통증 차단)'를 함께 쓰도록 원칙이 정립되었고, 근이완제만 단독으로 쓰는 것은 절대 금지한다.

나도 예전에 담관낭으로 대학병원에서 큰 수술을 받은 적이 있다. 외과 의사와 수술 일정을 잡고 마취과에 가니 마취 과정을 설명한 뒤 사용하는 근이완제도 알려주었다. 수술 당일 나는 전신마취로 의식이 없었지만, 다양한 약물이 조화를 이루며 수술이 진행되었다.

메스를 잡는 건 외과 의사지만 수술 중 호흡과 심장 관리는 마취과 의사의 손에 달려 있다. 5장(진통제), 6장(마취제), 7장(근이완제)에 나오는 약들을 조합해 무사히 수술을 마칠 수 있는 것이다. 수술받을 일이 있는 사람이라면 찬찬히 살펴보길 권한다. 현대 약물학의 절묘한 조화를 깨닫게 된다.

담 들었을 때 약국에서 사 먹는 근이완제

어깨가 결리고 근육이 뭉치면 흔히 담이 들었다고 말한다. 의학적으로는 근막 통증 증후군이라 한다. 근막(근육을 둘러싼 얇고 투명한 막)이 짧아지고 뭉치면 통증이 생기는데, 자세가 바르지 못하거나 갑작스러운 운동으로 무리하면 근육이 긴장해 생기는 증세다. 근이완제를 복용하면 필요 없는 근육의 긴장을 풀어줘 통증을 줄일 수 있다.

병원에서는 진통제와 근이완제를 처방하며, 약국에서 일반 의약품으로도 살 수 있다. 이때 근이완제는 중추성 근이완제다. 중추성 근이완제는 급성 통증에 단기간 사용하는데 3~4주 정도 쓰고도 효과가 없으면 중단하는 것이 낫다. 중추성 근이완제는 먹는 약이라 비교적 안전하지만, 중추에 작용하므로 어지럽거나 졸릴 수 있다. 그래서 알코올이나 수면제를 함께 복용하는 것은 피해야한다. 이 약은 뇌의 피질이나 척수에 작용하는데, 운동을 담당하는 시냅스의 활동을 억제해 근육을 이완시킨다. 병원에서 처방하는 전문 의약품으로 에페리손eperisone, 티자니딘tizanidine, 바클로펜baclofen, 메토카르바몰methocarbamol, 오르페나드린orphenadrine 등이있다. 작용 원리는 각각 다르지만, 공통점은 모두 근육 자체보다는신경계 조절로 긴장을 완화한다는 점이다. 일반 의약품으로 쓰는약은 클로르족사존chlorzoxazone이 유일하다. 나머지는 모두 전문의약품이라서 처방을 받아야 복용할 수 있다.

중추성 근이완제는 근골격계 질환이나 정형외과에서 통증 치료에 사용한다. 디스크나 척추관협착증 등에 장기간 복용하기도하지만 가능한 한 근육 통증 완화용으로 짧게 사용하는 것이 좋다. 한방약으로는 작약감초탕을 쓰는데, 작약의 파에오니플로린paeoniflorin 성분이 근육을 풀어주는 효과가 있기 때문이다. 감초 안에 있는 글리시리진glycyrrhizin도 소염 진통 효과가 있어 작약과 함께 쓴다.

소시지 독에서 탄생한 미용 혁명, 보톡스 이야기

피부 미용에 쓰이는 보톡스는 원래 식중독을 일으키는 세균이 만들어내는 강력한 독소에서 시작되었다. 보톡스는 클로스트리듐 보툴리눔clostridium botulinum이라는 세균이 만들어내는 신경독소(보툴리눔 독신 A형)를 정제하고 희석해서 만든다. 보툴리눔균은 흙이나 강물 같은 자연 환경에 널리 퍼져 있는 세균이다. 이 균은 산소가 거의 없는 곳에서 살아가며, 온도·pH·수분 조건이 맞으면 강력한 신경독소를 만들어낸다.

우리가 '보톡스'라고 부르는 주사제는 이 독소를 그대로 쓰는 것이 아니다. 독성이 나타나지 않도록 고도로 정제하고, 의료용으로 필요한 만큼만 아주 소량 안전하게 만든 것이다.

1817년 독일의 어느 겨울, 훈제 소시지를 먹은 사람들이 하나둘씩 쓰러지기 시작했다. 몸은 말을 듣지 않고 눈꺼풀은 서서히 내려앉았다. 의식은 또렷했지만 입을 열 수도 숨을 쉴 수도 없었다. 그들을 조용한 죽음으로 이끈 건 소시지 속에 숨은 독, 보툴리눔 독신이었다.

사람들은 이것을 '소시지 독'이라 불렀다. 과거에도 비슷한 증상은 있었지만, 보툴리눔 독소증이 공식적으로 기록되기 시작한 것은 이때부터였다. 소시지 독에 걸리면 근육이 마비되고 호흡이 불안해지면서 숨을 쉬기가 힘들어진다. 눈이 감기고 물체가 둘로 보이면서 발음도 어눌해진다.

소시지 독의 원인은 1895년 벨기에 세균학자 에밀 판 에르멩겐Émile van Ermengem에 의해 밝혀졌다. 그는 부패한 햄에서 보툴리눔 균을 분리했다. 이 세균이 만들어내는 보툴리눔 톡신은 지금까지 알려진 물질 중 가장 강력한 독소다. 사람을 죽일 수 있는 양이 눈으로는 보이지도 않을 정도의 극미량이면 충분하다. 보툴리눔 톡신은 단 1g으로 수십만 명을 죽일 수 있을 만큼 치명적이다.

고정관념을 깨고 독의 힘을 거꾸로 약으로 이용하겠다는 발상의 전환을 한 건, 한 세기 후의 일이다. 1970년대 후반 미국 안과 의사 앨런 스콧Alan Scott은 사시(사팔뜨기) 환자의 경련성 눈 근육을 이완시키기 위해 이 독소를 주입했다. 효과는 탁월했다. 치사량의 1,000분의 1 정도로 아주 적은 양을 주사하면 신경세포의 활동이 적당히 억제되었다.

그러면 눈 근육이 마비되어 사시의 비정상적인 운동이 멈춘다. 죽음의 독이 눈을 바로 뜨게 하는 치료제가 된 것이다. 미국 제약사 엘러간Allergan이 개발한 보툴리눔 톡신 A형이 보톡스Botox라는 이름으로 판매되었다.

보톡스의 활용은 여기에서 멈추지 않았다. 얼굴에 극소량 주사하면 아세틸콜린 분비를 차단해 근육수축을 막아 주름이 완화되었다. 인상을 쓸 때 생기는 미간과 이마에 잡히는 주름 그리고 눈가의 웃음 주름이 펴졌다. 비대칭인 눈썹 위치를 개선하기 위해 이마와 얼굴 근육에 보톡스를 주입하고 시술 부위와 주변을 부드럽게 마사지하면 독소가 더 고르게 퍼져 미용 효과가 탁월해지는 사실도 밝혀졌다. 보톡스는 2002년 이마 주름 개선제로 미국 FDA의 승인을 받았다.

보톡스는 무게가 아니라 유닛unit으로 활성을 측정한다. 1유닛은 몸무게 약 20g짜리 생쥐의 50%를 사망케 하는 용량(생쥐 100마리 중 50마리가 죽는 양)이다. 성인의 치사량은 약 3,000유닛 정도다. 일반적으로 사용되는 100유닛 바이알vial은 주사 직전 생리식염수로 희석해 쓰며, 미용 목적에는 보통 25~30유닛이면 충분하다. 정해진 용량과 용법을 따라 사용한다면 안전성을 크게 우려할 필요는 없다.

보톡스는 아세틸콜린의 분비를 막아 근육수축을 억제하고 주름을 완화하므로 시간이 지나면 신경 말단이 회복되어 효과는 3~6개월 정도 지속된다. 주기적으로 주사를 맞아야 미용이 유지된다.

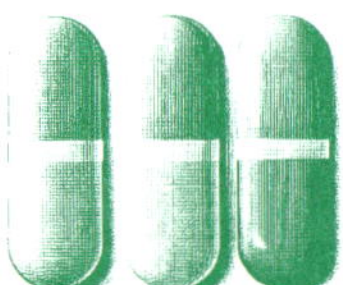

8

다양한 효능 이로운 유익균

프로바이오틱스

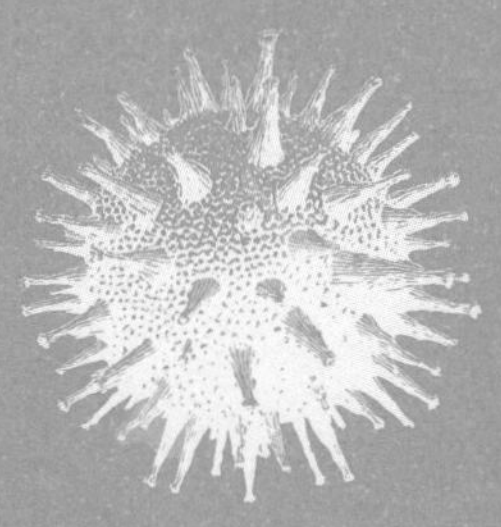

프로바이오틱스는 장내 유익균으로,

장 건강과 면역 조절에 핵심적인 역할을 한다.

파스퇴르는 발효가 미생물의 작용임을 밝혔고,

메치니코프는 노화를 늦춘다고 보았다.

메치니코프의 요구르트 이론은

프로바이오틱스 개념의 출발점이 되었다.

장은 단순한 소화기관을 넘어

면역과 감정 조절의 중심 역할을 한다.

#파스퇴르 #메치니코프 #락토바실루스 #비피도박테륨 #선천면역
#후천면역 #정로환

프로바이오틱스,
장에서 작용하는 유익한 세균

프로바이오틱스probiotics는 장 속에서 살며 건강에 도움이 되는 좋은 균이다. 이 균들이 효과를 내려면 먼저 강한 위산과 담즙산을 버티고 장까지 도달해야 한다. 소장이나 대장에 도착한 프로바이오틱스는 잠시 머물기도 하고, 때로는 자리를 잡아 살기도 한다. 이렇게 머무는 동안 나쁜 균이 자리 잡지 못하게 돕고, 면역 균형을 조절하며, 장 환경을 건강하게 유지하는 데 기여한다.

대표적인 균주로는 락토바실루스lactobacillus와 비피도박테륨bifidobacterium이 있다. 락토바실루스는 유당을 분해해 젖산을 생성하고 장을 산성으로 만들기에 유산균으로 불린다. 젖당을 뜻하는 락토lacto와 막대 모양bacillus을 뜻하는 라틴어에서 유래했다. 락토바실루스균은 주로 소장에서 장내 세균총의 균형을 돕는다. 면역을 자극하고 항균물질을 분비해 유해균을 억제하는 기능도 한다.

흔히 비피더스균으로 알려진 비피도박테륨은 Y자 모양으로 분지된 독특한 형태를 가진 유익균이다. 이 균은 탄수화물을 분해해 젖산과 초산을 만들어 장내 pH를 낮추고, 병원성 대장균을 포함한 유해균의 증식을 억제한다.

주로 대장에 서식하는 비피도박테륨은 이러한 대사산물을 통해 장내 환경을 건강하게 유지할 뿐 아니라 장운동과 배변 기능 개선에도 도움을 준다.

락토바실루스균과 비피도박테륨은 건강 증진 효과가 입증된 유익균이다. 8℃ 이상에서 대사를 시작해 37℃에서 가장 활발하며, 45℃부터 활성이 떨어지고 60℃가 넘으면 대부분 사멸한다.

김치, 된장, 요구르트, 치즈 같은 발효식품에는 다양한 유익균이 포함돼 있다. 프로바이오틱스 건강 기능 식품으로도 균주를 고함량으로 섭취할 수 있다. 장내 환경은 음식과 미생물 구성, pH에 따라 달라지며, 건강하게 유지하려면 유익균의 균형 잡힌 섭취가 중요하다.

파스퇴르가 발견한
발효의 비밀과 생물속생설

1856년 프랑스 북부 릴 지역의 양조업자들은 어려움에 빠졌다. 발효 중이던 맥주가 일부 용기에서만 신맛 나는 액체로 변해버린 것이다. 릴 대학에서 화학을 가르치던 루이 파스퇴르Louis Pasteur는 양조업자들의 의뢰를 받아 그 원인을 조사했다. 현미경으로 살펴보니 해당 맥주에는 에탄올 대신 젖산균이 다량 들어 있었다. 부드러운 맛과 향을 내야 할 맥주가 시큼하게 변한 원인은 미생물의 침입 때문이었다.

파스퇴르는 이를 해결하기 위해 단순하면서도 획기적인 실험을 시도했다. 맥주를 50~60℃에서 약 1시간 가열하자 유해 미생물의 수가 뚜렷이 줄어들었다. 이 방법은 그의 이름을 따 저온살균법Pasteurization이라 불리게 되었다.

그의 연구는 여기서 그치지 않았다. 1860년대, 파스퇴르는 포도주가 효모의 생물학적 작용으로 발효한다는 사실을 과학적으로 입증했다. 맥주 역시 효모 없이는 발효가 이뤄질 수 없다는 점도 밝혀냈다. 이전까지 발효는 단순한 화학반응으로만 이해되었다. 그러나 그는 효모가 산소 없이 당을 분해해 알코올과 이산화탄소를 만들어내는 살아 있는 생명체임을 밝혀냈다. 이 발견은 발효 과정을 '알코올 발효'로 정의하는 근거가 되었고, 질병의 원인으로만 여겨지던 미생물이 발효를 이끄는 핵심 주체라는 인식을 확립하

알베르트 에델펠트Albert Edelfelt가 1886년 파리 살롱전에 출품한 파스퇴르 초상. 파스퇴르는 프랑스에서 가장 유명한 과학자이자 인류를 구한 영웅이었다. 이 그림은 닭 콜레라와 탄저병 백신 개발에 성공한 파스퇴르가 광견병 백신을 연구하던 1885년 봄 장면으로, 그해 7월 파스퇴르는 광견병 백신 첫 임상 시험에 성공한다. 예언처럼 맞아떨어진 이 그림에는 찬사와 열광이 쏟아졌다.

게 했다.

효모는 길이 4~10 μm의 단세포 미생물로, 당분을 분해해 에너지를 얻는 과정에서 알코올 발효를 일으킨다. 술, 빵, 된장, 간장 등 여러 발효식품에 관여하며 일부 숙성 치즈에도 쓰인다. 당시에도 효모는 알려져 있었지만, 발효와의 직접적인 관계는 명확히 밝혀지지 않았다.

공기 중에 떠다니는 효모는 포도즙을 발효시켜 와인을 만들고, 젖산균은 우유를 요구르트나 치즈로 바꾼다. 그러나 발효 환경이 통제되지 않으면 같은 미생물도 신맛을 유발하거나 식품을 상하게 할 수 있다. 사람에게 유익한 미생물 작용을 '발효', 불쾌한 냄새나 유해 물질이 생기는 경우를 '부패'라고 구분한다.

파스퇴르는 우유가 오래되면 유당이 젖산으로 바뀌어 시큼해지는 이유가 눈에 보이지 않는 미생물, 즉 젖산균 때문임을 밝혀냈다. 이 발견은 저온살균법을 통해 우유처럼 변질되기 쉬운 식품을 멀리까지 안전하게 유통할 수 있는 길을 열었다. 그 결과 식생활은 더욱 다양하고 풍요로워졌으며, 사람들은 이전보다 안심하고 신선한 식품을 먹을 수 있게 되었다.

그의 연구는 와인 제조에도 깊은 영향을 주었다. 미생물에 대한 이해가 높아지면서 발효 과정을 과학적으로 제어하게 되었고, 와인의 품질과 위생이 비약적으로 향상되었다. 실험실에서 시작된 그의 발견은 곧 와인 제조 현장으로 이어졌고, 프랑스 와인의 품질을 끌어올리며 세계 시장에서의 위상을 더욱 높이는 데 기여했다.

또 파스퇴르는 발효에 관련한 발견을 바탕으로 생물은 생물에서만 발생한다는 '생물속생설'을 주장하며, 당시 널리 퍼져 있던 '자연발생설'을 반박했다. 썩은 고기에서 파리가 생긴다는 낡은 믿음처럼 무생물에서 생물이 생겨난다는 통념은 오랜 경험으로 받아들여지고 있었다. 그러나 파스퇴르는 실험을 통해 생명 발생에 대한 이해를 근본적으로 바꿔놓았다.

파스퇴르는 고깃국을 넣은 플라스크를 팔팔 끓여 멸균한 뒤, 입구가 백조의 목처럼 S자 형태인 구불구불한 유리관을 만들었다. 공기는 자유롭게 드나들 수 있지만 공기 중의 먼지와 미생물은 관의 굴곡에 걸려 액체에 닿지 못했다. 그러자 일주일이 지나도 플라스크 속 국물은 부패하지 않았다. 반면 플라스크를 기울여 국물이 입구와 접촉하자 미생물이 증식하며 며칠 만에 썩기 시작했다. 고기즙에서 미생물이 자라는 것은 공기 속 먼지에 섞여 들어온 미생물이 유입될 때뿐이라는 사실이 드러났다.

단순하면서도 정교한 실험으로 그는 명확한 결론을 제시했다. "생명은 오직 생명으로부터 비롯된다"는 '생물속생설'의 입증이었다. 그의 실험은 단지 '자연발생설'을 반박하는 데 그치지 않았다. 무균술, 백신 개발, 식품 위생 그리고 현대 수술실의 위생 기준까지, 실생활의 수많은 분야에 혁명적인 영향을 미쳤다. 파스퇴르는 생명의 기원이 신앙이나 철학의 영역에 머문다는 통념을 깨고, 과학 실험으로도 밝힐 수 있음을 처음으로 증명했다.

면역의 비밀을 파헤친
메치니코프

러시아 출신 동물학자 엘리 메치니코프^{Élie Metchnikoff}는 동물 몸속을 자유롭게 떠다니는 세포들이 어떤 기능을 하는지에 깊은 흥미를 가졌다. 그는 해파리·해면·벌레 같은 무척추동물을 연구하며, 먹이를 삼킨 뒤 내부에서 그것을 처리하는 세포들의 움직임을 세심하게 추적했다.

그는 지금의 우크라이나 남부, 흑해 연안의 도시 오데사에서 동물학을 가르치고 있었지만, 혼란스러운 정치 상황 탓에 안정된 연구 환경을 찾아 이탈리아로 떠났다. 1882년 시칠리아 섬 메시나의 해양생물학 연구소에서 그는 투명한 불가사리 유충을 유심히 관찰했다.

붉은 염료 카민^{carmine} 가루를 탄 물을 현미경 아래에서 유충 위에 떨어뜨리자, 유충 속의 유리세포^{遊離細胞}들이 붉은 입자를 삼켜 몸속을 자유롭게 이동하기 시작했다.

메치니코프는 장미 가시를 유충의 투명한 몸에 찔러보았다. 그러자 유리세포들이 몰려들어 가시 주위를 감싸며 덩어리를 형성했다. 세포들이 가시 주위로 몰려드는 순간, 메치니코프의 머릿속에 불꽃이 번쩍였다. "저것이 바로 생명체가 자신을 지키는 방법이 아닐까?"

불가사리 유충 속에서 세포들이 이물질을 삼켜 처리하는 모습을 본 메치니코프는 병원균이 침입해도 세포가 동일한 방식으로 대응할 것이라는 직관을 얻었다. 이 단순한 관찰은 훗날 그가 제시한 '식세포설phagocytosis'의 출발점이 되었다.

메치니코프는 불가사리 유충뿐 아니라 여러 투명한 해양 무척추동물의 배아와 유충에도 이물질을 주입해보았다. 그때마다 세포들이 이물질을 포식하거나 둘러싸는 동일한 반응이 나타났다. 그는 이러한 관찰을 바탕으로 식세포 작용이 특정 종에 국한된 특수 현상이 아니라, 생물 전반에 나타나는 보편적 방어기제임을 확신하게 되었다.

그의 통찰은 면역학의 새로운 전환점이 되었다. 메치니코프는 체내를 떠도는 식세포가 병원균을 삼켜 제거하는 과정을 면역 반응의 핵심으로 보았다. 식세포는 외부에서 침입한 세균을 포식함으로써 생명체를 보호한다. 그의 이론은 오늘날 선천성 면역 이론의 기초가 되었다.

인체가 스스로 병을 이기는 힘을 지닌다는 생각은 고대 히포크라테스 시대부터 있었다. 히포크라테스는 "자연 치유력은 몸 안의 의사"라며, 인체가 태어날 때부터 회복 능력을 갖추고 있다고 보았다. 오랜 세월 인체의 치유 능력은 신비로운 현상으로 여겨졌지만, 메치니코프가 식세포 작용을 발견하면서 그 실체가 드러나기 시작했다. 생명체가 병원균과 싸우는 능력, 즉 면역의 원리가 처음으로 밝혀진 순간이었다.

그러나 유럽 학계, 특히 독일은 메치니코프의 이론을 받아들이

실험실에 있는 생물학자 메치니코프. 1908년 메치니코프는 25년 전 공로로 노벨상을 받았다. 당시 과학자들의 생각과 달리 백혈구, 즉 식세포가 병원균을 포위하고 죽임으로써 감염을 치료하고 퇴치한다는 사실을 밝혔다. 경쟁자 에를리히와 공동 수상했지만 메치니코프는 '자연 면역의 아버지'로 칭송받았다.

지 않았다. 독일의 파울 에를리히(2장 항생제에서 살바르산을 개발한 인물)는 메치니코프의 식세포설과 다른 체액 면역설을 주장했다. 그는 면역이란 혈액 속에 있는 항체가 항원을 무력화하는 작용이라고 보았다.

에를리히는 혈액에 있는 항체의 원리를 정량적으로 설명했고, 독일 학계는 그의 이론에 열광했다. 메치니코프의 이론은 감성적이고 동물행동학 수준의 가설에 불과하다는 조롱까지 받았다.

두 학자는 과학 논문과 국제 학회에서 공개적으로 대립했다. 메치니코프는 "체액 속 항체는 후방의 포격일 뿐, 진짜 싸움은 식세포가 벌이는 전투"라고 주장했다. 반면 에를리히는 "식세포의 작용도 항체의 도움 없이는 완전할 수 없다"고 반박했다. 두 이론은 마치 병사와 대포, 둘 중 누가 더 전쟁에 중요한지를 따지는 논쟁 같았다. 메치니코프와 에를리히의 격돌은 면역학회 현장과 학술지 지면을 뜨겁게 달궜다.

하지만 시간이 지나면서 상황은 바뀌었다. 20세기 초, 결핵·콜레라·디프테리아 같은 질병을 연구하면서 과학자들은 식세포 같은 세포 면역과 항체의 체액 면역이 서로 보완적임을 깨닫기 시작했다. 면역 반응은 단순한 하나의 작용이 아니었다.

1908년 놀라운 일이 일어났다. 메치니코프와 에를리히, 숙명의 라이벌에게 노벨 생리·의학상이 공동 수여된 것이다. 스웨덴 스톡홀름에서 거행된 시상식에서 소개된 메치니코프의 업적은 이와 같다.

"엘리 메치니코프는 실험으로 면역의 가장 근본적인 의문을 의식적으로, 결단력 있게 연구한 최초의 인물입니다. 이를 통해 생명체가 병을 일으키는 미생물을 어떻게 물리치는지 밝혀졌습니다."

두 사람이 동시에 상을 받으면서 면역학은 이분법을 넘어선 통합의 길로 나아가기 시작했다.

메치니코프는 선천 면역의 기초를 세웠고, 에를리히는 후천 면역의 기초를 확립했다. 오늘날 면역학은 이 두 체계가 유기적으로 협력해 작용한다고 인정하며, 면역 반응은 세포성 면역과 체액성 면역이 복잡하게 얽혀 있는 네트워크로 이해한다. 현대 면역학은 이처럼 격렬한 과학 논쟁과 서로 다른 시각이 충돌하며 발전했다.

생명 연장의 꿈

면역 연구를 이어가던 메치니코프는 연구의 방향을 생명 연장으로 돌려 노화의 본질을 탐구했다. 그는 인체를 서서히 무너뜨리는 주범은 장내 유해균이 내뿜는 독소이며, 독소는 만성 염증과 면역 저하를 유발해 노화를 앞당긴다고 생각했다.

노화의 열쇠를 장에서 찾은 그는 발효유를 즐겨 먹는 불가리아와 코카서스 지방 사람들이 장수한다는 데 주목했다. 이 지역 사람들은 락토바실루스 불가리쿠스Lactobacillus bulgaricus같은 젖산균이 포함된 요구르트를 일상적으로 섭취하고 있었다. 메치니코프는 요구르트 속 유산균이 장내 부패균을 억제하고, 유익균을 증식시켜 건강과 수명을 연장할 수 있다고 판단했다.

1907년 그는 저서 『생명의 연장*The Prolongation of Life*』에서 장내 부패가 만들어낸 독소가 조용히 몸을 병들게 한다고 주장하며, 유산균 발효유를 꾸준히 섭취하면 노화를 늦출 수 있다고 강조했다. 그는 스스로 술과 담배를 끊고 매일 요구르트를 마시면서 이 이론을 실천했고, 누구나 이를 지속한다면 150세까지도 건강하게 살 수 있을 것이라 믿었다.

입에서 항문까지 이어지는 소화관에는 수많은 미생물이 공존하는데, 이들은 출생 직후부터 인체와 함께 살아간다. 건강을 유지하려면 유해균보다 유익균이 우세해야 하며, 균형이 무너지면 면역과 소화, 대사에 이상이 생길 수 있다. 젖산균은 대장에서 유해균의 증식을 억제하고 단백질 부패로 생기는 독성 대사산물의 형성을 줄여 장내 환경을 안정시키는 데 도움을 준다. 이러한 변화는 장 점막의 염증 반응을 낮추고 전신에 영향을 미치는 만성 염증 부담을 줄여 노화 관련 손상을 늦추는 데 도움을 줄 수 있다.

식생활 문화는 오랜 세월에 걸쳐 서서히 변하지만 요구르트의 대중화는 예외적이다. 1904년 6월, 프랑스 파리 농업 아카데미에서 메치니코프는 노화를 장내 유해균이 만드는 독소에 의한 만성 감염으로 규정하며 이를 억제할 유익균 섭취의 필요성을 제기했다. 유익균, 특히 불가리아 발효유에서 유래한 락토바실루스 불가리쿠스 같은 젖산균을 꾸준히 섭취해야 한다고 강조했다.

메치니코프의 주장은 언론의 관심을 끌었고, 일부 대중지는 요구르트를 '노화를 늦추는 기적의 발효유'처럼 소개했다. 그의 이론은 유산균 발효유에 대한 관심을 확산시키는 계기가 되었고, 요구르트 소비는 급격히 늘어났다. 금의환향하듯 러시아에 돌아와 대문호 레프 톨스토이Lev Tolstoi에게 발효유를 권한 사람도 메치니코프다. 톨스토이는 아내 소피아에게 말했다. "메치니코프가 권한 대로 발효유를 마셨더니 몸 상태가 한결 괜찮아진 것 같소."

하지만 안타깝게도 톨스토이는 부부싸움 뒤 도피하는 과정에서 폐렴에 걸려 82세에 사망했다. 요구르트 전도사 메치니코프는 71세까지 살았다. 그가 꿈꾼 150세에는 한참 미치지 못했지만, 당시 기준(유럽 평균 기대 수명 50세)으로는 비교적 오래 산 편이었다.

현대 의학은 인간이 150세까지 사는 것은 현실적으로 불가능하다고 본다. 통계에 따르면 1900년 이후 사망률은 크게 줄었고, 서유럽과 북아메리카의 기대 수명은 약 30년 늘어났다. 미국의 경우 남성은 46세에서 76세로, 여성은 48세에서 81세로 상승했다. 초반에는 유아 사망률 감소가 주된 요인이었지만, 1950년대 이후에는 고령층의 생존율 향상이 수명 연장을 이끌었다.

메치니코프의 이론은 오늘날 프로바이오틱스 연구의 토대가 되었다. 이후 유산균이 장 건강과 면역력에 긍정적인 영향을 미친다는 연구가 이어지고 있다. 그럼에도 요구르트 섭취로 150세까지 산다는 메치니코프의 주장은 과학적인 예측이라기보다 장수를 바라는 이상적인 꿈이었다.

장은 최대의 면역 기관이자
감정 조절 기관

음식물은 대부분 소장에서 소화·흡수되고, 대장에서 는 주로 수분과 전해질이 흡수된다. 소장에서 소화되지 않은 성분은 대장 내 미생물에 의해 분해·발효되면서 다양한 대사산물이 생성된다. 대장에는 약 수십조에서 100조 개에 이르는 미생물이 서식하며, 총량은 약 1kg 내외로 추정된다. 이 미생물과 그 잔해는 대변 무게의 상당 부분, 평균적으로 절반 가까이를 차지한다.

장 점막에는 인체 면역세포의 약 70~80%가 집중되어 있으며 외부 항원에 가장 먼저 반응하는 방어 역할을 한다. 백혈구, T세포, B세포 등 면역세포가 균형 있게 기능해야 병원균과 암세포에 효과적으로 대응할 수 있다. 따라서 장 건강은 면역 기능과 밀접한 관련이 있다. 특정 유산균은 소화기 증상 개선뿐 아니라, 아토피나 비염 같은 알레르기 질환의 증상을 완화하는 데도 긍정적인 영향을 줄 수 있다는 연구 결과가 있다. 알레르기는 면역세포의 과민 반응에서 비롯되기 때문이다.

힘들 때 단 음식을 찾는 건 우연이 아니다. 단맛은 뇌의 보상회로를 자극하고, 스트레스는 장 기능을 무너뜨린다. 겉으로는 별개로 보이는 장과 뇌는 '장-뇌 축gut-brain axis'을 통해 긴밀히 연결되어 있다. 기분을 조절하는 세로토닌의 약 90%가 장에서 생성된다. 행복은 뇌에서 느끼지만, 뇌에서 만드는 세로토닌은 고작 10%에 불과하다. 세로토닌이 부족하면 우울감이나 불안이 생길 수 있다. 결국 장 건강이 곧 마음의 건강인 셈이다.

세로토닌은 장 속 신경세포의 일종인 '장 크롬친화성세포'에서 주로 합성된다. 이 세포는 세로토닌의 전구물질을 풍부하게 갖고 있으며, 크롬염에 노랗게 염색되는 특징이 있다. 세로토닌의 대다수가 장에서 생성되기 때문에 장은 '제2의 뇌'라 불린다.

장 건강은 단순히 소화 기능을 넘어 면역과 정신 건강까지 깊이 연결되어 있다. 장내 미생물의 균형, 점막 면역세포의 활동 그리고 세로토닌 생산은 모두 몸과 마음의 안녕에 영향을 준다. 장은 몸과 마음을 잇는 관문이다. 장은 몸 전체의 균형을 지탱하는 핵심 기관이다. 장을 잘 돌보는 일은 곧 건강한 삶을 여는 첫걸음이다.

장 건강을 말할 때 빠지지 않는 세 가지가 있다. 프리바이오틱스prebiotics, 프로바이오틱스, 포스트바이오틱스postbiotics다. 프리바이오틱스는 유익균의 먹이 역할을 하는 물질로, 이눌린이나 올리고당 같은 식이섬유다. 소화효소에 분해되지 않고 장까지 도달해 프로바이오틱스의 증식을 돕는다.

프로바이오틱스는 유익균 그 자체다. 장내 유해균을 억제하고 면역 강화에 도움을 준다. 마지막으로 포스트바이오틱스는 유익균이 만들어낸 대사산물이다. 단쇄 지방산이나 효소·항염 물질 등이 포함되며 장벽을 보호하고, 염증을 줄이며 장내 환경을 건강하게 유지하는 데 효과가 있다.

이 세 가지는 '균을 먹이고(프리), 활동하게 하고(프로), 결과를 이용하는(포스트)' 일련의 흐름으로 작용한다. 장은 더 이상 단순한 소화기관이 아니다. 면역, 기분, 건강을 좌우하는 핵심 기관이다.

러일전쟁이 낳은 배탈 설사약 정로환

러일전쟁은 1904년 조선과 만주 지역을 둘러싸고 지배권 다툼을 벌인 러시아와 일본의 무력 충돌이다. 주요 전투는 랴오둥반도 일대와 한반도 인근 해역에서 동시에 전개되었다. 이 전쟁에 앞서 일어난 청일전쟁의 결과로 1895년 체결된 시모노세키 조약에서 일본은 랴오둥반도를 할양받았으나 러시아·프랑스·독일의 삼국 간섭으로 청나라에 반환해야 했다. 이후 1898년 러시아는 청과 조약을 맺어 랴오둥반도를 조차해 군사기지화했고, 만주로 세력을 확장했다. 이에 대응해 일본은 러시아의 남하를 저지하며 전쟁에 돌입했다.

1904년 2월 8일, 일본 함대가 선전 포고 없이 랴오둥반도 뤼순항에 정박해 있던 러시아 함대를 기습 공격했다. 다음 날, 인천 앞바다에서는 제물포 해전이 벌어졌고, 일본군은 곧 인천에 상륙해 대한제국 정부를 장악했다. 일본은 한반도를 만주 진격을 위한 전략적 보급로로 활용했다. 일본군은 한반도 북부로 진격하며 압록강을 건너 만주에서 러시아군과 전면전에 돌입했다.

바다와 육지 양면에서 뤼순항을 포위한 일본군은 러시아 함대를 궤멸하고 항구를 함락시켰다. 1905년 2월, 평톈(현재 선양) 지역에서 일본군과 러시아군이 맞붙은 평톈 전투는 러일전쟁 최대 규모의 육상전이었다. 양측은 병력 수십만 명을 동원해 치열한 공방을 벌였다.

이 무렵 일본군은 만주의 비위생적인 식수와 열악한 환경 탓에 배탈, 설사 등 장 질환에 시달렸다. 일본군은 치료할 약을 구했고, 다이코大幸 신약이 1902년 개발한 크레오소트Creosote 기반의 약이 효과를 보였다. 전쟁 후 이 약은 '러시아를 정벌한 알약'이라는 뜻의 정로환征露丸으로 시판되며 일본의 대표적인 정장제가 되었다.

정로환이 우리나라에 들어온 것은 1920~1930년대 일제강점기였다. 당시 일본인 약종상들이 들여와 정로환이라는 일본식 이름 그대로 유통했다. 해방 후에도 국산 의약품이 부족했던 탓에 배탈이나 설사에 시달리던 많은 이들이 여전히 일본 약에 의존했다.

당시 정로환의 주성분은 크레오소트로, 단단한 나무를 가열해 추출한 페놀계 혼합물이다. 이 성분은 장에서 과도하게 증식한 세균을 직접 억제하거나 죽여 증상을 빠르게 완화하는 항균 작용을 한다. 정로환은 '장의 나쁜 균을 잡는 약'이다. 이 점에서 정로환은 현재의 프로바이오틱스와는 방향이 완전히 다른 약이다. 프로바이

정로환은 일본 제국주의가 한창 팽창하던 1903년, 만주에 파병한 일본군의 설사병을 위해 만든 지사제다. 군납품 약에서 출발한 정로환은 러일전쟁 직후인 1906년 군납품에서 해제되었으나 2007년 일본자위대의 UN 네팔 지원단 파병 때 상비약으로 포함되면서 100년 만에 다시 주목받았다.

오틱스가 유익균을 늘려 장내 미생물 환경을 개선하는 방식이라면, 정로환은 장 속의 세균 활동을 억제하는 방식으로 증상을 조절한다. 일본에서는 전후 경제 회복기(1950~1970년대)에 정로환이 국민 상비약으로 자리 잡아 가정마다 널리 보급되어 있었다.

동성제약 창업자 박중기는 정로환을 국산화하고 싶었다. 처음엔 제품 성분표를 참고해 직접 제조에 나섰지만, 기대한 효능이 나오지 않았다. 그는 일본 다이코 신약에 기술 제휴를 요청했으나 거절당했다. 고민 끝에 그는 은퇴한 다이코 신약의 전임 공장장을 수소문해 찾아갔다. 정로환 제조법을 전수해달라 간청하자 일흔을 넘긴 노인은 한동안 말이 없었다고 한다. 담배를 길게 빼물던 그는 이윽고 엉뚱한 제안을 내놓았다.

"난 평생 일만 하며 살았소. 동경 유곽에 딱 한 번만 데려다줘요. 그러면 원하는 걸 드리겠소."

한참을 망설이던 박중기는 이를 받아들였고, 며칠 뒤 노인은 제조법이 자세히 적힌 문서를 건넸다.

1972년, 마침내 우리나라에서도 정로환이 출시되었다. 다만 '정벌할 정征' 대신 '바를 정正' 자를 써서 제국주의의 색채를 걷어냈다. 하지만 이 약은 크레오소트 특유의 강한 냄새로 꺼리는 사람이 많았다. 이를 개선하기 위해 1988년에는 냄새를 줄이고 복용하기 쉽게 코팅한 당의정 제품이 나왔다. 당의정은 알약 겉 표면을 설탕으로 코팅한 제형으로, 쓴맛·냄새를 가리고 삼키기 쉽게 하며 약 성분을 보호하기 위해 만든 것이다.

시대가 변하며 약을 바라보는 시선도 달라졌다. 효과만큼이나 현재는 안전성, 작용 원리, 임상 근거가 중요한 기준이 되었다. 특히 크레오소트에 함유된 페놀류의 발암 가능성이 제기되며 우리나라 식약처는 장기 복용에 대한 안전성을 보장할 수 없다고 판단했다. 그래서 2000년대 들어 정로환 제품에서 크레오소트가 제외되고, 복합 생약 성분으로 대체되었다. 이름은 그대로지만, 현재의 정로환은 예전과 비교해 성분 배합과 제조 기준이 크게 달라졌다.

유산균의 진화,
생존에서 기능까지

유산균은 마늘, 고추, 생강처럼 항균 성분이 강한 식품에 약하다. 특히 고추의 캡사이신capsaicin은 유산균 생존을 저해하는 대표 물질이다. 매운 음식을 즐기는 한국인에게는 캡사이신 같은 특별한 자극에도 살아남는 유산균이 적합하다.

유산균이 장까지 도달하기 위해 단백질과 다당류를 활용한 다중 코팅 기술이 개발되었다. 여름철 고온에도 견디는 내열 코팅 덕분에 냉장 보관하지 않고도 일정 기간 생존력을 유지하게 되었다. 그러면 위, 십이지장, 소장의 관문을 거쳐 장까지 무사히 도달할 수 있다.

또 비타민 C, 녹차, 블루베리처럼 항산화 성분이 풍부한 식품이나 항생제, 소염진통제, 항암제 같은 약물도 유산균에 영향을 미친다. 좋은 유산균의 핵심은 위산, 담즙산 같은 가혹한 환경을 견디고 장까지 살아 도달하는 생존력이다.

예전에는 유산균은 살아 있어야 한다는 인식이 강했지만, 최근에는 죽은 유산균이나 유산균의 생성물도 면역 조절과 장 건강에 도움이 될 수 있다는 연구가 늘고 있다. 그래서 주목받는 것이 포스트바이오틱스다. 포스트바이오틱스는 장내 정착 없이도 면역 조절, 항염, 장 기능 개선 등의 효과를 내며, 열과 위산에도 강하고 냉장 보관할 필요가 없어 보관과 유통이 편리하다. 또 감염 위험이 없고 안전성도 높아 어린이나 면역 저하자도 안심하고 섭취할 수 있다는 점에서 '차세대 유산균'으로 불린다.

더 이상 유산균은 단순히 '장에 좋은 균'으로만 설명되지 않는다. 최근에는 면역 강화, 체지방 감소, 주름 감소, 구강 관리, 질 건강 등 특정 기능에 맞춘 유산균이 주목받고 있다. 대표적인 예로 '먹는 화장품'이라는 별명을 얻은 국내 유산균이 있다. 이 균주는 인체 시험을 통해 피부 수분 증가와 주름 감소 효과가 입증되며 주목받았다.

이 유산균은 장에만 머물지 않는다. 장과 피부를 잇는 통로, 즉 '장-피부 축'을 통해 피부 염증을 완화하고 수분 유지력을 높이는 데 도움을 준다는 것이 최신 연구의 결론이다. 우리는 유산균을 먹으면서 장만 생각하지만, 작은 균 하나는 피부와 면역, 기분까지 돌보는 보이지 않는 조력자라고 할 수 있다.

유산균 제품에 적힌 '100억 마리 함유' 같은 수치는 장에 얼마나 정착하고 어떤 효과를 낼지 판단하는 기준이 되지 않는다. 기능성 유산균은 과학적 연구와 임상 시험을 통해 특정 효능이 확인된 균주를 말하며, 단순히 생균 수를 늘린 제품과는 개념이 다르다. 이름이 비슷해 보여도 균주가 달라지면 작용과 효과도 완전히 달라지므로, 유산균을 선택할 때는 함유량보다 '어떤 기능을 위한 균주인지'를 먼저 확인하는 것이 더 중요하다.

9

결핍에서 태어난 생명의 촉매

비타민 B

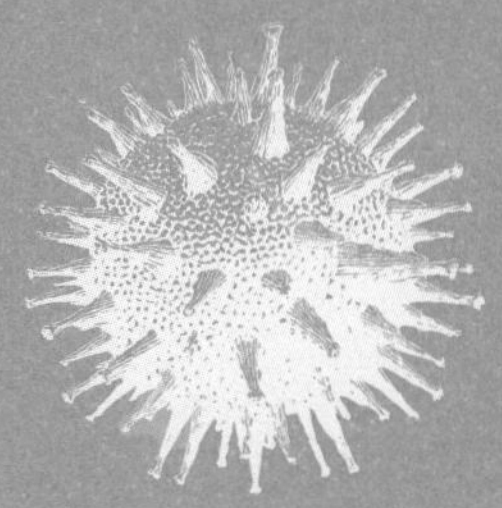

비타민은 극소량이지만 생명 유지에 필수인 유기물이다.

지나친 도정은 티아민 부족을, 전통 지식의 무시는

니아신 결핍을 불러 펠라그라를 낳았다.

피리독신은 감자 껍질, 엽산은 인도 여성의 빈혈,

시아노코발라민은 간 식이요법에서 발견되었다.

자동차가 연료만으론 달릴 수 없듯, 비타민이 부족하면

아무리 잘 먹어도 몸에 이상이 생긴다.

다양한 음식을 고루 섭취해야 하는 이유다.

#각기병 #티아민 #리보플라빈 #펠라그라 #피리독신 #엽산
#시아노코발라민

생존에 꼭 필요한 물질,
비타민이란

비타민은 생명 유지에 꼭 필요한 유기물로, 신체 기능이 원활하게 움직이게 돕는 필수 성분이다. 성장과 활력을 돕고 건강을 유지하는 데 기여하며 음식 속에 미량 존재한다. 대부분의 비타민은 몸에서 스스로 만들어지지 않아 음식으로 보충해야 한다. 다만 비타민 D는 예외로, 햇빛을 받으면 피부에서 일정 부분 자체적으로 합성된다.

탄수화물, 단백질, 지방, 무기질은 신체에 꼭 필요한 주요 영양소지만 제대로 작용하려면 비타민이 필요하다. 다행히 비타민의 필요량은 극히 적어, 하루 수 mg에서 수 μg이면 충분하다. 하지만 여러 종류 중 하나만 부족해도 건강에 큰 영향을 줄 수 있다.

비타민은 스스로 에너지를 만들어내지 않지만 신진대사를 비롯해 다양한 기능을 조절한다. 대부분 효소나 조효소의 구성 성분으로 작용해 생체 반응을 돕는다. 비타민이 유기화합물인 데 반해 미네랄은 칼슘, 철, 아연 등 미량의 무기 원소로 구성된 필수 영양소다.

비타민의 존재를 과학적으로 처음 예견한 인물은 영국의 생화학자 프레더릭 홉킨스Frederick Hopkins이다. 그는 탄수화물, 단백질, 지방, 무기질만으로 구성된 사료로 동물을 길렀는데 제대로 자라지 못하고 병에 걸리는 경우가 많았다. 이를 통해 그는 성장과 생존을 위해 극소량이지만 꼭 필요한 물질이 따로 존재한다고 생각했다. 훗날 그의 생각은 '비타민'이라는 이름으로 정립되며 현대 영양학의 기초가 되었다.

현재까지 알려진 비타민은 모두 13종으로, 수용성과 지용성으로 나뉜다. 수용성에는 비타민 B군 8종(B1, B2, B3, B5, B6, B7, B9, B12)과 비타민 C가 있고, 지용성은 비타민 A, D, E, K 네 가지다. 이 가운데 비타민 B군은 여덟 가지로, 가장 많은 종류를 차지한다.

자동차가 연료만으로는 달릴 수 없듯 우리 몸도 4대 영양소만으로는 온전히 기능하지 않는다. 엔진에 윤활유가 꼭 필요하듯 비타민은 신진대사의 조절자이자 필수 보조 성분이다. 그래서 열량이 충분해도 비타민이 부족하면 이상이 생긴다. 건강을 유지하려면 곡물, 육류, 채소, 과일 등 다양한 식품을 두루 섭취해 비타민을 골고루 챙겨야 한다.

비타민 B1과
에이크만

비타민 B1 티아민thiamin이 부족하면 각기병이 생긴다. 이 병은 19세기 후반~20세기 초, 백미를 주식으로 하던 동아시아에서 급증해 수많은 목숨을 앗아갔다. 티아민이 결핍되면 심부전·부종(습성 각기)이나 말초신경 장애(건성 각기)를 일으켜 다리가 마비되고 걷지 못하게 된다. '각기脚氣'는 다리에 기운이 빠지는 병이란 뜻이며, 영어명 '베리베리beriberi'는 스리랑카어로 '나는 할 수 없다'라는 말을 반복해 표현한 말이다. 각기병 환자들이 다리에 힘이 빠져 걷지 못하고 무기력해지는 증상을 표현한 것이다.

예전 '실론Ceylon'으로 불린 스리랑카는 16세기 포르투갈의 식민지였다가 네덜란드를 거쳐 1796년부터는 영국의 지배를 받았다. 쌀이 주식이던 이곳에 기계식 정미소가 들어서면서 흰쌀밥을 먹는 이들이 급증했다. 과거에는 도정 기술이 없어 벼의 껍질과 배아에 함유된 티아민이 풍부한 현미를 섭취했지만, 지나친 도정으로 이를 없애버린 것이다. 그 결과 각기병이 빠르게 퍼졌으며, 백미만 먹는 식단이 몇 주만 지속되어도 쉽게 발병하곤 했다.

티아민은 탄수화물을 에너지로 바꾸는 데 꼭 필요한 영양소다. 특히 포도당에서 에너지를 만들기 위해서는 티아민이 관여하는 과정(피루브산pyruvic acid의 탈탄산 반응)이 제대로 작동해야 한다. 티아민이 부족하면 에너지를 잘 만들지 못해 쉽게 피로해지고, 근육이 잘 움직이지 않는다.

각기병은 조선·중국·대만·동남아 등 여러 지역에서 문제였지만, 가장 심각한 피해는 일본에서 나타났다. 메이지유신 무렵 도쿄(당시 에도)에서는 정체를 알 수 없는 병이 퍼지며 '에도 돌림병'이라 불렸다. 당시 눈처럼 하얀 쌀밥은 에도 상류층의 자부심이었다. 도정된 백미는 귀했기에 이를 누릴 수 있는 이들은 한정돼 있었고, 백미는 부와 문명의 상징이었다. 상류층인 황실과 무사, 부유한 상인 들은 체면을 중시하는 식문화 탓에 식단 구성이 단순해 백미에 약간의 반찬만 올린 식사를 즐겼다.

도시화가 진행되면서 일본은 '근대화된 식생활'이라는 이름 아래 백미를 주식으로 삼기 시작했다. 바쁜 도시 생활에서 노동자들 또한 백미와 절임 반찬 위주의 단조로운 식사를 하게 되었고, 비타민이 부족해 각기병은 빠르게 확산했다. 이전의 잡곡밥, 된장국, 채소 중심 식단은 사라지고 하얀 쌀밥이 부와 교양을 드러내는 상징으로 부상했다. 병의 원인이 밝혀지지 않았던 당시 각기병은 전염병으로 오인되며 수많은 사망자를 낳았다. 특히 일본 군대에서 집중적으로 발병하며 국가적 과제로 부상했다.

반면 우리나라의 전통 식단은 밥과 김치, 나물, 생선, 된장국이 기본을 이루어 식품 구성이 비교적 다양했다. 이러한 식문화에는 티아민이 풍부한 잡곡·콩류·발효식품이 포함되어 있어, 백미 중심 식단을 고수하던 일본과 달리 각기병이 대규모로 확산되는 상황은 나타나지 않았다.

19세기 후반 서양에서는 아시아 식민지에서 각기병이 광범위하게 퍼지자 이를 감염병처럼 다루며 격리와 소독 등 방역 조치를 시행했다. 그러나 이러한 방식은 원인이 영양 결핍에 있었기 때문에 거의 효과가 없었다. 밀이 주식인 유럽에서는 각기병이 드물었기에 식습관 차이에서 기인한 영양 결핍이라는 개념 자체를 떠올리지 못했다. 그러다 인도네시아 자카르타 군의학교의 네덜란드 군의관 크리스티안 에이크만Christian Eijkman이 각기병은 세균이 아니라 비타민 B1 결핍에서 비롯된다는 사실을 알아냈다.

1890년대 자바섬, 에이크만은 백미만 먹이던 닭들이 다리에 힘이 빠져 쓰러지다가, 현미를 먹인 뒤 다시 걸어 다니는 장면을 목격했다. 백미를 아까워한 사육사가 현미로 바꾼 것이 계기였다. 에이크만은 처음에는 쌀겨에 들어 있는 어떤 성분이 독소를 중화한다고 생각했으나, 곧 병의 원인이 특정 영양소의 결핍에 있다는 사실을 깨달았다. 이 관찰은 훗날 티아민, 즉 비타민 B1의 발견으로 이어졌고, 각기병은 전염병이 아닌 영양 결핍 질환으로 자리매김하게 되었다.

1911년 폴란드 태생의 미국 화학자 캐시미어 풍크Casimir Funk는 쌀겨에서 각기병을 예방하는 성분을 분리해 '생명에 필수적인 아민amine'이라는 뜻으로 비타민Vitamine이라는 이름을 붙였다. 이후 유사한 성분들이 발견되면서, 분자구조상 질소가 들어간 아민이 아닌 것도 포함되어 명칭은 끝의 e 자를 떼어내 Vitamin으로 정리되었다.

풍크의 발견은 에이크만의 연구에 기반한 것이었다. 에이크만은 이 공로로 1929년 노벨 생리·의학상을 수상했으며, 이는 비타민 연구에 관한 첫 번째 노벨상이었다.

각기병을 없앤 일본 해군, 각기병에 시달린 일본 육군

1868년 메이지유신 이후 일본군은 빠르게 서구식 군제를 추진하며 식생활에도 큰 변화가 일어났다. 고급 식사로 여기던 백미가 군 급식의 기본이 되었다. 청일전쟁과 러일전쟁 당시, 일본 육군은 백미를 주식으로 제공하고 부식은 현금으로 지급했다. 전선이 길어지면서 군수·물류의 한계로 만주, 한반도에서 신선한 식재료를 조달하기가 어려웠기 때문이다.

된장이나 간장만 있어도 식사하는 일본인은 반찬은 적게 먹고 밥만 많이 먹는 습관이 있어 각기병에 쉽게 걸렸다. 청일전쟁에서 전투로 목숨을 잃은 병사는 약 1,100명이었으나, 각기병으로 사망한 인원은 약 4,000명으로 전사자의 네 배에 가까웠다. 병력 손실이 커지자 일본군은 큰 충격을 받았다. 각기병은 군의 전력을 갉아먹은 보이지 않는 적이었다.

메이지유신은 일본 서부 지방의 사쓰마번(지금의 가고시마현)과 조슈번(지금의 야마구치현)이 주도했다. 사쓰마번은 온건 개혁파, 조슈번은 급진적 무장 투쟁파로 노선이 달라 둘은 전통적으로 경쟁 관계였다. 사쓰마번은 해상 세력이 강해 해군의 중심지로 자리 잡았고, 조슈번은 보병 중심의 육군 개편에 앞장섰다.

일본 군의 육·해군 지휘부는 각각 사쓰마번과 조슈번 출신 인물들이 장악했고 '사쓰마의 해군, 조슈의 육군' 구도로 이어졌다. 사쓰마는 서양식 군함 도입과 해군 근대화에 주력했고, 조슈는 프로이센식 보병 편성과 육군 체계를 도입했다.

1882년, 사쓰마번 출신의 해군 군의관 다카기 가네히로高木兼寬는 식단 변화만으로 각기병을 예방할 수 있음을 밝혀냈다. 쌀밥 대신 빵과 고기, 수프 등 서양식 식사를 도입하자 각기병 발병률이 44.9%에서 4.2%로 급감했다. 훈련함 류조칸에서 실험한 결과, 기존 식단을 고집한 수병 14명만 각기병에 걸렸고 나머지 319명은 모두 건강했다. 각기병이 감염병이 아니라 영양 결핍에서 비롯된다는 사실을 처음으로 입증한 사례였다.

원리는 간단했지만 실제로 적용하는 일은 만만치 않았다. 예산 부족으로 고기를 자주 제공하기 어려웠고, 병사들도 육식에 거부감을 보였다. 불교가 강하던 675년, 텐무天武 천황은 소와 말, 개와 닭 같은 가축 살생을 금했다. 그러나 산과 바다의 자원은 여전히 일본인의 식탁에 올랐다. 멧돼지와 사슴, 들새와 생선은 끊이지 않았고, 부족한 단백질도 대부분 바다에서 채워졌다. 메이지유신 이후 서구식 식문화가 들어오면서 금육 관습이 서서히 사라졌다.

해군에서 빵과 수프를 급식하자 병사들의 불만이 컸다. 당시 일본에서 빵은 간식이지, 주식으로 여겨지지 않았다. 각기병 예방을 위해 보리를 섞자 이번에는 밥맛이 떨어진다며 거센 반발이 뒤따랐다. 메이지 정부의 징병제하에서 군인의 대다수는 시골 출신이었고 생계 보장이나 쌀밥을 먹을 수 있다는 기대로 입대한 이들이 많았다. 이들은 고향에서 먹던 잡곡밥은 다시 마주하고 싶지 않았다.

고심 끝에 해군은 해결책을 찾았다. 1902년 영일동맹 이후 군사 교류가 활발해지자 일본 해군은 영국 해군의 식단에 주목했다. 특히 장기 항해용으로 개량된 '카레 스튜'가 눈에 띄었다. 인도 요리를 바탕으로 만든 이 음식은 강한 향신료로 식재료의 냄새를 감추고 병사들의 입맛을 살리는 데 효과적이었다.

하지만 카레 수프는 처음 도입 당시 큰 호응을 얻지 못했다. 국처럼 떠먹는 서양식 수프는 밥과 잘 어울리지 않았기 때문이다. 이후 강황이 들어간 카레 분말에 밀가루 전분을 섞어 걸쭉한 방식으로 개량하면서 반응이 달라졌다. 잡곡밥이나 밀가루와 함께 먹으면 티아민 섭취에도 도움이 되고, 흔들리는 배에서도 엎지르지 않고 먹을 수 있어서 실용적이었다. 반찬을 더하지 않아도 영양을 보충할 수 있는 이 음식은 각기병 예방에 효과가 있었고, 더불어 카레라이스가 전국으로 퍼지는 계기가 되었다.

반면 일본 육군과 의학계는 이론 중심의 독일 의학을 따랐다. 각기병은 감염이나 독소가 원인이라 생각해 영양 결핍을 주장한 다카기 가네히로를 비과학적이라며 비판했다. 해군과의 갈등 속에서 육군은 백미와 약간의 반찬으로 구성된 전통 식단을 고수했고, 각기병은 쉽게 줄지 않았다.

해군의 귀중한 경험을 무시한 육군은 러일전쟁에서 뼈아픈 대가를 치렀다. 군 병원에 입원한 25만 명 가운데 11만 명이 각기병 환자였고, 경증까지 포함하면 환자 수는 25만 명에 이르렀다. 이 가운데 2만 7,000명이 목숨을 잃었다.

유럽 연구진이 쌀겨에서 티아민을 분리해냈지만, 일본 의학계와 군부는 이를 인정하지 않고 각기병을 감염병으로 보는 기존 관점을 고수했다. 각기병의 원인이 영양 결핍이라는 인식도 더디게 퍼졌고, 해마다 수만 명이 사망했다. 1920년대 후반, 다케다 약품 공업武田薬品工業은 티아민 제제 오리자닌Orizanin을 개발해 군과 민간에 보급했지만, 정보 전달이 느리던 시절 그 효과는 제한적이었다.

태평양전쟁 중 전선이 길어지면서 전장에서는 비타민 하나 제대로 전달되지 않았고, 뉴기니·버마 등지에서 백미 위주의 전투식량에 의존한 일본군은 각기병에 무너졌다. 병사들은 총보다 먼저 질병에 쓰러졌다.

전쟁 후에는 오리자닌을 기반으로 한 음료형 보충제가 등장해 편의성이 높아졌고, 이후 각종 피로 회복 드링크제의 원형이 되었다.

오리자닌 음료의 등장은 치료보다 예방을 중시하는 의학의 전환점을 상징한다. 1950년대 후반에는 연간 사망자가 1,000명 이하

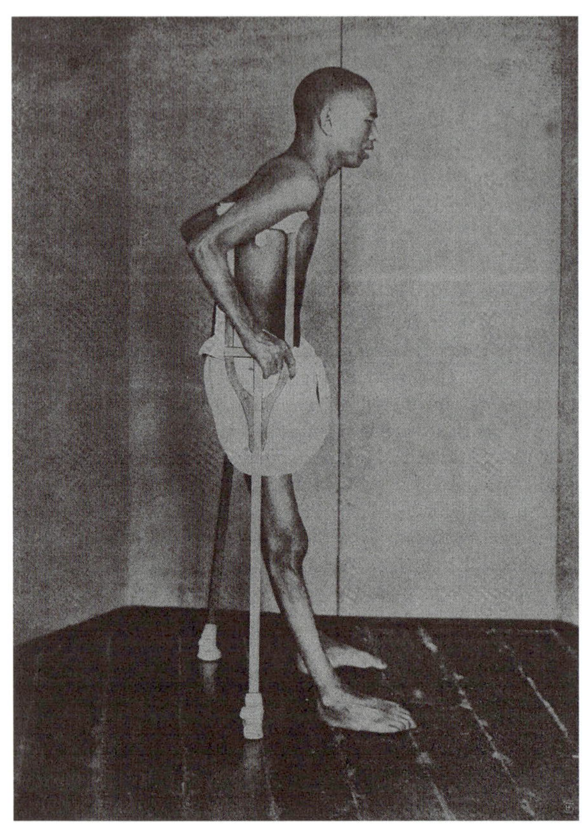

각기병은 티아민이 부족해 생기는 병으로 심부전과 말초신경 장애를 일으킨다. 각기병에 걸리면 다리에 힘이 빠지고 제대로 걷지 못하게 된다. 영어로는 Beriberi라고 하는데, 스리랑카 원주민의 말로 '할 수 없다'라는 뜻이다.

로 떨어지면서 각기병은 역사 속으로 사라졌다.

소변을 노랗게 만드는 비타민과
옥수수에 담긴 원주민의 지혜

비타민 B는 에너지 대사와 신경계 기능에 필수적인 수용성 비타민이다. 초기에는 비타민 B를 하나의 물질로 여겼지만 이후 서로 다른 생리작용을 하는 복합체임이 밝혀졌다. 그 과정에서 성장과 에너지 대사에 중요한 또 다른 성분이 분리되었는데, 이것이 비타민 B1 다음에 발견된 '비타민 B2'이다. 이 물질은 리보플라빈riboflavin이라는 이름으로 불리게 되었다.

1933년, 독일의 생화학자 리하르트 쿤Richard Kuhn이 이 성분을 분리해 분자구조를 밝혔으며 인공 합성에도 성공했다. 천연물 연구에서 화학합성이 중요한 이유는, 실험실에서 동일한 분자를 합성해 구조가 일치함을 확인함으로써 천연 물질의 존재를 명확히 증명할 수 있기 때문이다.

리보플라빈은 에너지 대사와 적혈구 형성에 관여하며, 피부 건강과 시력 유지에도 도움을 준다. 동물의 간, 고기, 생선, 유제품에 풍부하고, 녹색 채소나 콩, 곡류, 달걀에도 들어 있다. 이 물질은 빛에 쉽게 분해되므로 우유나 유제품은 종이 팩이나 불투명 용기에 보관한다. 결핍되면 구내염, 설염, 지루성피부염이 나타날 수 있고, 심하면 피로감이나 빈혈로 이어지기도 한다. 일반적인 식사로는 부족한 경우가 드물지만, 영양실조나 당뇨, 알코올 중독, 간질환, 경구 피임약 복용 시에는 부족할 수 있다.

리보플라빈은 수용성 비타민으로 체내에서 필요한 만큼만 흡수되고 나머지는 소변으로 배출된다. TV 광고에 자주 나오는 비타민 B 복합제를 복용하면 소변이 진한 노란색을 띠는데, 이는 리보플라빈에 의한 자연스러운 현상이다.

비타민 B군과 C처럼 수용성 비타민은 체내에서 필요한 만큼만 흡수되고, 나머지는 소변으로 배출된다. 박카스나 비타500 같은 드링크를 복용한 뒤 소변이 노랗게 나오는 이유는 형광을 띠는 노란색 색소를 가진 리보플라빈이 들어 있기 때문이다. 리보플라빈의 분자구조는 공액이중결합(이중결합과 단일결합이 번갈아 이어진 구조)이라서 파란색 계열의 빛을 흡수하고 노란색 빛을 반사하기 때문에 노랗게 보인다. 공액이중결합은 전자가 분자 전체에 퍼지게 해 가시광선을 흡수할 수 있게 한다. 리보플라빈이 들어 있는 약이나 드링크를 복용한 뒤 소변이 노랗게 변했다며 걱정하는 경우가 있지만, 이는 리보플라빈 특유의 색 때문으로 정상적인 현상이며 인체에 아무런 해가 없다.

옥수수는 세계에서 가장 많이 생산되는 농작물이다. 주식으로 섭취하는 국가는 중남아메리카 일부에 불과하며, 대부분은 사료나 기름·당류 가공용으로 쓰인다. 신대륙 발견 후 스페인 탐험가들이 아메리카에서 유럽으로 전파한 뒤, 척박한 땅에서도 잘 자라고 조리도 쉬운 작물로 주목받았다. 특히 밀이 부족하던 이탈리아 등지에서는 가난한 이들의 주식이 되었고, 부유층은 밀, 빈민층은 옥수수를 먹는 계층적 식생활이 자리 잡았다.

옥수수가 새로운 주식이 되면서 이전에는 없던 병이 나타났다. 18세기 옥수수를 주로 재배하던 이탈리아 북부, 스페인, 미국 남부에서 붉은 발진과 정신착란을 동반한 펠라그라pellagra가 유행한 것이다. 피부염dermatitis, 설사diarrhea, 치매dementia, 그리고 죽음death에 이르는 이 질환은 4D 병이라 불렸다.

19세기 중반 이탈리아에서는 펠라그라가 극심하게 유행했고, 20세기 초 미국 남부의 빈곤층에서도 대공황 시기를 중심으로 발병률이 크게 높아졌다. 미국 정부는 처음에는 위생 문제를 의심했지만, 역학조사 끝에 근본 원인이 니아신niacin 결핍임을 밝혀냈다. 이후 밀가루와 곡물에 니아신을 강화하는 정책을 시행하면서 펠라그라는 빠르게 감소해 사실상 사라졌다.

펠라그라는 비타민 B3, 즉 니코틴산 결핍으로 생긴다. 이 니코틴산nicotine acid은 담배 성분인 니코틴과는 전혀 다른 물질이다. 이러한 혼동을 피하기 위해 니아신이라는 이름이 사용된다. 니아신 결핍은 흔하지 않으며, 우리 몸은 아미노산인 트립토판으로부터 니아신을 합성할 수 있다. 트립토판 약 60mg은 니아신 1mg으로 전환된다.

우유, 달걀, 고기, 버섯, 아스파라거스, 땅콩 등 다양한 식품에 트립토판이 풍부하게 들어 있다. 옥수수는 트립토판이 적고, 니아신도 체내에서 흡수되지 않는 결합형으로 들어 있다. 이 때문에 식단에서 옥수수가 차지하는 비중이 커질수록 펠라그라 위험이 높아지며, 특히 섭취 열량의 절반을 넘기면 발병률이 크게 증가한다.

하지만 놀랍게도 멕시코를 비롯한 중남미 원주민들은 수천 년간 옥수수를 주식으로 삼고도 펠라그라에 걸리지 않았다. 비결은 전통 조리법에 있었다. 이들은 옥수수를 요리하기 전 석회수 Ca(OH)$_2$에 담가두거나 삶는 과정을 거쳤다.

옥수수 속 니아신은 단백질과 결합한 상태라 그대로는 흡수되지 않지만, 알칼리성 석회수는 이 결합을 풀어 니아신을 떨어뜨린다. 이 과정을 스페인어로 니스타말화nixtamalization 라고 하며, 니아신 결핍을 예방하는 지혜가 담겨 있다. 니스타말은 석회수나 잿물에 삶은 옥수수를 의미한다.

반면 서양인들은 옥수수를 받아들이면서도 원주민의 조리법은 따르지 않았다. 옥수수를 염기성 용액으로 삶는 '니스타말화' 과정을 미신으로 치부하며 무시했다. 유럽과 미국 남부에서는 옥수수를 알칼리 처리하지 않은 채 그대로 삶거나 가루로 만들어 먹었고, 그 결과 펠라그라가 널리 퍼졌다. 반면 아메리카 원주민들은 오래전부터 옥수수를 재로 끓이거나 석회수에 담가 니아신을 이용할 수 있게 만드는 '니스타말화'라는 지혜를 터득한 것이다. 오늘날엔 다양한 식품으로 트립토판과 니아신을 충분히 섭취하는 만큼 옥수수를 먹는다고 결핍되지는 않는다.

콜럼버스 교환의 선물,
감자와 피리독신

1934년, 헝가리계 미국 생화학자 폴 죄르지_{Paul György}는 쥐에게 감자 전분만 주로 먹이는 실험을 진행했다. 단백질과 지방, 비타민 B1을 충분히 보충해주었는데도 불구하고 쥐들은 경련과 쇠약이라는 이상 반응이 나타났다. 영양에서 뭔가 빠졌다는 직감으로 실험을 반복하던 그는 감자 껍질을 함께 먹인 쥐들은 멀쩡하게 살아남는다는 사실을 발견했다.

원인은 껍질에 숨어 있던 이름 모를 물질이었다. 이 물질은 비타민 B6 피리독신_{pyridoxine}으로 명명되었으며, 감자는 이 발견의 실마리를 제공한 주요 식품이었다. 감자에는 피리독신이 풍부하게 들어 있다.

감자는 남아메리카 안데스 고산지대에서 자생하던 작물이었다. 16세기 중반, 신대륙 발견 후 유럽과 아메리카 대륙이 대규모로 상호 교류한 이른바 '콜럼버스 교환'으로 유럽에 감자가 전해졌으나 정착은 순탄치 않았다. 유럽 사람들은 덩이뿌리의 생소한 생김새 그리고 싹이나 초록색으로 변한 부위의 솔라닌 중독 때문에 감자를 멀리했다.

또 씨앗이 아니라 줄기로 번식한다는 점에서 감자는 성경적 질서에 어긋난다며 성적으로 불순한 식물로 여겨졌다. 종교적 편견으로 감자는 '악마의 식물'로 매도당했고 종교재판소에서 화형을 당하는 수모까지 겪어야 했다.

독일 북부 프로이센에서 감자가 주식으로 자리 잡은 데는 한 인물의 통찰과 집념이라는 배경이 있었다. 플루트를 수준급으로 연주하던 음악 애호가이자 계몽군주 프리드리히 2세, 훗날 프리드리히 대왕이라 불리게 된 프로이센 국왕이다. 그는 숙적 합스부르크 가문의 마리아 테레지아Maria Theresia와 오스트리아 왕위 계승 전쟁과 7년 전쟁을 치르면서 황폐해진 국토와 식량난을 회복하고자 새로운 작물 감자에 주목했다. 감자는 척박한 토양에서도 잘 자라고 기근에도 잘 견뎠다. 전쟁이 일어나도 땅속에 있어서 다른 농작물처럼 쉽게 불타거나 약탈당하지 않았다.

그렇지만 프로이센에서는 감자에 대한 거부감이 강해 쉽게 퍼지지 못했다. 성과가 기대에 못 미치자 감자 보급 정책을 따르지 않고 반항하는 사람은 귀와 코를 자르는 형벌을 가하기도 했다. 고심 끝에 프리드리히 대왕은 감자를 귀하게 보이도록 꾸미는 역발상 전략을 택했다. 왕실 정원 한가운데 감자를 심고 경비를 세워 아무도 먹지 못하게 철저히 지켰다. 정원 둘레에 병사를 배치하고 밤에도 불을 밝혀 보호하는 척하면서 사람들의 궁금증과 탐욕을 자극한 것이다. 소문은 삽시간에 퍼졌다.

"왕이 몰래 감자를 먹는다더군."

"귀족들만 몰래 재배한다던데!"

"어지간히 귀하단 말이로군."

위장 경호술은 성공적이었다. 왕실과 귀족만 몰래 먹는다는 소문에 감자는 은밀히 훔쳐 심을 만큼 인기 작물이 되었고, 곧 전국으로 퍼졌다.

"호기심을 자극하는 것이 최고의 설득이다!"

프리드리히 대왕의 식량 정책은 사람 심리를 정교하게 이용한 설득의 예술이었다. 감자를 거부하던 민중의 마음을 설득한 건 강요가 아닌 궁금증이었다.

감자는 프로이센의 식량난을 해결했고 유럽 전역으로 보급되며 대기근을 견디는 구황작물로 자리 잡았다. 프리드리히 대왕은 감자로 민생을 안정시키고, 프로이센을 강국으로 도약시킬 기반을 다졌다. 프리드리히 대왕의 결단으로 시작된 감자의 여정은 비타민 발견에도 다시 빛을 발하게 된다.

감자에 풍부한 피리독신은 단백질 대사, 신경전달물질 합성, 면역 조절, 혈액 생성 등 전신에 관여하는 건강의 조력자로 밝혀졌다. 오늘날에도 우울증, 신경염, 임신성 구토, 손발 저림 등 다양한 증상에서 피리독신의 기능이 계속 연구되고 있다. 죄르지가 감자 껍질의 효능을 눈여겨보지 않았다면 피리독신의 발견은 훨씬 늦어졌을지도 모른다. 과학은 감자 껍질같이 종종 우리가 하찮게 여긴 것에서 예상치 못한 진실을 드러낸다.

기형아 출산을 예방하는 엽산,
결핍되면 악성빈혈을 일으키는 시아노코발라민

1931년, 인도 봄베이(지금의 뭄바이)에 근무하던 영국 혈액학자 루시 윌스Lucy Wills는 가난한 무슬림 여성들이 영양 결핍으로 임신 중 심각한 빈혈을 겪고 미숙아를 출산하는 모습을 목격했다. 그녀는 그들의 혈액을 채취해 현미경으로 관찰하던 중에 낯선 형태의 빈혈을 발견했다. 정상보다 크지만 성숙하지 못한 적혈구인 거대적아구가 특징적으로 보이는 이 질환을 그녀는 '임신성 거대적아구성 빈혈'로 학계에 보고했다. 이상 소견은 기존의 비타민 B12 결핍성 악성빈혈과는 양상이 달랐다. 이후 이 질환의 원인이 엽산folic acid 결핍이라는 사실이 밝혀지면서, 윌스는 엽산의 존재를 처음으로 암시한 과학자로 평가받게 되었다.

악성빈혈은 위장에서 비타민 B12이 제대로 흡수되지 않아 생기는 질환으로, 비타민 B12가 풍부한 간 추출물을 보충하면 낫는다. 그러나 루시 윌스가 관찰한 임신 중 빈혈 환자들은 간 추출물을 먹어도 회복되지 않았다. 윌스는 또 다른 영양소의 결핍이 이 질환의 원인이라 판단했고, 미지의 인자를 학계는 윌스 팩터Wills Factor라 불렀다.

루시 윌스는 봄베이 여성들의 부실한 식단을 실험동물에 그대로 적용해 일부러 빈혈을 유발한 뒤, 효모 추출물을 먹여 증상을 개선하는 데 성공했다. 1935년에는 쥐보다 영장류가 인간 빈혈 모델에 더 적합해 원숭이를 대상으로 실험을 재현했다. 이후 임신 중 빈혈 환자를 대상으로 한 임상 시험에서도 같은 결과가 확인되었다. 윌스는 효모 속 미지의 영양소가 빈혈을 예방하고 치료할 수 있음을 입증했고, 윌스 팩터는 훗날 엽산으로 규명되었다.

당시만 해도 효모 추출물에 어떤 성분이 들어 있는지는 알려지지 않았다. 1941년 미국에서는 시금치 잎에서 이 성분을 분리했고, 라틴어 'folium(잎)'에서 유래한 'folic acid(엽산)'이라는 이름을 붙였다. 1946년에는 화학구조가 밝혀지고 인공 합성에 성공하면서 엽산은 정식 비타민으로 자리 잡았다. 루시 윌스는 엽산의 존재를 예견한 인물로, '엽산의 어머니'라 불렸다.

임신 중 엽산이 부족하면 태아의 신경관이 제대로 닫히지 않아 척추이분증이나 무뇌증 같은 선천성 기형이 생길 수 있다. 미국은 1992년부터 가임기 여성에게 엽산을 하루 $400\mu g$ 섭취하도록 권장했고, 1998년부터는 곡류에 엽산을 의무적으로 첨가했다. 신경관은 임신 3~4주 사이에 형성되므로 엽산은 임신 전에 미리 섭취해 두는 것이 중요하다.

엽산 결핍은 DNA 합성을 방해해 적혈구 성숙을 막고, 거대적아구성빈혈을 일으킨다. 루시 윌스가 발견한 임신성 빈혈이 바로 이 증세다. 엽산은 잎이 있는 신선한 상추, 시금치, 브로콜리, 효모에 풍부하며 임신 중 필요량이 크게 증가한다. 예전과 달리 약국에서 엽산을 찾는 사람이 많지 않아 저출산의 현실을 새삼 느끼게 된다.

1934년 노벨상을 수상한 마이넛과 머피, 휘플. 빈혈 환자가 간을 섭취하는 식이요법이 치료에 효과적이라는 사실을 밝혀 혈액 질환 치료에 큰 진전을 가져왔다. 식습관이 질병 치료에 미치는 중요성을 과학적으로 증명한 셈이며, 이후 다양한 영양소 결핍 질환의 치료법 연구에 기반이 되었다.

비타민 B12 부족으로 일어나는 악성빈혈은 19세기 초 처음 보고된 이래 만성피로, 설염, 설사 등을 거쳐 결국 사망에 이르는 난치병이었다. 과거에는 치료 방법이 없어 점점 쇠약해지다 죽어서 악성이라는 이름이 붙었다. 1860년경 위 점막의 심한 위축이 관찰되면서 위 기능 저하가 원인이라는 가설이 제기되었다. 비타민 B12 흡수를 돕는 위 속 단백질(내 인자) 부족이 원인이라는 사실이 밝혀진 뒤로 악성빈혈은 치료할 수 있는 병이 되었다.

1926년 미국 의사 조지 마이넛George Minot은 소간을 활용한 식이요법으로 악성빈혈 환자 치료에 성공했다. 당시엔 철분이 부족해서 빈혈이 생긴다 여겼지만 악성빈혈은 철분만으로는 치료되지 않았다. 마이넛은 동료 윌리엄 머피William Murphy, 조지 휘플George Whipple과 함께 개를 대상으로 실험해 소간이 악성빈혈 개선에 효과적임을 확인했고, 환자에게 적용해 뚜렷한 치료 효과를 보였다.

마이넛은 악성빈혈 환자 45명에게 소간 중심의 식단을 제공하고 경과를 관찰했다. 불과 몇 주 만에 증상이 호전되기 시작했고, 대부분은 6개월 안에 회복세를 보였다. 우유나 고기보다 간이 훨씬 효과적이었다. 적혈구 수가 평균 150만 개에서 한 달 만에 340만 개로 늘었고, 일부는 450만 개 이상(남성 470만 개, 여성 420만 개 이상이 정상 수치)으로 회복됐다. 악성빈혈 치료의 업적으로 마이넛과 그의 동료들은 1934년 노벨 생리·의학상을 공동 수상했다.

마이넛의 연구 이후 간에 악성빈혈을 치료하는 성분이 있다는 사실이 알려졌다. 이 성분은 비타민 B12, 즉 시아노코발라민cyanocobalamin으로 밝혀졌다. 위 절제나 위암 치료를 받은 환자, 그리고 대표적인 당뇨병약 메트포르민metformin을 장기간 복용한 사람은 체내 '내인자'가 부족해 비타민 B12 흡수가 어려우므로 별도의 보충이 필요하다.

적혈구 생성은 물론 신경세포를 건강하게 유지하는 데에도 비타민 B12는 필수적이다. 하루 필요량은 3~5μg에 지나지 않는 극미량 영양소다. 동물성 식품에만 존재하기 때문에 극단적인 채식주의자는 결핍되기 쉽다. 시중에 판매되는 많은 철분제에는 철 외에도 엽산(B9)과 비타민 B12가 함께 들어 있다. 두 성분 모두 정상적인 적혈구 생성에 필요하기 때문이다.

비타민 B에 붙은 숫자는 기능이나 구조가 아니라 발견된 순서를 반영한 것이다. 처음엔 여러 물질이 비타민 B로 분류되었지만 이후에 비타민이 아닌 것으로 밝혀진 일부(B4, B8, B10, B11 등)는 제외되었다. 이 때문에 숫자 순서에 빈칸이 생겼지만 명명 체계는 그대로 유지되고 있다.

피로 회복에 좋은
활성형·고함량 비타민 B 복합제

우리나라는 OECD 국가 중에서도 노동시간이 긴 편이며, 업무와 학업으로 만성피로에 시달리는 이들이 많다. 그만큼 약국에서 피로 회복제를 찾는 사람도 많다. 피로 회복에는 비타민 B군 복합제가 효과적이다. 비타민 B군은 에너지 대사, 특히 탄수화물과 단백질 대사에 핵심적인 역할을 한다. 특히 B1, B6, B12는 에너지 대사와 신경 기능에 관여해 피로감, 신경통, 눈의 피로를 완화한다. 현재 인정받는 비타민 B는 총 8종으로, 각각 다른 생리작용을 담당한다.

비타민 B군은 체내에서 활성형으로 전환되어야 생리작용을 수행하는데, 이 과정은 간 기능, 연령, 질환 상태 등에 따라 효율이 달라질 수 있다. 간 기능 저하나 고령, 특정 약물 복용 등으로 전환 속도가 떨어지면 비타민을 충분히 섭취해도 기대한 효과를 느끼지 못하는 경우가 발생한다.

이런 이유로 최근 주목받는 것이 활성형 비타민activated vitamin이다. 활성형은 체내 전환 과정을 생략하고 곧바로 작용할 수 있는 형태다. 일반 비타민에 비해 흡수율이 높고 효과 발현이 빠르며, 생리 활성이 강하다. 예를 들어 티아민(B1)의 활성형인 푸르설티아민fursultiamine과 벤포티아민benfotiamine이나, 피리독신(B6)의 활성형인 피리독살-5-인산, 시아노코발라민(B12)의 활성형인

메틸코발라민methylcobalamin은 각각 신경 기능이나 에너지 대사에 직접 작용해 치료 효능이 높다고 평가받는다.

더 강한 효과를 위해 B1, B6, B3 등을 100mg 이상 함유한 고함량 비타민 B 제제도 흔히 쓰인다. 스트레스, 만성피로 그리고 가공식 중심 식단으로 비타민 B의 필요량이 늘면서 이런 제품이 주목받고 있다. 결핍 예방엔 소량이면 충분하지만 신경통이나 피로 회복 같은 치료 목적에는 고용량을 쓴다.

비타민 B1과 B5는 에너지 대사에 관여해 피로를 개선하고 비타민 B2, B3, B6는 피부와 점막 건강에 중요하다. 특히 B1, B6, B12는 신경 비타민이라 불릴 만큼 말초신경 기능 유지에 필수적이다. 비타민 B군은 전반적으로 신진대사를 원활하게 해 피로감 완화에 도움을 준다.

비타민 B군은 대부분 서로 작용을 돕는 조효소로 기능한다. 비타민 B2는 비타민 B6을 활성형으로 전환하는 데 필요하며, B6·B9·B12는 혈액 생성과 신경 기능 그리고 호모시스테인homocyteine 대사에 함께 관여한다. 아미노산 메티오닌이 대사되는 과정에서 생성되는 호모시스테인은, 혈중농도가 높아지면 심혈관계와 신경계 질환의 위험을 높인다. 이를 조절하는 핵심 요소가 비타민 B6, B9, B12이며, 이들 비타민이 부족하면 호모시스테인이 제대로 분해되지 않아 혈관 손상과 염증 반응을 유발할 수 있다.

유한양행의 장수 비타민 브랜드 삐콤은 영어 B-complex, 즉 비타민 B 복합체를 뜻한다. '삐'는 비타민 B군, '콤'은 콤플렉스complex의 줄임말이다. 삐콤은 비타민 B군 여러 성분을 함께 묶어 복용한다는 의미를 담고 있다. 비타민 B군은 흡수와 활성화를 서로 돕기 때문에 단일 제제보다는 복합제로 섭취하는 것이 더 효과적이다. 드링크제로 유명한 동아제약의 박카스D에도 비타민 B1,

B2, B3, B5, B6가 포함되어 있다. 비타민 B 복합체는 에너지 대사를 돕고 피로를 줄이며, 신경 기능을 안정적으로 유지하는 데 중요한 역할을 한다.

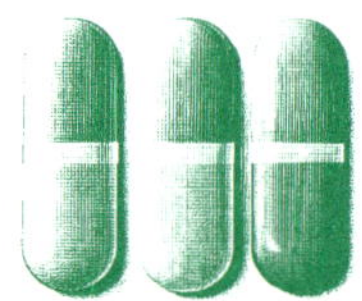

10

콜레스테롤을 낮춰라

스타틴

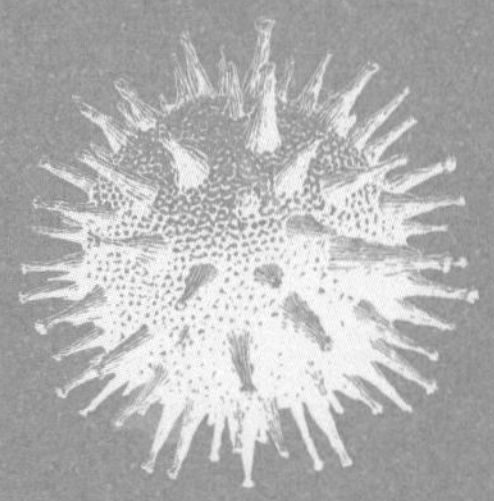

20세기 중반 항생제와 공중위생 발달로 감염병이 줄자

심혈관 질환이 새로운 사망 원인으로 떠올랐다.

그 중심에는 혈중 콜레스테롤이 있었고

이를 낮추기 위한 도전이 시작되었다.

1973년 일본의 엔도 아키라는 푸른곰팡이에서

최초의 콜레스테롤 억제 물질 메바스타틴을 발견했지만

동물실험 부작용으로 약제 개발이 좌초되었다.

그러나 이 물질은 미국에서 로바스타틴 개발로 이어지며

스타틴 계열 약물의 시대를 열었다.

이후 아토르바스타틴, 로수바스타틴 등

고효능 스타틴이 잇따라 등장했고, 희귀 질환을 넘어

인류의 생명을 지키는 약이 되었다.

#바이킹 #죽상경화증 #로바스타틴 #아토르바스타틴 #에제티미브
#횡문근융해증

생명을 위협하는
기름진 혈관

　　제2차 세계대전이 끝나고 1950년대에 접어들면서 협심증과 심근경색을 비롯한 심혈관 질환 사망률이 급격히 증가했다. 협심증은 심장 혈관이 좁아져 가슴 통증이 발생하는 질환이고, 심근경색은 심장 근육으로 가는 혈류가 급격히 차단되어 산소 공급이 중단되면서 심근이 괴사하는 병이다. 심혈관 질환의 증가는 미국을 비롯해 유럽 등 대부분의 산업화 국가에서 공통으로 나타나는 현상이었다.

　　이전에는 폐렴·결핵·장티푸스가 대표적인 사망 원인이었지만, 항생제의 등장과 함께 상수도 보급, 하수 처리 시설 확충, 예방접종 확대, 영양 상태 개선 같은 공중보건 인프라가 빠르게 정비되며 평균 수명이 크게 늘어났다. 이때부터 고지혈증, 고혈압, 당뇨병, 비만 등 대사 이상 질환들이 건강 관리의 중심으로 떠올랐다.

20세기 중반 제초제 도입과 기계화로 농업 생산성이 비약적으로 향상되었다. 농축산업의 대량생산 체제가 자리 잡으면서 식품 가격이 크게 낮아졌고, 이에 따라 고칼로리 식품 섭취가 눈에 띄게 증가했다. 산업 현장의 자동화와 자동차 보급은 신체 활동 감소로 이어졌고 운동량이 크게 줄었다. 열량 소비는 줄어든 반면 섭취는 늘면서 비만 인구가 급격히 증가했다. 여기에 자본주의 사회의 과도한 경쟁은 만성 스트레스를 유발했고, 이런 요인이 맞물리며 심혈관 질환은 선진국을 중심으로 빠르게 확산했다.

심혈관 질환은 동맥에 콜레스테롤이 쌓여 혈관이 좁아지는 죽상 경화증에서 비롯된다. 죽상 경화증은 죽처럼 묽은 지방이 혈관에 쌓여 혈관이 딱딱해지는 현상이다. 동맥경화의 가장 흔한 형태로, 혈관 벽에 지방과 염증 세포가 쌓여 혈류를 방해한다.

동맥경화의 주요 원인으로는 고지혈증, 고혈압, 당뇨, 흡연, 운동 부족, 만성 스트레스 등이 있다. 이중 고지혈증은 혈중 콜레스테롤이나 중성지방 수치가 비정상적으로 높은 상태를 말한다. 정확한 의학 용어는 '이상지질혈증'이고, 우리가 흔히 말하는 고지혈증은 혈중 지질 이상 가운데 한 유형으로, 이상지질혈증에 포함되는 개념이다.

이상지질혈증에서 나쁜 콜레스테롤로 알려진 저밀도 지단백LDL과 중성지방 수치가 높고, 좋은 콜레스테롤인 고밀도 지단백HDL

수치가 낮을수록 동맥경화의 위험이 커진다. 콜레스테롤은 지용성 물질로 물에 녹지 않아 혈액 속에서 단백질과 결합한 지단백 형태로 운반된다. 지단백이 과하게 많아지면 혈관 내벽에 쌓여 죽상 경화증을 일으킨다.

콜레스테롤은 종종 건강의 적처럼 여겨지지만 사실은 몸에 꼭 필요한 물질이다. 지방 소화를 돕는 담즙산의 원료이자, 세포막·뇌·신경계를 구성하는 주요 성분이다. 성호르몬과 부신피질호르몬 같은 스테로이드계 호르몬도 콜레스테롤에서 비롯된다.

기름진 음식을 거의 먹지 않아도 콜레스테롤 수치가 높은 사람이 있는데, 그 이유는 간에서 자체적으로 콜레스테롤을 합성하기 때문이다. 우리 몸은 간에서 콜레스테롤의 70~80%를 생산하고, 20~30%는 음식으로 흡수한다. 동맥경화를 일으키는 혈중 LDL 콜레스테롤 수치는 음식으로 콜레스테롤을 얼마나 섭취했느냐보다, 간에서 얼마나 합성하고 세포가 이를 얼마나 잘 흡수·제거하느냐에 따라 결정된다. 그래서 최근에는 식이 콜레스테롤 섭취량 제한을 예전같이 강조하지 않는다.

콜레스테롤 수치가 높다는 것은 체내 콜레스테롤을 합성하고 운반하며 제거하는 조절 체계에 이상이 생겼다는 뜻이다. 일반적으로 총콜레스테롤이 240mg/dL을 넘으면 심혈관 질환 위험이 증가한다. 특히 나쁜 콜레스테롤 수치가 높고 좋은 콜레스테롤 수치가 낮을수록 위험도는 더 커진다. 중성지방은 탄수화물 과다 섭취와 알코올이 주요 원인이며, 비만과 인슐린 저항성과도 밀접하게 연관되어 있다.

심혈관 질환을 예방하려면 LDL 콜레스테롤을 낮추고 HDL을 적정 수준으로 유지하는 것이 핵심이다. 이를 위해서는 식습관과 생활 습관을 개선하고 규칙적으로 운동해야 하며, 트랜스 지방 섭취는 가능한 한 줄여야 한다. 트랜스 지방은 기름을 가공하거나 반복 가열할 때 생긴다. 자연에 원래 존재하는 형태가 아니라, 인위적인 가공 과정에서 새로 만들어진 트랜스 지방은 체내에서 LDL을 높이고 HDL을 낮춰 심혈관 질환 위험을 증가시킨다.

콜럼버스보다 먼저
아메리카를 발견한 바이킹

1492년 콜럼버스는 배를 타고 대서양을 건너 카리브해 섬에 상륙했다. 그는 그곳이 인도라고 믿었지만 훗날 이곳은 아메리카로 불리게 된다. 오랫동안 우리는 콜럼버스가 아메리카 대륙을 처음 발견했다고 배웠다. 그러나 그보다 약 500년 앞서, 북대서양을 건너 아메리카 대륙 동부 해안에 도달한 유럽인이 있었다. 그들은 바다와 별을 읽는 데 탁월한 감각을 지닌 해양 민족 바이킹이었다.

793년 영국의 북동부 해안에 있는 린디스판 수도원이 습격받았다. 이 기습은 유럽인들에게 바다 건너 바이킹의 존재와 그 위협을 처음으로 각인시킨 사건이었다. 이후 노섬브리아, 머시아, 이스트 앵글리아 등 중세 앵글로색슨족이 세운 잉글랜드의 일곱 왕국은 차례로 바이킹의 침공을 받았다. 865년에는 바이킹 대군이 상륙해 잉글랜드 북동부에 데인로라는 바이킹 지배 구역까지 세웠다.

차가운 스칸디나비아 반도에서 나침반도 없이 바이킹이 거친 북해를 건너 침공에 성공할 수 있었던 비결로는 전설 속 '태양석sunstone'이 거론되곤 한다. 구름이 낀 흐린 날에도 이 광물의 편광된 빛을 이용해 태양의 방향을 가늠할 수 있었을 것이라는 추정이다. 고고학적 증거는 충분하지 않지만, 바이킹이 별과 바람, 바닷새의 움직임을 읽어 항해했다는 사실만큼은 분명하다. 그렇게 그들은 약탈자를 넘어 정복자로 변모하며 영국사에 깊은 흔적을 남겼다.

이후 북해를 넘어 먼 대서양을 건넌 사람은 레이프 에릭슨Leif Erikson이다. 그는 노르웨이계 바이킹의 후예로 아이슬란드에서 태어났다. 그의 아버지는 살인 혐의로 노르웨이에서 추방된 뒤, 새로운 땅을 찾아 서쪽으로 떠난 사람이었다. 아이슬란드의 초기 이주민 대다수는 노르웨이에서 건너온 바이킹이었다. 9세기 후반, 노르웨이 왕권이 강화되면서 자율성을 잃은 귀족과 자유농민들이 정치적인 억압을 피해 서쪽으로 새로운 세계를 항해했다.

이들은 북대서양 셰틀랜드제도와 페로제도를 거쳐 마침내 사람의 발길이 닿지 않은 아이슬란드에 이르렀다. 혹독한 기후와 화산 지형으로 이루어진 이 낯선 땅은 외부의 간섭에서 벗어나 있었다.

아이슬란드 레이캬비크에 있는 레이프 에릭손 동상. 유명 작가인 알렉산더 칼더의 작품이다. 에릭손은 빈랜드에 노르드인 정착지를 건설했다고 전하며, 콜럼버스보다 약 500년 앞서 아메리카 대륙에 처음으로 발 디딘 유럽인으로 여겨진다.

서기 1000년경 에릭손은 '서쪽 너머에 큰 땅이 있다'는 말을 듣고 항해에 나섰다. 나침반도 지도도 없이 별과 해, 구름과 바람, 파도와 새의 비행경로를 따라 대서양을 건넜고, 마침내 낯선 대지에 도착했다.

오늘날 캐나다 뉴펀들랜드에 상륙한 바이킹들은 그 땅을 빈랜드Vinland, 즉 '포도주의 땅'이라 불렀다. 넓은 평야, 풍부한 목재, 기름진 땅은 춥고 습한 스칸디나비아반도에서 생활한 바이킹에게는 낙원처럼 느껴졌을 것이다.

에릭손의 여정은 오랫동안 아이슬란드 전승 문헌에만 존재했다. 그의 이야기는 진실과 전설 사이 어딘가에 머물렀다. 하지만 1960년대 캐나다 뉴펀들랜드 북단 랑스 오 메도스에서 바이킹 정착지로 보이는 오래된 유적이 발굴되며 상황이 바뀌었다. 바이킹 특유의 초가지붕 건축 구조, 대장간의 흔적, 못과 송곳, 도끼, 가정용 도자기와 요리 도구 등이 발견된 것이다. 북유럽에서만 볼 수 있는 유물들이 북아메리카 대륙 동쪽 끝자락에서 모습을 드러낸 것이다. 1978년 이 유적은 유네스코 세계문화유산으로 지정되었고, 레이프 에릭손의 항해는 마침내 전설이 아닌 역사로 자리매김하게 되었다.

하지만 이 놀라운 발견을 '신대륙의 발견'이라 부르기엔 짚고 넘어가야 할 점이 있다. 대서양을 건넌 바이킹은 소수였고, 그들의 존재가 아메리카 원주민 사회에 뚜렷한 영향을 남기지는 못했다. 바이킹 정착지는 몇 년 만에 철수되었고, 그 후 북아메리카와의 교류도 완전히 끊겼기 때문이다.

차고 거친 바다를 건너 대륙을 발견한 아이슬란드 소규모 이주 공동체와 노르웨이 피오르드 해안의 고립된 섬에서는 특이한 유전 질환이 높게 나타난다. 바로 가족성 고콜레스테롤혈증^{FH, Familial Hypercholesterolemia}이다.

바이킹 혈통에 숨은 콜레스테롤의 비밀

노르웨이 서부 항구도시 베르겐 인근의 어느 시골 마을에서 건강하던 젊은이들이 이유 없이 심장마비로 쓰러졌다. 흡연, 트랜스 지방 과다 섭취, 운동 부족 같은 특별히 나쁜 생활 습관이 없었지만 이들에게는 공통점이 있었다. 지리적으로 고립된 지역에서 산 탓에 근친혼이 흔해 서로 유사한 혈통과 유전자를 공유한다는 점이었다.

비슷한 현상은 아이슬란드에서도 나타났다. 외지인 유입이 드물던 해안가 고립 마을에는 바이킹의 후손들이 모여 살았고, 이들 중 상당수가 비정상적으로 높은 콜레스테롤 수치를 보였다. 세대를 거쳐 내려온 유전병, 가족성 고콜레스테롤혈증 때문이다.

1939년 노르웨이 베르겐의 내과 의사 카를 뮐러는 인구 이동이 거의 없는 피오르드 고립 지역에서 협심증과 심근경색이 세대를

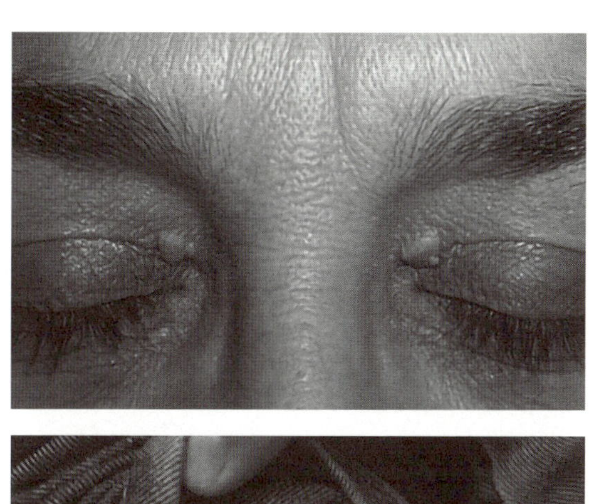

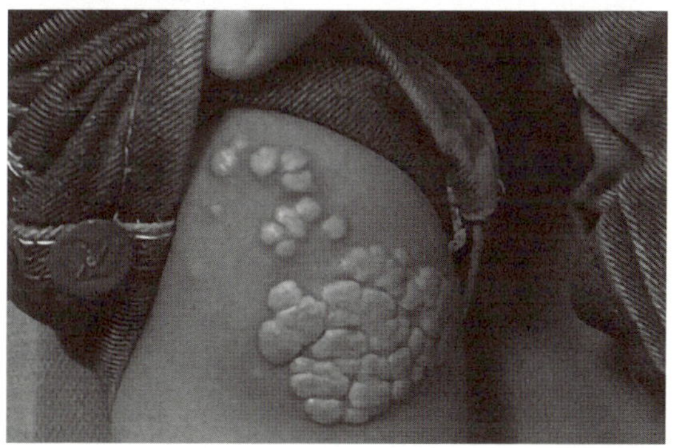

바이킹이 살고 교역한 지역에서 황색종이 공통으로 나타나면서 지역과 유전에 대한 연구가 이어졌다. 눈 주변에 생기는 안검황색종이 가장 흔하며 황색이나 오렌지색을 띤다. 진피, 피하지방 등에 지방이 침착되어 발생한다.

거쳐 반복되는 가족 집단을 발견했다. 그는 총 76건의 사례를 면밀히 분석했는데, 환자들은 대부분 젊고 겉보기에는 건강했다. 그러나 공통적으로 눈에 띈 점이 있었다. 많은 환자에게 피부 속에 지방이 침착되는 황색종xanthoma이 관찰된 것이다. 황색종은 고지혈증을 의심하게 하는 대표적 외적 징후다. 혈액검사를 해보니 이들의 콜레스테롤 수치는 놀랄 만큼 높았다.

밀러는 이 같은 증상이 여러 세대에 걸쳐 반복된다는 점에 주목했다. 그는 단순한 생활 습관이 아닌 유전적 요인에서 비롯되었을 가능성을 제기했다. 여기서 가족성 고콜레스테롤혈증이 처음 등장했다. 이 질환은 LDL 콜레스테롤을 처리하는 유전자에 결함이 생겨 일어난다. 일반인보다 2~3배 높은 LDL 수치를 타고나며, 중증 환자는 20~30대에 심근경색이 발생하기도 한다.

아이슬란드에서도 유전병의 단서가 발견되었다. 외부인 유입이 드문 해안가 외딴 마을에서 혈연 간 혼인이 반복되며 특정 유전자가 세대를 거쳐 널리 퍼져 있었다. 이 지역 주민 중 상당수의 콜레스테롤 수치가 비정상적으로 높았고, 원인은 가족성 고콜레스테롤혈증으로 알려진 유전병이었다. 초기 노르웨이에서 건너온 정착민의 LDL 수용체 돌연변이 유전자가 작은 집단 안에서 고착되며 생긴 결과다. 이런 환경에서는 조상이 가진 유전적 특성이 세대를 거치며 자손에게 과도하게 확대된다.

LDL 수용체 유전자의 돌연변이는 가족성 고콜레스테롤혈증을 유발한다. 이 질환에서는 간세포가 혈액 속 LDL 콜레스테롤을 제대로 흡수하지 못해 혈중 LDL 수치가 높아진다. 간은 세포 내 콜레스테롤이 부족하다고 잘못 인식해, 콜레스테롤 합성을 멈추지 않는다. 외부에서 제거되지 못한 LDL과 내부에서 새로 합성된 콜레스테롤이 함께 축적되면서 심혈관 질환 위험을 높인다.

영국의 진화생물학자이자 과학 저술가 리처드 도킨스Richard Dawkins는 『이기적 유전자The Selfish Gene』에서 유전자를 생존 기계의 주인공이자 복제를 수행하는 핵심 단위로 설명했다. 유전자는 자신이 다음 세대로 전달되기만 하면 인간에게 이롭든 해롭든 상관하지 않는다. 예를 들어 LDL 수용체 유전자의 돌연변이는 심혈관 질환의 위험을 높인다. 하지만 이형접합 상태에서는 증상이 경미하거나 늦게 나타나기 때문에 돌연변이 유전자가 쉽게 후대에 전달될 수 있다.

1964년 가족성 고콜레스테롤혈증의 유전적 변이가 이형접합자heterozygote와 동형접합자homozygote에서 각각 다르게 발현된다는 사실이 밝혀졌다. 사람은 상동 염색체 한 쌍에 대립 유전자 두 개를 가지며, 이중 하나만 결함이 있으면(이형접합), 혈중 LDL 콜레스테롤 농도는 출생부터 정상인의 약 두 배 이상으로 높게 유지된다. 이형접합자는 초기에는 자각 증상이 없을 수 있어 성인까지 진단받지 않고 살아가는 경우도 많다. 이형접합은 500명 중 1명 정도로 나타나는 비교적 빈도 높은 유전 변이다.

반면 양쪽 유전자에 모두 결함이 있는 동형접합성 가족성 고콜레스테롤혈증은 약 100만 명 중 1명꼴로 나타나는 희귀 질환이다.

혈중 LDL 콜레스테롤 농도는 정상인의 6~10배에 달할 수 있으며, 어린 시절부터 죽상 경화증과 심근경색 같은 심혈관 질환이 빠르게 진행된다. 성인 이후 증상이 나타나는 이형접합자와 달리, 동형접합자는 어릴 때부터 치명적인 증상을 일으킬 수 있다.

노르웨이와 아이슬란드의 외딴 마을에서 시작된 유전병 연구는 콜레스테롤 수용체의 작동 원리를 밝히는 결정적인 단서가 됐다. 이 연구는 콜레스테롤 대사라는 복잡한 생리 과정을 이해하는 실마리가 되었으며 고지혈증 치료제 스타틴의 개발로 이어졌다.

푸른곰팡이에서 발견한 콜레스테롤 저하 물질, 메바스타틴

1933년 일본 아키타현의 시골 마을에서 태어난 엔도 아키라遠藤章는 자연 속에서 성장했다. 어릴적 할아버지를 따라 산에 오르내리며 버섯을 채집해 식용버섯과 독버섯을 구분하는 법을 익혔고, 어머니가 누룩을 만드는 모습을 지켜보며 발효에 관심을 갖게 되었다. 또 벼에 병을 일으키는 곰팡이에 대해 알게 되면서, 눈에 보이지 않는 생명체가 식물의 건강에 어떤 영향을 미치는지에 흥미를 가졌다.

겨울이면 저장해둔 귤에 피어나는 푸른곰팡이를 원망하기도 했지만, 영국 과학자 플레밍이 푸른곰팡이에서 페니실린을 발견했다는 사실을 알고 깊은 감명을 받았다. 그의 경험은 훗날 곰팡이와 미생물 연구에 대한 열정으로 이어졌다. 그는 대학에서 농화학을 전공한 뒤 제약사 산쿄三共(현재 다이이치산쿄第一三共)에 입사해 응용 미생물 분야에서 다양한 연구를 수행했다. 특히 과일의 품질을 떨어뜨리는 펙틴 성분을 분해하는 효소를 곰팡이에서 찾아내는 데 성공했다. 그가 발견한 새로운 효소는 산업적으로 활용되었고 그 성과는 포상으로 이어져 아키라는 미국 연수를 가게 되었다.

1966년부터 3년간 아키라는 미국 뉴욕의 알베르트 아인슈타인 의과대학에서 세균 세포막의 인지질 생합성을 연구했다. 그곳에서 그는 콜레스테롤이 동맥경화와 심장병의 주요 원인이라는 사실을 접하고 깊은 관심을 가지게 되었다. 비만 인구가 많은 미국에서는 매년 수십만 명이 심장병으로 목숨을 잃었지만 콜레스테롤 수치를 효과적으로 낮추는 약은 없었다.

미국 연수를 마친 아키라는 산쿄 중앙연구소에서 콜레스테롤 생합성을 억제하는 물질을 찾기로 결심했다.

"곰팡이가 세균과 경쟁하기 위해 페니실린을 만들듯이, 스테롤(콜레스테롤의 일종)이 필요한 미생물과 경쟁하기 위해, 곰팡이가 스테롤 합성을 억제하는 물질을 만들지 않을까?"

그는 페니실린 같은 항생제를 만드는 곰팡이처럼 미생물에서 유용한 물질이 나올 수 있다고 판단했다.

아키라와 그의 동료들은 2년이 넘는 기간 동안 무려 6,000여 종에 달하는 곰팡이와 버섯 배양액을 분석하는 대장정을 시작했다.

마침내 1973년 쌀이나 보리에 피는 푸른곰팡이의 일종인 페니실륨 시트리눔penicillium citrinum에서 콜레스테롤을 합성하는 HMG-CoA 환원효소(간에서 콜레스테롤을 만드는 핵심 효소)를 억제하는 물질을 발견했다. 대형 발효 탱크에서 600리터를 배양해 얻은 이 물질은 훗날 메바스타틴mevastatin이라 명명되었다. 메바스타틴은 페니실린에 이어 푸른곰팡이가 인류에 안겨준 또 하나의 위대한 결실이었다. 이렇게 최초의 스타틴이 탄생했다.

페니실린과 메바스타틴은 모두 페니실륨속에서 유래했지만, 서로 다른 종이 만들어낸 전혀 다른 물질이다. 페니실린은 페니실륨 노타툼penicillium notatum에서, 메바스타틴은 페니실륨 시트리눔penicillium citrinum에서 발견되었다. 메바스타틴은 콜레스테롤 생합성의 초기 단계에서 작용하는 HMG-CoA 환원효소를 억제한다. 이 효소의 기질인 HMG-CoA와 구조가 유사해, 효소의 활성 부위에 경쟁적으로 결합해 메발론산mevalonic acid 생성을 차단함으로써 콜레스테롤 합성을 억제한다. 이 물질은 이후 개발된 모든 스타틴 계열의 출발점이 되어 현대 스타틴 약물의 기원이라 할 수 있다.

엔도 아키라에게 닥친
세 번의 고비

콜레스테롤을 획기적으로 낮추는 메바스타틴이 발견

됐지만 동물실험은 기대와 달랐다. 당시에는 쥐 실험에서 효과가 입증되어야 약으로 인정받는 분위기였는데 메바스타틴을 투여한 쥐에게서 콜레스테롤 저하 효과가 전혀 나타나지 않았다. 연구팀은 실험 결과에 크게 당황했다. 고지혈증은 식습관, 운동, 노화가 맞물려 생기지만, 쥐는 고지방식을 먹여도 콜레스테롤이 잘 오르지 않는다. 이 동물 모델로는 메바스타틴의 효과를 확인하기 어려웠다.

1976년 아키라는 메바스타틴이 쥐에는 효과가 없지만 고등동물에는 작용할 수 있다고 생각했다. 그는 콜레스테롤을 간에서 합성해 달걀노른자에 공급하는 암탉을 실험동물로 선택했다. 투여 결과 난황의 콜레스테롤이 최대 50% 감소했다. 이후 개와 원숭이도 혈중 콜레스테롤이 뚜렷이 낮아졌다.

효능을 입증한 기쁨도 잠시, 아키라의 연구는 더 큰 암초를 만났다. 약물의 안전성을 평가하는 장기 독성 실험에서 예상치 못한 문제가 발생한 것이다. 쥐에게 고용량을 투여했을 때 간 독성이 나타나자, 회사는 즉시 개발 중단을 지시했다. 낙담한 아키라는 과도한 투여량이 문제라며 용량을 낮추면 독성이 사라질 것이라고 주장했지만, 그의 의견은 받아들여지지 않았다.

독성 문제로 개발이 중단된 상황에서, 미국 텍사스 대학이 중증 고지혈증 환자에게 메바스타틴을 써보자는 제안을 해왔다. 아키라는 사람에게 직접 시험하는 임상 효과를 입증해 난국을 돌파하고자 했는데 일본 학계의 일부는 일본에서 개발한 약이므로 국내에서 먼저 임상 시험을 해야 한다며 반대했다.

이런 사정을 알게 된 오사카 대학에서 임상 시험을 제안했다. 당시에는 위중한 환자에게 환자 동의하에 미승인 약을 투여하는 사례가 있었다. 중증 고지혈증 환자 아홉 명에게 메바스타틴을 하루 50~100mg 투여한 결과, 총콜레스테롤이 평균 28% 감소했다. LDL이 눈에 띄게 줄었으며 HDL은 유지되거나 소폭 상승했다. 부작용도 거의 없었다. 이 성과에 힘입어 산쿄는 1978년 11월 정식 임상 시험에 돌입했다.

그러나 마지막 장애물이 남아 있었다. 개를 대상으로 한 장기 독성 실험에서 림프종이 발견된 것이다. 산쿄는 1978년부터 2년간 0, 25, 100, 200mg/kg 용량으로 투여했고, 100mg 이상 고용량에서 암이 발생했다. 오사카 대학 임상 시험에서 체중 1kg당 1mg 정도의 저용량으로 효과를 본 경험이 있다. 그에 반해 독성 실험은 그 100~200배에 달하는 고용량을 2년간 투여한 셈이었다.

그럼에도 메바스타틴에 발암성이 있다는 소문이 순식간에 퍼지면서, 암 발생 가능성을 지나치게 우려한 산쿄는 1980년 8월 프로젝트 전면 중단을 공식 선언했다. 메바스타틴은 독성 논란을 넘지 못하고 개발이 중단되었다. 자신의 발견이 상용화되지 못하는 상황을 지켜본 엔도 아키라는 크게 실망했고, 이후 산쿄를 떠나 도쿄 농공대학으로 이직했다. 메바스타틴은 상품으로 출시되지는 못했지만 HMG-CoA 환원효소 억제를 통한 콜레스테롤 저하를 처음으로 입증했다는 점에서 과학사적으로 중요한 의미를 지닌다.

1973년 엔도 아키라는 수천 가지 미생물을 시험한 끝에 LDL 콜레스테롤 수치를 극적으로 낮추는 메바스타틴을 발견하고 스타틴이라는 새로운 종류의 분자를 연구했다. 콜레스테롤을 낮추는 데 매우 성공적인 스타틴은 미국 머크에서 1987년 처음 출시했다.

세계적인 블록버스터
스타틴 개발 전쟁

같은 시기, 미국 제약사 머크도 4,000여 종의 미생물 배양액을 조사하다가 흙에서 발견되는 곰팡이 아스페르길루스 테레우스Aspergillus terreus에서 콜레스테롤 합성을 억제하는 물질을 발견했다. 이 물질은 로바스타틴lovastatin으로, 메바스타틴과 분자구조가 유사하다. 산쿄의 아키라와 마찬가지로 천연 물질인 곰팡이에서 찾은 화합물이다.

로바스타틴은 동물실험에서 뛰어난 콜레스테롤 저하 효과를 보였다. 머크는 1980년 특허를 출원해 임상 시험에 돌입했다. 그러나 산쿄의 메바스타틴에서 발암성이 보고되자 머크도 임상 시험을 중단했다. 머크 연구진은 독성 데이터를 처음부터 다시 들여다보았고 문제가 된 결과가 현실적인 용량을 훨씬 넘는 과도한 투여에서 나타난 것임을 확인했다.

그들은 과감하게 로바스타틴 개발을 지속하기로 결정했다. 1987년 마침내 로바스타틴(제품명: 메바코Mevacor)은 FDA 승인을 받았다. 일본의 엔도 아키라가 최초의 콜레스테롤 억제 물질 메바스타틴을 발견했지만 상품화에는 미국의 머크가 앞섰다.

인체의 특정한 표적에 작용하는 최초의 약물을 '퍼스트 인 클래스First in class'라고 한다. 로바스타틴은 HMG-CoA 환원효소를 표적으로 한 최초의 스타틴으로 이 부문의 첫 번째 약물이다. 이후 머크는 로바스타틴의 구조를 약간 변형해 반합성 약물 심바스타틴simvastatin을 개발했고 '조코Zocor'라는 이름으로 새 제품을 출시했다. 심바스타틴은 로바스타틴을 개선해 탄생한 약으로, 더 적은 용량으로도 훨씬 강한 콜레스테롤 저하 효과를 나타낸다. 임상에서는 대체로 약효가 두 배 정도 높은 것으로 평가된다.

한편, 개발을 중단했던 산쿄 역시 메바스타틴의 잠재력을 포기하지 않았다. 그들은 미국 제약사 BMS와 제휴해 메바스타틴의 분자구조를 일부 변경했다. 이렇게 독성을 줄이고 약효를 개선한 프라바스타틴pravastatin이 나왔다. 프라바스타틴의 장기 독성시험에서 최고 용량은 1kg당 25mg이었다. 메바스타틴보다 훨씬 낮은 용량으로 실험해서 안전성을 획득한 것이다.

스타틴은 원래 유전 이상으로 콜레스테롤 수치가 비정상적으로 높은 가족성 고콜레스테롤혈증 환자를 위한 희귀 질환 치료제로 개발되었다. 그럼에도 스타틴이 특정 고위험군을 넘어 고지혈증을 가진 광범위한 환자에게 쓰이게 된 배경에는 두 가지 핵심 임상시험이 있었다.

1994년 발표된 북유럽의 '4S 연구'는 스타틴이 심혈관 질환 병력이 있는 환자의 전체 사망률을 30% 감소시킨다는 결과를 보여주었다. 환자 100명이 6년간 심바스타틴을 복용했을 때, 사망 4건과 심장마비 7건을 막을 수 있었다.

이듬해 발표된 영국 스코틀랜드의 'WOSCOPS 연구'는 심혈관 병력이 없는 고지혈증 환자에서도 심근경색 위험이 31% 감소함을 입증하면서, 스타틴이 단순한 치료제가 아니라 질병을 효과적으로 예방하는 약이라는 사실을 처음으로 증명했다.

두 연구를 계기로 스타틴은 희귀 질환 치료제에서 세계적으로 가장 널리 쓰이는 심혈관 예방약으로 도약했다. 미국심장협회를 비롯한 주요 의학 가이드라인이 스타틴을 1차 예방 약물로 공식 채택했다. 특허 만료로 값싼 동일 성분이 확산하면서, 스타틴은 하루 한 알로 심장을 지키는 대표적인 대중 약물이 되었다.

스타틴에 관심이 높아지고 여러 가지 약이 속속 등장하는 동안 관련 데이터도 쌓였다. 처음에는 곰팡이를 이용한 천연물에서 출발했으나 축적된 자료를 토대로 제약사들은 최적의 효과를 나타내는 인공 합성에 나섰다. 미국 제약사 워너-램버트Warner-Lambert는 로바스타틴의 화학구조를 변형해 아토르바스타틴atorvastatin을 합성했다.

의약 화학에서 신약을 설계할 때는 중심이 되는 화합물 구조에 변화를 주며 수많은 유도체를 합성한다. 1차적으로 생물학적 활성이 높은 물질을 찾는 것이 목표지만 그것만으로는 충분하지 않다. 독성, 흡수율, 약효 지속 시간, 대사 과정까지 모두 만족해야 비로소 약이 될 수 있다. 이 모든 조건을 통과한 아토르바스타틴은 놀라울 정도로 콜레스테롤 수치를 낮췄다.

그러나 시장을 선점한 머크의 로바스타틴, 심바스타틴과 경쟁하려면 강력한 유통망과 마케팅 능력을 갖춘 대형 제약사와 협력해야 했다. 1996년 워너-램버트는 화이자와 아토르바스타틴을 공동 판매하기로 합의해 리피토Lipitor라는 이름으로 시장에 출시했다.

탁월한 LDL 콜레스테롤 저하 효과를 앞세운 리피토는 전 세계에서 폭발적인 반응을 얻었다. 2005년 한 해에만 약 129억 달러(약 14조 7,000억 원)의 매출을 기록했다. 당시 단일 의약품 기준 제약 역사상 최고의 매출이었다. 리피토는 최초로 연 매출 100억 달러를 돌파한 블록버스터 약물로 등극했다.

시장을 10년 먼저 선점한 약이 있었음에도 리피토는 후발 주자로서 탁월한 효능을 내세워 '베스트 인 클래스Best in class'가 될 수 있음을 증명했다. 베스트 인 클래스는 같은 계열의 약물 중 임상 효과와 안전성 면에서 가장 우수한 약을 말한다. 리피토의 성공은 제약 산업 전반에 큰 영향을 끼쳤다.

리피토가 독점하던 시장에 과감하게 도전장을 내민 제약사가 있었다. 영국계 아스트라제네카였다. 이 회사는 로수바스타틴rosu-vastatin을 개발해 2003년 크레스토Crestor라는 이름으로 미국 FDA의 허가를 받았다. 리피토보다 더 강력한 LDL 콜레스테롤 저하 효과(최대 52%)를 앞세운 로수바스타틴은 '가장 강력한 스타틴' 전략으로 시장을 공략했다. 하지만 고용량으로 사용하면 간 독성과 횡문근융해증 등 안전성 우려가 제기되며 리피토의 아성을 넘지는 못했다.

그럼에도 크레스토는 2000년대 중반 연간 매출이 10억~20억 달러에 이르며 강력한 입지를 구축했다. 2022년에도 매출 약 10억 달러를 기록하면서 꾸준히 처방되고 있다. 크레스토는 리피토 이후 가장 성공적인 스타틴으로 평가받고 있으며, 2024년 기준 우리나라에서는 로수바스타틴 처방이 아토르바스타틴보다 많다.

대박이 난 스타틴 개발 전쟁에서 모두가 축배를 든 것은 아니다. 시판되던 바이엘의 세리바스타틴cerivastatin(제품명: 바이콜Baycol)은 횡문근 융해증으로 사망자가 최소 52명이나 발생하면서 2001년 8월 퇴출당했다. 시판된 신약은 지속적인 모니터링을 한다. 중대한 부작용이 드러나면 규제 기관 식약처는 판매 중단을 결정하고 약국에 공문을 보내 전량 회수한다. 오랫동안 공들인 개발과 투자가 물거품이 되는 셈이다. 그럼에도 환자의 생명과 안전은 언제나 사업 논리보다 우선해야 마땅하다. 그래야 더 큰 인명 손실을 막을 수 있다.

현재 쓰이는 스타틴 계열의 약은 대체로 안전하지만, 고용량에서는 드물게 근육통이 나타날 수 있고, 매우 드물게는 횡문근융해증 같은 심각한 부작용이 보고된다. 손상된 근육에서 유출된 미오글로빈이 혈류를 따라 신장에 도달해 신 세뇨관을 막거나 독성을 유발해 급성 신부전으로 이어질 수 있다. 심한 근육통이 생기고 소변이 콜라 색깔로 나온다면 즉시 약을 중단하고 치료해야 한다.

복합제 한 알에 담긴 진실

　　　　　콜레스테롤을 낮추는 1차 치료제로 스타틴이 가장 널리 쓰이지만, 효과가 미흡하거나 부작용이 있을 때는 소장에서 콜레스테롤 흡수를 막는 에제티미브ezetimibe를 병용한다. 2004년 심바스타틴과 에제티미브를 결합한 복합제 바이토린Vytorin이 출시되었다. 콜레스테롤 합성과 흡수를 동시에 차단하는 이중 작용으로 강력한 LDL 저하 효과를 발휘한다. 최근에는 작용 기전이 다른 성분을 한 알에 담은 복합제가 늘고 있다. 예를 들어 고지혈증약과 고혈압약은 다르지만 둘 다 심혈관 질환을 예방하는 핵심 치료제로 복합해서 나온다.

　고지혈증 환자에게 고혈압이나 당뇨가 함께 나타나는 경우가 많다. 처음엔 콜레스테롤만 높다가 시간이 지나며 혈압과 혈당까지 올라가는 일이 흔하다. 세 질환 모두 혈관이 손상되는 만성 대사 질환이며, 약도 처음에는 하나로 시작해 점점 수가 늘어난다. 약이 많아지면 부담도 커진다. 이럴 때 여러 성분을 한 알에 담은 복합제는 심리적 거부감을 줄이고 복용을 편하게 해준다. 한 알로 여러 효과를 낼 수 있어 복약 순응도도 높다. 하지만 약 개수가 줄었다고 병이 사라진 건 아니다. 만성질환 치료의 핵심은 생활 습관 개선이다.

　콜레스테롤 수치를 낮추기 위해 기름진 음식을 무조건 피하던 시대는 지났다. 이제는 식이 콜레스테롤보다 포화지방과 트랜스 지방이 더 큰 문제다. 고지혈증 환자는 붉은색 고기와 가공식품을 줄이고 생선, 채소, 통곡물, 불포화지방산을 늘리는 식습관이 중요하다. 특히 지중해식 식단은 콜레스테롤 개선과 심혈관 질환 예방에 효과적이다. 지중해식 식단은 올리브유, 생선, 채소, 통곡물을 중심으로 한 식사 방식이다. 포화지방과 가공식품을 줄이고 불포화지방과 식이섬유를 늘려 콜레스테롤을 낮추고 심혈관 질환을 예방하는 데 효과적이다.

혈관 건강을 지키려면 금연과 절주는 기본이다. 트랜스 지방, 단 음료, 짠 음식은 줄이고 과일과 채소, 식이섬유는 충분히 먹어야 한다. 기름지고 짜게 먹는 습관은 혈관을 해치고 빵과 과자, 믹스 커피 같은 초가공 식품은 당이 많아 주의가 필요하다. 운동은 주 3~5회, 유산소와 근력 운동을 병행해야 지방이 줄고 근육이 늘어난다. 근육량이 늘면 기초대사량도 함께 증가해 체중 관리에 도움이 된다. 반대로 장시간 앉아 있는 생활은 여러 건강 문제를 유발할 수 있다. 무엇보다 중요한 것은 아는 것보다 일상 속에서 꾸준히 실천하는 것이다.

식이 조절과 생활 습관 변화로도 나아지지 않으면 약물 치료를 해야 한다. 몸이 보내는 신호에 일찍 대응하면 나아질 수 있지만 방치하면 대사 질환이 되기 쉽다. 혈압은 혈압계로, 혈당과 콜레스테롤은 정기적인 혈액검사로 확인할 수 있다. 건강검진은 질병을 조기에 발견하는 가장 쉬운 방법이다. 30대 이후에는 혈압·혈당·

콜레스테롤 세 가지 지표를 정기적으로 확인하고, 변화가 보이면 적극적으로 관리해야 한다.

콜레스테롤을 떨어뜨리는
혁신적인 의약품

스타틴이나 에제티미브 복합제로도 LDL 콜레스테롤 수치가 목표에 도달하지 않는 사람들이 적지 않다. 특히 심혈관 질환 병력이 있는 고위험군에서는 LDL 수치를 55mg/dL 이하로 아주 낮게 유지해야 하는데 기존 약으로는 부족한 경우가 많다. 이럴 때 사용하는 약이 PCSK9 억제제다.

이 약은 간세포 표면의 LDL 수용체를 분해하는 단백질PCSK9의 작용을 차단한다. 이 단백질은 콜레스테롤을 낮추는 새로운 표적이다. LDL 수용체가 분해되지 않고 간세포 표면에서 제 기능을 유지하면 혈중 LDL 콜레스테롤은 크게 낮아진다. 스타틴에 PCSK9 억제제를 병용하면 LDL이 추가로 50~60% 더 감소한다. PCSK9 억제제는 피하 주사제로 사용되는데 2~4주 간격으로 투여한다. 심혈관 질환이 있거나 가족성 고콜레스테롤혈증같이 유전적 요인으로 LDL이 매우 높은 환자에게 주로 사용된다.

PCSK9 억제제의 대표적인 약이 2015년 동시에 나온 미국 제약사 암젠Amgen의 에볼로쿠맙Evolocumab과 프랑스 제약사 사노피Sanofi와 미국의 리제네론Regeneron이 공동 개발한 알리로쿠맙Alirocumab이다. 두 가지 모두 단일클론항체monoclonal antibody로 만들었으며 몸속에서 정확히 PCSK9 단백질만 겨냥하는 생물학적 제제다.

단일클론항체는 한 가지 특정 표적에만 작용하도록 만든 정밀 치료제다. 수많은 항원 중 단 하나만 골라 결합하는 고도의 선택성으로 원하는 표적에만 작용한다. 에볼로쿠맙과 알리로쿠맙은 스타틴의 효과가 충분하지 않거나 사용할 수 없는 환자, 특히 가족성 고콜레스테롤혈증 환자에서 강력한 대안으로 활용되며 고지혈증 치료의 새로운 장을 열었다. 하지만 항체 의약품 특성상 냉장 보관이 필수여서 유통과 보관이 까다롭다. 약을 가지고 여행하기 불편하고 무엇보다도 가격이 스타틴과 비교해 훨씬 비싸다.

2021년 스위스 제약사 노바티스Novartis는 인클리시란Inclisiran이라는 새로운 방식의 RNA 기반 치료제를 선보였다. 이 약은 PCSK9 단백질이 만들어지기 전에 그 설계도인 mRNA를 표적으로 분해해, 단백질 합성을 근본적으로 차단하는 최첨단 치료제다. siRNA(간섭 RNA) 기술로 간세포 안에서 콜레스테롤을 높이는 단백질을 아예 못 만들게 막는다.

siRNA는 몸속에서 특정 단백질이 만들어지지 않도록 유전정보 수준에서 개입하는 스위치 역할을 한다. 연 2회 주사로 LDL 콜레스테롤을 꾸준히 낮춰 기존 약물에 효과를 보지 못하는 사람에게 새로운 선택지가 되고 있다. 다만 인클리시란도 PCSK9 억제제와 같이 주사제 특성상 고가인 점은 여전히 큰 부담이다.

대략 2010년까지는 분자량 500 이하의 소분자 약물이 제약 산업의 주를 이뤘다. 지금까지 우리가 다뤘던 대부분 약이 여기에 속한다. 화학합성 기반으로 만들고 경구 복용할 수 있으며 비교적 가격이 저렴해 널리 쓰였다. 그러나 최근에는 단일클론항체, siRNA(간섭 RNA), mRNA 백신 등 생명공학 기반의 바

이오 의약품이 빠르게 부상하고 있다. 기존 약물로 효과를 보기 어려운 질환
이나, 암·유전자 질환에서 바이오 의약품이 질병 치료의 새로운 해법으로 부
상하고 있다.

11

심장과 뇌혈관을 지키다

고혈압약

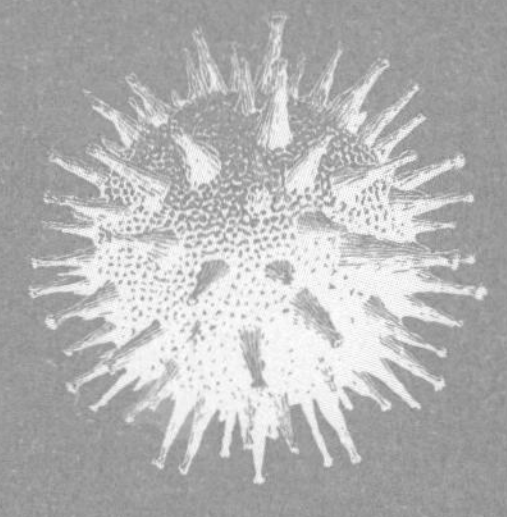

고혈압약의 역사는 곧 현대 의학의 진보사다.

혈액순환의 개념은 17세기 윌리엄 하비의 발견에서
시작되었고, 20세기 중반까지도 고혈압은 노화 현상으로
여겨져 질병이란 개념이 없었다.

루스벨트 대통령의 고혈압성 뇌출혈이 전환점이 되어
고혈압 연구가 본격화되었다. 설파제의 부작용에서 탄생한
이뇨제, 아드레날린 수용체를 차단하는 베타 차단제,
브라질 독사의 독에서 출발한 ACE 억제제
그리고 마른기침을 피한 ARB까지, 인체 생리에 대한
깊은 이해에서 얻은 성과였다.

하루 한 알로 생명을 연장하는 시대를 연 것은
우연이 아닌 과학과 노력의 결실이다.

#혈액순환원리 #루스벨트 #하이드로클로로티아지드 #베타차단제
#로사르탄 #암로디핀

현대인을 위협하는
혈관 질환

2024년 통계청 자료에 따르면, 우리나라 사람의 주요 사망 원인은 암에 이어 혈관성 질환이 두 번째로 많다. 특히 60세 이후부터 사망률이 급증하는데, 노화로 뇌와 심장, 혈관의 탄력이 떨어지고 혈관이 막히거나 터지는 일이 늘기 때문이다.

혈액은 세포에 산소와 영양소를 공급하고 노폐물을 운반해 배출한다. 혈액순환은 심장의 펌프 작용으로 이뤄진다. 심장 수축력이 떨어지면 전신으로 혈액을 충분히 내보내지 못해 심부전이 발생한다. 그러면 심장은 더 강하게 수축하려 하고, 시간이 지날수록 심근이 비대해져 경직되면서 기능이 더 나빠진다.

이렇게 심장 기능이 저하되면 인체는 생존 유지를 위해 혈류 분

배 우선순위를 조절하게 된다. 생존에 중요한 뇌와 심장에 혈류가 먼저 공급되고, 신장을 비롯한 다른 장기에는 혈류가 줄어든다. 신장으로 가는 혈액이 감소하면 소금과 수분 배설이 줄어 혈액량이 늘어나 몸이 붓는다. 결국 심장과 신장은 혈류를 매개로 긴밀히 연결되어 있다. 심장이 약해지면 신장이 손상되고, 신장 기능이 무너지면 다시 심장에 부담이 가중된다.

심장과 신장의 악순환을 촉발하거나 악화시키는 대표적인 원인이 바로 고혈압이다. 고혈압은 자각 증상이 거의 없어 '침묵의 병'으로 불린다. 수년간 진행되다 협심증, 뇌졸중, 신부전 등 치명적인 합병증으로 나타나는 경우가 많으며, 이 단계에 이르면 되돌리기 어렵다. 환자의 약 90% 이상은 원인을 알 수 없는 본태성 고혈압이고, 나머지는 신장이나 내분비 질환 등으로 생기는 2차성 고혈압이다.

수축기 혈압이 140mmHg, 이완기 혈압이 90mmHg 이상이면 고혈압으로 진단된다. 정상은 120/80mmHg 미만이다. 본태성 고혈압은 뚜렷한 원인은 없지만, 유전·비만·염분 과다·노화·음주·스트레스 등이 영향을 미친다. 평소에는 증상이 거의 없어 정기검진에서 발견되는 일이 많다.

고혈압으로 진단되면 혈압을 조절해 사망률을 낮추는 것이 핵심 목표가 된다. 협심증, 심근경색, 뇌졸중 같은 심뇌혈관 질환 환자에겐 혈압 관리가 병의 재발과 진행을 막고 삶의 질을 높이는 데 필수적이다. 혈압이 다소 높을 때는 염분 섭취를 줄이고 규칙적인 운동으로 혈관의 탄력을 유지하는 것이 중요하다. 그 밖에도 체중 조절, 절주, 금연, 스트레스 관리, 적절한 섭취 증가, 수면 개선 등도 고혈압 예방에 효과적이다.

몇 달간 생활 습관을 개선해도 혈압이 조절되지 않으면 약물 치료가 필요하다. 보통은 한 가지 약으로 시작해 효과가 부족하면 용량을 늘리거나 다른 계열의 약을 추가한다. 최근에는 두 가지 약을 저용량으로 병용하는 방식이 널리 사용된다. 고혈압 약은 1차 치료제로 이뇨제, 베타 차단제, ACE 억제제, 안지오텐신 수용체 차단제ARB, 칼슘 채널 차단제가 있고 2차 치료제로 알파 차단제 등이 있다.

윌리엄 하비의
혈액순환 원리

오늘날 우리가 알고 있는 혈액순환 개념은 17세기 초에 이르러서야 비로소 정립되었다. 영국의 의사 윌리엄 하비William Harvey는 혈액이 몸을 순환한다는 사실을 밝혀냈다. 그는 심장이 혈액을 몸 전체로 내보내는 펌프 역할을 한다는 사실을 입증해 근대 생리학을 개척했다. 과학적이고 체계적인 이해가 자리 잡기 전까지, 인류는 심장을 단순한 생리 기관이 아닌 생명과 정신의 근원으로 생각했다. 심장은 하트 모양으로 표현되며 사랑과 감정을 나타내는 상징이었다.

심장이 장기를 넘어 존재의 본질로 여겨진 관념은 고대에도 명확히 나타난다. 고대 이집트인들은 심장을 생명의 핵심이라 믿어 죽은 사람의 심장을 보존해 무게를 재는 의식을 거행했다. 그리스의 철학자 아리스토텔레스 역시 심장을 인체의 핵심 기관으로 간주해 감정과 사고의 근원으로 보았다. 오랫동안 심장은 혈액순환을 위한 장기가 아니라 생명과 연결된 신성한 기관으로 받아들여졌다.

서양의학은 오랜 기간 로마 시대의 의사 갈레노스Galenos의 영향 아래 있었다. 그는 로마 군인과 검투사를 치료하며 능력을 인정받아 황제의 주치의로 발탁되었다. 오현제五賢帝의 마지막 황제인 마르쿠스 아우렐리우스Marcus Aurelius뿐 아니라 공동 황제 루키우스 베루스Lucius Verus를 돌보았다. 콜로세움의 검투사가 된 마르쿠스 아우렐리우스의 아들 코모두스Commodus까지도 연속해서 그가 담당했다. 그는 의학서 수백 편을 저술한 고대 의학의 대가였다.

기독교인은 아니었지만, 인체를 조화롭고 목적 있는 구조로 바라본 갈레노스의 관점은 신의 창조 질서를 중시한 중세 교회 사상과 맞아떨어졌다. 그의 저작은 성서처럼 절대적 권위를 지녔고, 실험보다 신앙과 전통이 중시되던 시대에 의심 없이 진리로 받아들여졌다.

인체 해부가 금지된 로마 시대에 갈레노스는 동물을 해부해 인체 구조를 추정했다. 그는 우심실의 혈액이 심실중격의 미세한 구멍을 통해 좌심실로 이동한다고 믿었고, 폐순환은 알지 못했다. 폐는 혈액의 열을 식히는 장기로, 간에서 생성된 혈액은 온몸으로 퍼졌다가 사라진다고 보았다.

그러나 중세와 르네상스를 거치며 점차 갈레노스의 이론에 의문을 제기하는 움직임이 나타났다. 대표적인 인물이 윌리엄 하비였다. 해부학과 생리학에 깊이 매료된 하비는 동물 해부를 통해 생명 활동의 원리를 추적했다. 그는 특히 심장 박동이 느린 냉혈동물, 그중에서도 뱀을 대상으로 관찰과 실험을 거듭하며 혈액의 흐름을 면밀히 살폈다.

하비는 뱀의 대동맥을 묶으면 심장에 혈액이 고이고, 대정맥을 묶으면 심장이 비는 것을 관찰했다. 이를 통해 혈액이 대정맥을 통해 심장으로 들어오고 대동맥을 통해 전신으로 흐른다는 사실을 확인했다. 그는 이 흐름이 끊임없이 반복되어 순환한다고 최초로 주장했다.

동물에서 혈류의 흐름을 확인한 뒤, 하비는 사람의 팔을 이용해 자신의 가설을 검증했다. 그는 팔의 상박을 가볍게 압박한 상태에서 정맥을 손가락으로 누르고 양쪽으로 밀어 보았고, 혈액이 심장 쪽으로만 이동하고 손쪽으로는 역류하지 않는다는 사실을 확인했다. 이 실험을 통해 정맥에는 판막이 존재하며, 혈액이 한 방향으로만 흐른다는 점을 입증할 수 있었다.

또 하비는 인체 해부를 통해 우심실의 혈액이 폐동맥을 따라 폐로, 좌심실의 혈액이 대동맥을 따라 전신으로 흐른다는 사실을 알

윌리엄 하비가 영국 왕 찰스 1세에게 혈액순환 이론을 설명하는 순간을 재현한 그림. 당시 하비는 국왕의 주치의였고, 그의 연구는 왕실의 후원을 받을 만큼 주목받았다. 그림에서 하비가 국왕보다 높은 위치에서 묘사된 것은, 의학사에서 그의 발견이 지닌 비중을 상징적으로 드러낸다.

아냈다. 그는 심실중격을 통한 혈액 이동이 없음을 확인하며, 갈레노스의 낡은 이론을 뒤집었다.

1628년 하비는 『동물의 심장과 혈액의 운동에 관한 해부학적 연구_Exercitatio Anatomica de Motu Cordis et Sanguinis in Animalibus_』를 발표해 생리학의 신기원을 열었다. 참고로 해부학은 1543년 벨기에 안드레아스 베살리우스_Andreas Vesalius_의 『인체의 구조에 대하여_De Humani Corporis Fabrica_』, 병리학은 1761년 이탈리아 조반니 모르가니_Giovanni Morgagni_의 『해부학 연구에 바탕을 둔 질병의 장소와 원인_De sedibus et causis morborum_』과 1858년 독일 루돌프 피르호_Rudolf Virchow_의 『세포병리학_Cellular Pathology_』이 출간되면서 절대적인 권위로 군림했던 고대 의학의 체계는 모두 해체되었다. 특히 해부병리학과 세포병리학의 등장으로 사람의 건강과 성격을 체액 네 가지(혈액, 점액, 황담즙, 흑담즙)의 균형으로 설명하던 갈레노스의 4체액설도 의학에서 완전히 폐기되었다.

하지만 하비의 이론에는 한계도 있었다. 혈액이 순환하려면 동맥과 정맥이 연결되어야 하는데 당시에는 모세혈관의 존재를 알 수 없었다. 1661년 이탈리아의 해부학자 마르첼로 말피기_Marcello Malpighi_가 하비의 혈액순환 이론을 증명했다. 말피기는 현미경으로 개구리의 허파에서 아주 가는 혈관과 그 속에 흐르는 혈액을 확인했다. 동맥과 정맥이 모세혈관으로 연결되어 있음을 발견한 것이다.

하비의 혈액순환 이론은 의학적으로는 혈액 수혈을 가능하게 했고, 약학적으로는 약물이 혈류를 따라 전신으로 퍼진다는 개념의 출발점이 되었다. 약을 먹거나 정맥으로 주사했을 때 몸에 어떻게 흡수되고, 어디로 퍼지며, 얼마나 머문 뒤, 어떻게 배출되는지를 이해하게 된 것이다.

급성 뇌출혈로 사망한 루스벨트 대통령

1945년 2월 종전을 몇 달 앞두고 제2차 세계대전의 향방을 결정지을 국제 회담이 우크라이나 크림반도의 얄타에서 열렸다. 미국의 프랭클린 루스벨트Franklin Roosevelt, 영국의 윈스턴 처칠Winston Churchill 그리고 소련의 이오시프 스탈린Iosif Stalin, 이렇게 전쟁을 이끌던 연합국의 수뇌 세 사람이 한자리에 모였다. 얄타 회담은 한반도의 운명과 전후 세계 질서의 밑그림을 그린 역사적 사건이었다. 하지만 거대한 세계사적 결정 뒤에는 어느 노쇠한 지도자의 그림자가 드리워 있었다.

소아마비 환자였던 루스벨트 대통령은 중증 고혈압과 심부전을 앓고 있었다. 4선에 성공하고 전쟁 승리를 목전에 둔 그는 세계를 향한 비전을 품고 있었지만 혈압이 260/150mmHg에 달할 정도로 위태로운 상태였다. 오늘날 기준이라면 즉각 입원 치료를 해야 하는 높은 수치다.

1945년 얄타 회담에 자리한 미국, 영국, 소련의 수뇌들. 왼쪽부터 처칠, 루스벨트, 스탈린. 제2차 세계대전이 장기간 이어지던 때 이탈리아가 이미 항복하고 독일도 패전의 기미가 보이자 연합국 지도자들이 나치 독일을 최종 패배시키고 전쟁 이후의 국제 체제를 논의하기 위해 회담을 가졌다.

그러나 당시에는 고혈압이 병으로 간주되지 않던 시대였다. 루스벨트의 주치의는 그의 고혈압을 평범한 노년의 변화로 보고 정상 수준이라고 평가했다. 당시에는 고혈압을 나이가 들며 생기는 자연스러운 변화로 여겨, 혈압을 굳이 낮출 필요가 없다고 생각하는 시각이 널리 퍼져 있었다.

흑해 연안의 고급 휴양지 얄타로 가기 위해 루스벨트는 워싱턴에서 방탄 열차를 타고 버지니아주 해군기지로 향했다. 해군 순양함 퀸시호에 승선한 후에는 휠체어에 앉은 채 열흘 가까이 대서양을 건너 지중해 몰타에 도착했다. 그곳에서 루스벨트는 군용기를 타고 크림반도 내륙 비행장에 착륙하고 얄타까지 자동차로 이동했다. 지친 몸을 이끌고 떠난 1만km의 긴 여정은 62세가 된 루스벨트에게는 너무나 고된 일정이었다.

그가 병든 몸을 이끌고 먼 길을 떠난 데는 분명한 목적이 있었다. 태평양 전선에서 일본과 치열하게 싸우는 미군을 지원하기 위해, 소련이 극동 전선에 참전해줄 것을 스탈린에게 직접 요청하려한 것이다. 그러나 그의 몸은 이미 외교 활동을 감당하기 어려울 만큼 쇠약해져 있었다.

얄타에서 루스벨트는 시종일관 얼굴이 창백하고 피곤해 보였으며 말끝을 자주 흐렸다. 그는 회담 중간중간 휴식을 취해야 했다. 쇠약한 모습과 달리, 회담 테이블 위에는 세계의 운명이 걸려 있었다. 얄타 회담에서는 전후 독일 문제, 유럽 재편, 일본전 참전, 유엔 창설뿐 아니라 한반도의 미래도 논의했다. 이때 논의한 신탁통

치안은 훗날 남북 분단의 씨앗이 되었다.

회담이 끝난 지 불과 두 달 뒤인 1945년 4월 12일, 루스벨트는 조지아주 별장에서 급성 뇌출혈(고혈압성 출혈)로 갑자기 사망했다. 부통령 해리 트루먼Harry Truman이 즉시 대통령직을 승계했고 일본 원폭 투하 결정을 내리며 냉전의 막이 올랐다. 루스벨트의 급사는 고혈압의 위험성을 대대적으로 대중에게 각인시켰다. 1948년 트루먼이 '국가 심장법'에 서명하면서 미국의 뇌·심혈관 연구와 예방 정책이 본격적으로 시작되었다.

설파제에서 시작된 이뇨제와 심장에 작용하는 베타 차단제

신장은 체내 수분과 전해질의 균형을 조절하고 혈압을 일정하게 유지하는 기관이다. 신장 사구체에서 혈장이 여과되어 생성된 여과액은 근위세뇨관→헨레 고리→원위세뇨관→집합관을 거치면서 물과 전해질이 재흡수되고 나머지는 소변으로 배출된다. 소변량이 많으면 체내 수분이 줄고 혈액의 혈장량이 감소해 혈압도 낮아진다. 이 원리를 바탕으로 만든 약이 이뇨제다. 이뇨제는 신장에서 수분과 전해질의 재흡수를 막아 소변 배출을 늘려 혈압을 낮춘다.

뜻밖에도 이뇨제는 설파제에서 시작되었다. 1930년대에 설파제를 투여한 환자 일부에게서 소변이 비정상적으로 증가하는 현상이 나타났다. 처음엔 단순한 부작용으로 여겨졌지만, 몇몇 연구자는 이 신기한 현상에 주목했다. 조사 결과 설파제는 근위세뇨관에서 탄산탈수효소carbonic anhydrase를 억제해 소듐Na^+과 중탄산염HCO_3^-의 재흡수를 방해해, 물과 함께 소변으로 빠져나간다는 사실이 밝혀졌다.

설파제의 의도치 않은 부작용, 즉 이온과 수분 배출은 이뇨제 개발로 이어졌고 이렇게 탄생한 약이 아세타졸아미드acetazolamide이다. 이 약은 현대적 의미에서 최초의 이뇨제로 평가되지만, 고혈압 치료제로 쓰기에는 효과가 충분하지 않았다. 아세타졸아미드는 지속적이고 강력한 혈압 강하 효과가 부족하고, 중탄산염 손실로 혈액이 산성화돼 산-염기 불균형을 유발한다. 그래서 고혈압보다는 녹내장(안압 감소)이나 고산병에 주로 사용된다.

고산병은 고지대의 낮은 산소 농도에서 비롯되며, 이를 보상하기 위해 과호흡이 일어나면 이산화탄소가 과도하게 배출되어 혈액이 알칼리성으로 기운다. 아세타졸아미드는 중탄산염 배설을 증가시켜 가벼운 대사성 산증을 유도함으로써 이러한 알칼리증을 보정하고, 고산병 증상을 예방한다.

고혈압 치료의 판도를 바꾼 건 1958년 임상에 승인된 티아지드계 이뇨제, 클로로티아지드chlorothiazide이다. 이 약은 아세타졸아미드와 구조적으로 유사한 탄산탈수효소 억제제 유도체를 개발하던 중 발견되었는데 작용 기제는 전혀 달랐다. 클로로티아지드는 근위세뇨관이 아닌 원위세뇨관에서 작용해 소듐$_{Na^+}$과 염소$_{Cl^-}$의 재흡수에 관여하는 소듐-염소 수송체를 억제한다. 그러면 삼투압 차에 따라 수분 재흡수도 함께 감소해 혈액량이 줄어 혈압이 낮아진다. 클로로티아지드는 혈액량 감소에 더해 말초 저항 감소까지 일어나 지속적인 혈압 조절에 도움을 준다.

당시에도 고혈압을 낮추는 약물이 없었던 것은 아니지만, 수은 화합물처럼 부작용이 심하고 효과가 미미한 약이 대부분이었다. 이런 상황에서 클로로티아지드는 경구 복용이 가능하고 비교적 안전하면서도 혈압을 꾸준히 낮출 수 있는 최초의 이뇨제로 자리 잡았다. 이후 개발된 여러 항고혈압제는 이 약을 토대로 발전했으며, 클로로티아지드는 현대 고혈압 치료의 출발점이 되었다.

뒤이어 나온 하이드로클로로티아지드(제품명: 다이크로지드Di-chlozid)는 혈압을 낮추는 효과가 우수하고 지속적인 작용을 나타내 오늘날까지도 고혈압 1차 약제로 널리 사용되고 있다. 현재 보험 적용 가격도 10원으로 아주 저렴해 다른 고혈압약과 함께 쓰는 경우가 많다. 이후 이뇨 작용이 강한 루프계 이뇨제 푸로세마이드furosemide(제품명: 라식스Lasix)도 개발되었지만, 일반적인 고혈압 치료에는 티아지드계 이뇨제의 혈압 강하 효과가 더 뛰어나다. 다만 신기능이 심하게 저하되었을 땐 티아지드계 약물의 효과가 줄어들기 때문에 루프계 이뇨제를 사용하는 것이 적절하다.

1950년대 중반까지 고혈압과 협심증은 해결할 수 없는 의학의 난제였다. 환자들은 질병의 굴레에서 벗어나지 못했고 의사들은 니트로글리세린으로 일시적으로 혈관을 확장하는 데 만족해야 했다. 신장 위 부신수질에서 분비되는 아드레날린adrenaline과 노르아드레날린noradrenaline이 심장 박동과 혈압에 영향을 준다는 사실은 알려졌지만, 치료에 응용하는 방법은 요원했다.

혁신의 돌파구는 한 젊은 과학자의 발상에서 시작되었다. 스코틀랜드 출신의 약리학자 제임스 블랙James Black은 아드레날린이 심장 수용체를 자극해 혈압과 박동을 높인다는 점에 착안했다.

"수용체를 막으면 심장이 안정되지 않을까?"

그는 교감신경의 흥분을 차단해 협심증과 고혈압을 치료할 수 있다는 아이디어를 떠올렸다.

블랙은 당시로선 생소한 개념이던 베타 차단제 개발에 착수했다. β_1 수용체는 심장을 자극하고, β_2 수용체는 기관지를 확장한다. 블랙은 영국 제약사 ICI에 입사해 본격적인 연구를 시작했다.

당시 미국에서 서맥(심장이 느리게 뛰는 증상) 치료제로 연구된 다이클로로아이소프레날린dichloroisoprenaline은 오히려 심장 박동을 늦춰 실패로 끝났다. 블랙은 이 물질의 구조를 바탕으로 본격적인 β 차단제 개발에 나섰다. 이렇게 신약 개발의 출발이 되는 물질을 리드 컴파운드lead compound라고 한다.

블랙은 심장 박동을 느리게 하는 물질 수백 가지 화합물을 합성하고 심장 박동 실험을 반복했다. 1960년 블랙과 그의 연구팀은 첫 번째 β 차단제 프로네탈롤pronethalol을 합성했다. 나프탈렌 고리 구조를 가진 이 물질은 동물실험에서 아드레날린의 효과를 차단하고 협심증 증상을 줄이는 뛰어난 효과를 보였다. 1962년 임상 시험에서도 환자들은 흉통 완화와 운동 능력 향상을 경험했다. 그러나 곧 동물실험에서 종양 유발 가능성이 보고되며 개발이 중단됐다.

많은 연구자가 절망한 상황에서 블랙은 오히려 더 큰 확신을 가졌다. 그가 생각한 베타 차단제의 원리는 옳았다. 문제는 분자구조였다. 블랙과 그의 동료 존 스티븐슨John Stephenson은 나프탈렌 고리를 다른 구조로 바꾸는 작업에 착수했다. 화합물을 수십 개 합성해 시험한 끝에 마침내 주목할 만한 분자를 찾아냈다.

새로운 화합물은 나프탈렌 고리 대신 나프톡시naphthoxy 그룹을 가지고 있었다. 이 작은 변화가 모든 걸 바꾸었다. 발암성은 사라졌고 베타 차단 효과는 오히려 더 강해졌다. 이 화합물의 이름은 프로프라놀올propranolol이었다. 이 약은 베타 수용체를 차단해 심박수를 낮추고 심근의 산소 요구량을 줄였다. 혈관이 좁아져 산소를 공급받지 못한 협심증 환자의 흉통이 가라앉고 혈압도 떨어졌다.

1965년 세계 최초의 베타 차단제 프로프라놀올이 승인되면서 심혈관 치료의 새 장이 열렸다. 협심증 환자의 운동 능력은 30% 향상되고 니트로글리세린 사용량은 절반으로 감소했다. 협심증과 고혈압 외, 부정맥에도 탁월한 효과를 나타냈다. 이후 1970년대에는 더 극적인 결과가 나타났다. 심근경색 환자에게 프로프라놀올을 투여하면 사망률이 26% 감소한다는 연구 결과가 발표된 것이다. 혜성같이 나타난 프로프라놀올은 심혈관 질환에 널리 사용되며 현대 심장병 치료의 기둥이 되었다.

프로프라놀올의 성공은 여기서 그치지 않고 더 좋은 베타 차단제 개발의 기폭제가 되었다. 1세대 비선택적 차단제(프로프라놀올, 티몰롤timolol)에서 시작해, 심장에 선택적으로 작용하는 2세대 차단제(아테놀올atenolol, 비소프롤올bisoprolol), 혈관 확장 효과까지 겸비한 3세대 약물(카르베딜올carvedilol, 네비볼올nebivolol)로 발전했다.

무엇보다 중요한 것은 제임스 블랙이 합리적인 신약 개발 접근법이라는 새로운 패러다임을 제시한 데 있다. 그전까지의 약물 개발이 무작위적인 천연물 탐색이나 우연한 발견에 의존했다면, 블랙은 질병의 기전을 규명한 뒤 특정 표적을 겨냥해 약물을 설계할 수 있다는 사실을 처음으로 보여주었다. 이때 수용체 이론, 구조-활성 상관관계SAR, 선택성 개념 등 오늘날 신약 설계의 핵심 원칙들이 처음으로 명확히 정립되었다. 인체를 정교한 기계로 파악한 그의 접근법은 신약 개발의 표준이 되었다.

이후 블랙은 위산 분비 억제제 시메티딘cimetidine 개발에도 참여해 또 한 번 약물학의 역사에 이름을 새겼다. 시메티딘은 최초의 H2 수용체 길항제로 위벽의 H2 수용체에 결합해 히스타민에 의한 위산 분비를 억제함으로써 위염과 위궤양을 치료한다. 이러한 공로를 인정받아 그는 1988년 노벨 생리·의학상을 수상했다. 노벨 위원회는 제임스 블랙이 심근세포에 있는 베타 수용체와 위벽의 히스타민 수용체를 집중적으로 연구해 고혈압과 위궤양을 효과적으로 치료했다고 평가했다. 블랙은 종종 이렇게 말했다.

"나는 약을 설계하려 한 것이 아니라, 약이 어떻게 작용하는지를 이해하고 싶었다."

몸 안의 수용체와 생리 기능에 대한 깊은 이해가 있어야만 제대로 된 약을 만들 수 있다는 뜻이다. 그는 기초과학의 중요성을 강조했다. 기초적인 원리와 토대가 쌓여야만 혁신적 신약이 태어난다는 사실을, 자신이 걸어온 연구로 직접 증명해 보였다.

브라질 독사의 독에서 발견한 고혈압약

1960년대 브라질 상파울루 대학의 생화학자 세르지오 페레이라Sérgio Ferreira는 브라질 독사의 독을 연구하고 있었다. 이 독사에게 물리면 급격히 혈압이 떨어지는 것을 보고 그는 독에 혈압을 낮추는 성분이 있을 거라 짐작했다. 예감은 적중했고 페레이라는 혈압 강하 효과를 나타내는 펩타이드를 분리해냈다.

페레이라는 이 펩타이드가 체내에서 안지오텐신 전환 효소ACE를 억제해 혈압을 낮춘다는 결정적인 단서를 제시했다. ACE는 아미노산 열 개로 이뤄진 안지오텐신 I에서 말단 아미노산 두 개를 잘라내, 혈관 수축 효과가 강한 안지오텐신 II(아미노산 여덟 개)를 생성한다.

ACE는 안지오텐신 I을 혈관을 강하게 수축시키는 안지오텐신 II로 전환하는 효소로, 혈압 상승에 관여하는 핵심 인자다. 따라서

브라질 독사의 독액은 인체가 혈압을 조절하는 방식을 밝히는 결정적 단서를 제공했다. 1960년대 후반 영국 왕립외과대학의 약리학자 존 베인과 그의 연구실에 박사후 과정으로 합류한 세르지오 페레이라 박사는 뱀독이 먹잇감의 혈압을 급격히 떨어뜨려 죽게 하는 데서 고혈압 치료제의 돌파구를 찾았다.

ACE의 작용을 차단하면 혈압을 효과적으로 낮출 수 있다는 개념이 자연스럽게 떠올랐다. 브라질 독사에서 분리한 펩타이드는 혈압을 낮추는 데는 효과가 좋았지만 복용하기에는 부적합했다. 펩타이드를 먹으면 위산에 분해되어 약효가 사라진다. 주사제로는 가능하나 혈압을 낮추기 위해 매일 주사를 맞기는 불편한 일이어서 경구용 약 개발이 필요했다.

이 펩타이드는 곧 미국 제약사 스퀘브Squibb의 관심을 끌었다. 1970년대 초 이 회사는 화학자 미겔 온데티Miguel Ondetti와 약리학자 데이비드 쿠시먼David Cushman이 이끄는 연구팀에 신약 개발을 맡겼다. 온데티는 약이 될 가능성이 있는 화합물을 합성하고 쿠시먼은 약효를 검증했다.

그들은 프롤린proline 아미노산이 ACE의 활성 부위에 중요하다는 사실에 착안해 펩타이드를 최소 단위로 쪼개보았다. 그런 다음 프롤린을 골격으로 여러 가지 작용기를 붙여서 나온 화합물 100여 개로 혈압 강하 효과를 측정했다. 그중 가장 약효가 좋으면서 경구 투여도 가능한 화합물이 나타났다. 이런 과정을 통해 탄생한 고혈압약이 캡토프릴captopril이다.

브라질 독사의 독 펩타이드보다도 효능이 훨씬 뛰어난 이 약은 1981년 카포텐Capoten이란 이름으로 시판되었다. 캡토프릴은 세계 최초의 경구용 ACE 억제제이자, 이뇨제와 베타 차단제와 다른 원리로 작용하는 새로운 개념의 약으로 고혈압 치료의 흐름을 바꾸어놓았다. 하지만 반감기가 짧아 1일 3회 복용은 불편했다. 이후

반감기가 연장된 1일 1회 복용하는 에날라프릴Enalapril, 라미프릴 Ramipril 등이 나오면서 고혈압과 심부전 치료의 핵심 약물로 자리 잡았다.

ACE를 억제하는 약은 현재 가장 많이 사용되는 고혈압약 ARBangiotensin II receptor blocker 개발로 이어졌다. ARB를 설명하기 전에 먼저 신장에서 어떻게 혈압을 조절하는지 이해할 필요가 있다. 혈압이 떨어지거나 체내 소듐 농도가 낮아지면 신장은 침묵하지 않는다. 즉시 레닌renin이라는 효소를 혈액 속으로 분비하며 대응에 나선다.

레닌에서 시작되는 레닌-안지오텐신 시스템RAS, renin-angiotensin system은 혈압 조절의 핵심 경로다. 혈압이 낮아졌을 때 이를 정상 범위로 되돌리기 위해 작동하는 생체 내 호르몬 조절 기전이다. 신장에서 분비된 레닌은 간에서 생성된 불활성 단백질 안지오텐시노겐을 절단해 안지오텐신 I으로 전환시킨다. 앞에서 언급했듯이 안지오텐신 I은 폐의 혈관 내피세포에 존재하는 ACE에 의해 안지오텐신 II로 변환된다.

생성된 안지오텐신 II는 혈압을 상승시키는 강력한 생리 활성 물질로 두 가지 주요 작용을 한다. 첫째는 전신의 혈관을 빠르게 수축해 말초 저항을 증가시키고 혈압을 즉각적으로 높인다. 둘째는 부신피질을 자극해 알도스테론(수분과 염분 균형을 조절하는 호르몬) 분비를 유도한다. 그러면 신장의 원위세뇨관과 피질 집합관에 작용해 소듐과 수분의 재흡수를 촉진하고 포타슘의 배설을 증가시킨다. 체내 수분량과 전해질 균형을 유지하며 혈압을 높이는 것이다. 이처럼 안지오텐신 II는 단기적으로는 혈관을 수축시키고 장기적으로는 체액을 증가해 혈압을 상승시키는 이중 작용을 한다.

ACE를 억제하는 캡토프릴과 에날라프릴은 혈압을 효과적으로 낮추고 심부전 환자의 생존율을 높여 1990년대 이후 널리 사용되었다. 그러나 전체 환자의 약 5~20%에서 마른기침이 나는 치명적인 부작용이 있다. 특히 밤에 더 심해지고 오래가는 잔기침으로 나타나는 일이 흔하다.

안지오텐신 II는 혈관, 신장, 심장, 부신 등에 있는 안지오텐신 II 수용체에 결합해 혈압을 높인다. 심장에 쓰이는 베타 차단제와 같은 방식으로, 이 수용체를 막으면 혈압을 떨어뜨릴 수 있다는 아이디어가 제시되었다. 이렇게 해서 탄생한 약물이 ARB이다.

미국의 제약사 머크는 새로운 전략을 실현할 수 있는 후보 물질을 찾았다. 화학자들과 약리학자들은 화합물 수천 개를 합성하고 실험동물의 혈압을 측정하며 분자구조를 개선해나갔다.

1990년 마침내 첫 번째 안지오텐신 II 수용체 차단제 로사르탄losartan이 개발되었다. 이 약은 안지오텐신 II가 수용체에 결합하는 것을 경쟁적으로 막아 혈압 상승을 억제한다. ACE의 작용을 유지한 채 혈압만 효과적으로 낮출 수 있어, 기존 약의 불편한 부작용을 크게 줄인 새로운 고혈압약이 등장했다.

로사르탄은 1995년 미국 FDA의 승인을 받았고 세계적으로 처방되기 시작했다. 이 약은 단독 요법뿐 아니라 티아지드계 이뇨제 그리고 다음에 나오는 칼슘 채널 차단제와 병용 요법에서도 큰 효과를 보였다. 이후 발사르탄valsartan, 칸데사르탄candesartan, 텔미사르탄telmisartan 등 다양한 ARB 계열 약물이 연속해서 출시되었다.

로사르탄은 고혈압 치료의 제2막을 연 약물로 평가받는다. ACE 억제제를 사용할 수 없는 환자들에게 안정적이고 효과적인 대안이 되어, 심혈관 질환을 관리하는 데 신기원을 열었다. ARB는 단순한 혈압 강하를 넘어, 심부전, 당뇨병성 신증, 고위험군의 심혈관 보호 효과까지 입증되면서 사용 범위가 크게 넓어졌다.

고혈압약 개발 사례에서 보듯 새로운 개념의 신약을 만들기 위해선 인체 생리에 대한 깊은 이해가 필수다. 효과 좋고 부작용 적은 약은 이젠 우연히 탄생하지 않는다. 인체 생리 현상을 분자 수준에서 깊이 이해할 때 복잡한 메커니즘을 정밀하게 디자인한 약이 탄생한다.

칼슘 통로를 차단하는 고혈압약

19세기 말 영국 생리학자 시드니 링거Sydney Ringer는 개구리 심장을 생리식염수에 담가 실험했다. 그는 심장 박동을 유지하려면 소듐Na⁺, 포타슘K⁺, 탄산수소소듐NaHCO₃뿐 아니라 칼슘Ca²⁺이 심장 수축에 필수라는 사실을 최초로 증명했다. 링거가 사용한 조성액은 링거액으로 불리며 오늘날까지도 생리학 실험이나 수액에 활용된다.

1960년대부터 칼슘 이온이 어떻게 근육을 수축시키는지 분자 수준에서 하나씩 밝혀지기 시작했다. 특히 심장 근육은 세포 밖에서 들어온 칼슘이 세포 안 '저장고'를 자극해 더 많은 칼슘을 쏟아내도록 만든다.

이 과정을 칼슘 유도성 칼슘 방출이라고 하며, 골격근에서는 나타나지 않는 심장 근육만의 독특한 수축 방식이다.

혈관 평활근에서도 칼슘은 수축의 핵심 요소다. 칼슘 유입이 증가하면 혈관이 수축해 말초 저항(혈액이 말초 혈관을 지날 때 받는 저항)이 커지고 혈압이 오른다. 반대로 칼슘 유입을 차단하면 혈압을 낮출 수 있다. 이렇게 칼슘 이온의 흐름을 조절하면 혈압도 조절할 수 있다는 근거가 마련되었다.

이때 독일에서 혈관 확장과 심장 억제 효과를 함께 지닌 물질이 발견되었다. 이 물질은 베라파밀Verapamil로 명명되었는데 심장 근육의 칼슘 채널을 억제해 칼슘 유입을 차단한다. 칼슘 채널을 차단하면 심근의 수축력이 감소하고 심박수가 줄며 관상동맥을 확장한다. 기존 베타 차단제와는 달리, 베라파밀은 심장의 전도계와 심근을 직접 겨냥한다는 점에서 새로운 표적을 제시한 약이었다. 임상 시험에서 협심증뿐만 아니라 베라파밀이 혈압 강하 효과도 있다는 것을 발견했다. 베라파밀은 최초의 칼슘 채널 차단제이자 항부정맥제가 되었다.

1970년대 독일 바이엘은 혈관 선택성이 높은 니페디핀nifedipine
을 개발했다. 니페디핀은 말초 혈관을 확장해 혈압을 낮추고 협심
증을 완화하는 데 효과적이며, 심박수에 미치는 영향이 작다는 점
에서 베라파밀과 구별되었다. 하지만 혈압이 갑자기 떨어질 위험
이 있고 약효도 오래가지 않아, 여러 번 나눠 투여해야 하는 번거
로움이 있었다.

이를 보완하기 위해 1980년대 초 미국 화이자는 지속 작용형
칼슘 채널 차단제인 암로디핀amlodipine을 개발했다. 암로디핀은 서
서히 작용하고 약효가 오래 지속되기 때문에 1일 1회 복용으로 혈
압이 조절되었다. 1990년 노바스크Norvasc라는 이름으로 나온 암
로디핀은 특허가 풀려 국내 여러 회사에서 출시되면서 현재 고혈
압과 협심증 치료에 널리 사용되고 있다. 가장 많이 처방되는 칼슘
채널 차단제 암로디핀은 두 가지 이성질체(R형, S형)가 섞인 혼합
체다. 혈압 강하 효과는 S형에만 있고, R형은 효과 없이 부종 같은
부작용의 원인이 될 수 있다.

이러한 한계를 개선한 약이 에스-암로디핀S-amlodipine이다. 효
능이 있는 S형만 단독으로 사용해 적은 용량으로 동일한 효과를
내면서 부작용을 낮춘다. 약효는 같지만 더 정밀하다 할 수 있다.
부종 등 부작용으로 암로디핀 복용이 어려운 경우라면 에스-암로
디핀이 하나의 해법이 될 수 있다.

루스벨트의 사망이 도화선이 되어 본격적으로 시작된 고혈압
연구는 수십 년에 걸쳐 엄청난 성과를 거뒀다. 1950년대 미국인의

심·뇌혈관 질환 사망률은 10만 명당 600명에 달했지만, 꾸준히 하락해 2024년에는 200명대 초반까지 떨어졌다. 우리나라는 이보다 낮아 약 100명 수준이다.

사망률 감소는 흡연율 감소, 응급 의료 발전, 식습관 개선(저염, 저지방) 등 다양한 요인이 있지만, 결정적인 변화는 약의 힘이었다. 고혈압 약과 고지혈증 약의 등장으로 하루 한 알이면 혈압과 콜레스테롤을 안정적으로 조절할 수 있게 되었고, 심장병과 뇌졸중 같은 치명적 질환의 위험은 눈에 띄게 줄었다. 이는 현대 약학이 이룬 가장 위대한 성과 중 하나다.

매일 먹는 약 속에 숨어 있던
발암 가능 물질

오늘날 ARB 계열의 고혈압약은 가장 널리 쓰이는 대표적인 치료제다. ARB는 고혈압, 만성 심부전, 뇌졸중, 당뇨병성 신증 등에 사용되어 뇌·심혈관 질환을 치료하는 핵심적인 약이다. 최초의 ARB, 로사르탄이 이후 여덟 종류가 추가로 개발되어 현재는 ARB 계열의 약 아홉 종이 사용되고 있다. 임상 사용 빈도는 로사르탄, 발사르탄, 칸데사르탄, 텔미사르탄, 올메사르탄 등이 주를 이루고 있다.

ARB의 한 종류인 발사르탄(제품명: 디오반Diovan)은 1990년대 스위스 제약사 노바티스가 개발했다. 1일 1회 복용으로 혈압이 조절되고 부작용이 적어 많이 처방되는 약이다. 현재는 단일제뿐만 아니라 칼슘 채널 차단제나 티아지드계 이뇨제와 결합한 복합제로도 널리 사용된다.

그런데 2018년 7월 중국에서 제조한 발사르탄 원료에서 N-니트로소다이메틸아민NDMA이 검출되었다. NDMA는 WHO 산하 국제암연구소가 지정한 'Group 2A 발암 가능 물질'로 간 손상, 메스꺼움, 두통, 설사 등을 유발할 수 있다.

NDMA는 발사르탄 제조 과정에서 특정 용매와 반응 조건이 결합하면서 생성되는 불순물이다. 문제는 허가받은 제조법과 공정이 달라지면서 유해 물질 생성 가능성을 충분히 검토하지 않았다는 점이다. 해당 원료는 가격 경쟁력은 있었지만 공정의 안전성과 불순물 관리에 대한 사전 검토가 부족했다.

당시 우리나라에서는 NDMA가 직접 검출되지 않았더라도 해당 원료를 사용한 제약사 82곳의 175개 품목이 예방 차원에서 회수 또는 판매 중지되었다. 복용 환자 약 36만 명 중 대부분은 동일 성분의 다른 약으로 교체해 조제받았다. 두 차례에 걸쳐 회수 조치가 이뤄지면서 일부 환자는 바꾼 약을 다시 교체하는 불편도 겪었다.

전 세계 원료의약품의 60~70%는 중국과 인도에서 생산된다. 두 나라는 낮은 인건비와 대량생산을 바탕으로 저가 원료 의약품 시장을 주도하고 있다. 하지만 일부 품목은 환경과 품질 관리가 미흡할 우려가 있다. 이 때문에 수입 원료를 얼마나 엄격하게 관리하느냐가 약의 안전성을 좌우하는 핵심 과제가 되었다.

건강을 지키기 위해 복용한 약이 되레 암을 유발할 수 있다니, 충격이 아닐 수 없다. 의약품에서 품질과 안전성은 선택이 아니라 반드시 지켜야 할 최후의 기준이다. 제약사가 눈앞의 이익에 흔들리는 순간 가장 먼저 무너지는 것은 시민의 생명이고, 그다음은 신뢰다. 의약품의 안전성은 한 나라의 국경에 갇히지 않는다. 원료가 시작되는 지점에서 환자의 손끝에 이르기까지, 글로벌 공급망 전체에서 철저히 관리되어야 한다.

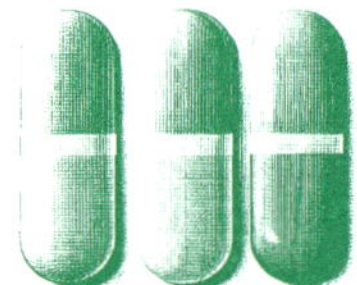

12

사랑의 묘약 그 탄생과 진화

비아그라

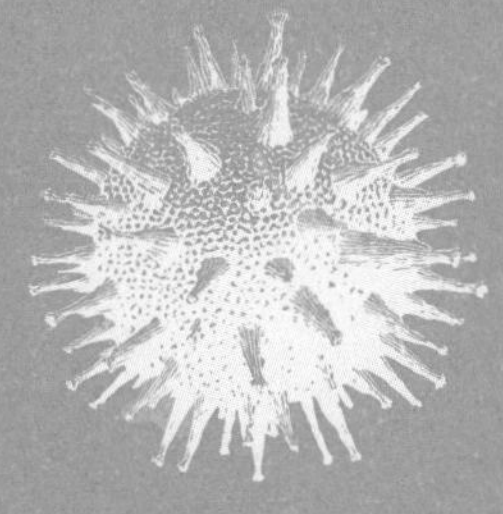

협심증 약을 개발하는 과정에서

비아그라는 뜻밖의 부작용, '발기'를 일으켰다.

1998년 세계 최초의 먹는 발기부전 치료제가 탄생했다.

음경해면체의 PDE5 효소를 억제해 혈류를 늘려

자연스러운 발기를 돕는 약이다.

이후 시알리스, 레비트라 등 다양한 약이 등장했고,

우리나라 제약사들도 경쟁에 가세했다.

이제 발기부전은 질병이 아니라 치료할 수 있는 증상이며,

삶의 질과 자존감을 회복시켜주는 영역으로 확장되었다.

폭약 원료인 니트로글리세린이 약이 되었듯

발기부전 치료제도 단순한 약을 넘어

삶의 존엄을 지키는 약으로 자리 잡았다.

#아프로디시악 #니트로글리세린 #산화질소 #음경해면체 #비아그라
#시알리스 #팔팔

질병 치료를 넘어
삶의 만족으로

항생제, 백신, 고지혈증약, 고혈압약 등의 혁신적인 약이 속속 개발되면서 평균 수명이 급격히 늘어났고 20세기 말에는 이전에 없던 새로운 경향이 나타났다. 병을 치료하는 개념을 뛰어넘어 나이가 들어도 더 젊고 건강하게 살기를 바라게 된 것이다. 삶의 질을 중시하는 흐름은 라이프스타일 약물lifestyle drug 개발로 이어졌고 대표적인 사례가 발기부전 치료제다.

발기부전은 만족스러운 성생활을 할 만큼 발기하기 어렵거나, 유지하지 못하는 상태가 반복적으로 나타나는 경우를 말한다. 발기는 단순한 성적 반응이 아니라 교감·부교감신경계, 심리, 호르몬, 혈관이 정교하게 맞물려야 가능한 복합 생리작용이다.

2021년 미국 성 건강 실태 조사National Survey of Sexual Wellbeing에 따르면 발기부전의 전체 유병률이 약 24%로 나타났다. 18~44세의 젊은 층에서도 10~18% 수준으로 적지 않았고, 45세 이상부터 급격히 증가해 55~64세는 33%, 65~74세는 48%, 75세 이상은 52%에 달했다.

젊은 남성의 발기부전은 대체로 스트레스나 불안 같은 심리적 요인에서 비롯되지만, 나이가 들수록 테스토스테론 호르몬 감소와 음경 혈관 기능 저하로 발기력이 떨어진다. 혈관 질환(34%), 당뇨(25%), 신경 질환(8%), 수술·외상(7%), 약물(6%) 등 기질적인 원인이 대부분을 차지하며 심리적 요인은 10~20%에 불과하다.

발기부전은 혈관 건강이 나빠졌다는 초기 신호다. 발기는 확장된 음경 혈관에 혈류가 유입되어 혈류가 빠져나가지 않도록 유지되는 상태다. 만성 대사 질환이나 노화 등 여러 가지 원인으로 혈관이 좁아지거나 탄력을 잃으면 혈류가 충분히 공급되지 않아 발기 기능이 저하된다. 특히 음경 혈관은 지름이 약 0.3mm로 매우 가늘어 다른 혈관보다 먼저 이상이 나타날 수 있다.

발기부전 치료는 식이 조절과 운동 등 생활 습관 개선이 기본이다. 호전되지 않으면 PDE5 억제제 같은 약물 치료를 병행하며, 대부분 효과를 본다. 먹는 약에도 반응이 없으면 음경 주사나 보형물 삽입 수술이 고려된다. 보형물은 고환에 숨겨진 펌프를 눌러 발기를 유도하고, 성관계 후 다시 눌러 이완시키는 방식이다. 모든 치료에 실패했을 때 선택하는 최후의 수단이다.

의약 기술의 발달로 요즘은 발기부전 치료법이 다양해지고 있다. 남성호르몬을 보충하거나 비아그라_{Viagra}, 시알리스_{Cialis} 같은 약물로 증상을 개선할 수 있다. 검증되지 않은 과대광고에 의존하기보다, 비뇨기과에서 혈액검사로 남성호르몬 농도를 측정하는 등 정확한 진단을 받는 것이 우선이다.

성욕을 자극하는 최음제

아주 오래전부터 발기부전에 최음제를 사용했다. 성욕_{libido}, 발기력_{potency}, 성적 쾌감_{pleasure}을 증대시키기 위한 최음제는 효능이 있기도 했지만, 전혀 없는 경우도 많았다. 합리적이고 객관적인 근거보다는 자연적인 생김새나 심리 요인으로 최음제를 먹었다.

최음제를 뜻하는 영어 아프로디시악_{aphrodisiac}은 미와 사랑, 출산을 관장하는 고대 그리스 여신 아프로디테에서 나왔다. 가장 대중적이고 오래된 최음제 중 하나는 술이었다. 술은 억제된 감정을 해방하고 감각을 자극해 고대 디오니소스 축제나 로마 바쿠스 의식처럼 집단적인 흥분을 일으켜 사랑에 빠져들게 했다.

서양에서는 서아프리카산 요힘베 나무껍질에서 얻는 요힘빈_{Yohimbine}을 혈관을 확장해 발기를 돕는 자극제로 사용했다. 과거엔 수말의 번식을 유도하는 데도 쓰였지만 고혈압과 발작 같은 부작용으로 지금은 제한적으로만 쓰인다.

지중해 연안에서 자라는 맨드레이크는 오래전부터 성적 자극과 다산의 상징으로 여겨졌다.『구약 성경』「창세기」에도 등장하며, 한글 성경에서는 '합환채合歡菜'로 번역한다. 아이를 갖지 못하던 라헬은 언니이자 야곱의 첫 부인인 레아의 아들이 가져온 맨드레이크를 가지길 원했고, 대가로 레아에게 남편 야곱과의 하룻밤을 허락하는 이야기가 나온다.

사람 형상을 닮은 맨드레이크 뿌리는 신비한 힘을 지닌 마법의 식물로 여겨졌다. 전설에 따르면 맨드레이크가 땅에서 뽑힐 때 비명을 지르며, 그 소리를 들은 자는 죽는다고 한다. 그래서 사람들은 개를 뿌리에 묶고 멀리 떨어져 귀를 막은 채 개를 불러 식물을 뽑았다. 뿌리를 뽑은 개가 대신 죽는 방식이었다.

사람 형상을 한 맨드레이크는 서양에서는 두려움과 신비, 마법의 상징으로 여겨졌다. 반면 사람 모양을 한 동양의 인삼은 기력을 북돋우는 귀한 약재로 쓰였다. 인삼의 핵심 성분인 진세노사이드ginsenoside는 수십 종에 이르며, 특히 홍삼 가공 과정에서 생성되는 Rg3는 혈관을 확장하고 혈류를 개선해 활력과 원기 회복에 효과적인 성분으로 애용된다.

안데스 고산지대에서 자생하는 식물 마카Maca도 성욕을 높인다는 연구가 일부 있으나, 성호르몬 수치가 높아지진 않았다. 주로 심리적인 영향에 의한 것으로 발기 개선이나 생식능력 강화에 대한 과학적인 근거는 제한적이다. 우리나라에서 마카는 건강 기능 보조 식품의 원료로 사용되고 있다.

동물에서 유래한 최음제로는 코뿔소 뿔이 있다. 강인한 이미지와 희귀성 때문에 성적 효능이 있다고 믿으며 고가에 거래되었지만, 분석 결과 뿔은 대부분 케라틴 단백질로 구성되며 성기능을 높이는 성분은 발견되지 않았다.

약대 신입생 시절, 약용식물학 수업에서 부속 약초원을 단체로 방문한 적이 있다. 다양한 생약이 자라는 그곳에서 삼지구엽초가 가장 기억에 남는다. 세 갈래 줄기에 잎사귀 아홉 개가 달린 독특한 형태가 인상적이었고, 잎을 살짝 자르자 미세한 즙액이 배어나왔다. 삼지구엽초는 한방에서 양기를 돋우고 성기능을 개선하는 데 쓰이는 대표적인 약초다.

성 반응은 단순한 생리작용이 아니라 감정과 뇌가 크게 작용한다. 누군가 효과를 봤다는 말이나 그럴듯한 설명만으로도 실제보다 강한 반응을 느끼기 쉽다. 이제는 약효도 과학적으로 검증할 수 있는 시대다. 객관적인 임상 데이터를 통해 효능을 따져야 한다.

정력에 좋다고 여기던 바다표범의 생식기 '해구신'도 발기부전 치료제가 등장한 이후 시장에서 자취를 감췄다. 바다표범처럼 힘세고 번식력 강한 동물의 생식기를 섭취하면 자신의 성기능도 향상된다는 믿음에서 비롯되었다. 이러한 생각은 동물의 특정 부위를 먹으면 그 부위의 기능이 강화된다는 동종요법 사고에 근거한 것이다. 그러나 아무리 오랜 민간요법이라도 현대 과학의 기준으

중세 약초서에 자주 등장하는 맨드레이크 채집 장면. 사람 모양을 한 식물 맨드레이크는 직접 뽑으면 비명을 듣고 죽는다는 전설이 있다. 그래서 개에 밧줄을 묶어 대신 뽑게 하고 사람은 귀를 막은 채 뒤로 물러나 있다.

로 다시 검증하고, 그 근거를 정확히 이해한 뒤 활용하는 태도가
필요하다.

다이너마이트의 원료가
협심증 치료제가 되다

1847년 이탈리아 토리노 대학의 화학자 아스카니오
소브레로Ascanio Sobrero는 질산과 황산의 혼합물에 글리세롤을 반
응시켜 니트로글리세린을 처음 합성했다. 이 액체는 폭발성이 아
주 강하다. 글리세롤은 탄소 세 개가 이어진 알코올로, 흔히 글리
세린이라 불리며 화장품이나 관장약에 쓰인다. 하지만 니트로화되
면 전혀 다른 성질의 위험한 폭발물로 바뀐다.

소브레로는 자신이 만든 니트로글리세린의 극심한 폭발성에 깊
은 우려를 표했다. 작은 충격에도 폭발해 다루기가 어려웠고, 실제
로 많은 인명이 희생되었다. 그는 이 발명이 세상에 알려진 것을
후회하며 죄책감과 부끄러움을 감추지 않았다.

몇 년 뒤, 스웨덴의 알프레드 노벨Alfred Nobel은 파리에서 소브
레로의 연구를 접하고 니트로글리세린의 폭발력에 주목했다. 스
웨덴으로 돌아간 노벨은 이 위험한 액체를 규조토(SiO_2 성분의 흙)에
흡수시켜 반고체로 만들었다. 그러자 폭발력은 유지하면서 안정성
은 크게 높아졌다. 1867년 노벨은 이 기술로 특허를 얻었고, 니트

노벨의 공장에서 만든 다이너마이트와 1906년 독일 신문에 실린 광고. 노벨은 무려 355가지를 발명했는데, 그 가운데 손꼽히는 역작이 다이너마이트다. 산업 시대에 엄청난 성능으로 효율을 높인 다이너마이트는 노벨의 의도와 달리 무서운 무기로 둔갑했다.

로글리세린은 다이너마이트의 핵심 재료가 되었다.

다이너마이트는 기존 화약을 압도하는 폭발력으로 수에즈운하나 알프스 터널 같은 대규모 토목공사에 필수품이 되었다. 하지만 곧 산업용을 넘어 전쟁 무기로 전용되었다. 폭발 순간 수천 도의 고온과 함께 부피가 수백 배 이상 팽창해 강력한 충격파와 파편을 일으켜 대규모 인명 피해를 초래했다.

니트로글리세린은 폭약뿐 아니라 약으로도 쓰였다. 소량 복용하면 혈관이 확장되는 효능을 보여 협심증 치료제로 사용되기 시작했다. 사람을 죽이는 니트로글리세린이 협심증에 걸린 사람의 생명을 구하는 명약이 된 것이다. 노벨도 말년에 협심증을 앓아 니트로글리세린을 처방받았다.

노벨이 죽기 몇 달 전 그는 가까운 친구에게 편지를 보냈다.

"심장 질환 때문에 이곳 파리에서 적어도 며칠은 더 머물 것 같네. 그런데 나는 이 병 때문에 니트로글리세린을 처방받았네. 이야말로 아이러니가 아닌가! 의사들은 화학자나 일반 사람들이 두려워하지 않도록 니트로글리세린을 '트리니트린'이라고 부르고 있다네."

고혈압약이나 고지혈증약이 없던 시대, 노벨은 뇌출혈로 생을 마감해야 했다.

다이너마이트처럼 뛰어난 과학적 성과가 서구에서 가능했던 이유는 다양성과 개방성의 문화 덕분이다. 서로 다른 민족과 국가가 기술과 지식을 공유하며 한 나라에서 탄생한 아이디어가 다른 나라에서 발전해 꽃을 피웠다. 니트로글리세린도 이탈리아에서 시작되어 스웨덴에서 다이너마이트로 완성된 사례다.

기술은 국경을 넘어 크게 도약한다. 다른 나라에서 만든 기술도 우리나라에서 꽃피울 수 있고, 그 반대도 마찬가지다. 이를 위해서는 다양성을 존중하고 자유롭게 소통하는 문화 그리고 유연한 사고와 포용력이 뒷받침되어야 한다. 민주적이고 개방된 사회 분위기, 철저한 보상 체계는 혁신을 가능하게 하는 핵심 인프라다.

좁은 혈관은
어떻게 넓어지는가

의료용 니트로글리세린은 협심증 증상이 나타날 때 사용하는 작은 흰색의 설하정이다. 혀 밑 점막을 통해 빠르게 흡수되어 간을 거치지 않고 전신에 직접 작용한다. 보통 13분 안에 효과가 나타나며, 대부분 5분 이내에 통증이 완화된다. 작용은 20~30분간 지속된다. 효과가 없으면 5분 간격으로 최대 3회까지 복용할 수 있고, 그래도 증상이 계속되면 심근경색이 의심되므로 즉시 응급실로 가야 한다. 물 없이 혀 밑에 녹여 복용하는 설하정은 위급하거나 신속한 처치가 필요할 때 빠르게 작용한다.

니트로글리세린은 오랫동안 협심증 치료제로 쓰였지만 작용 기제는 한참 뒤에야 밝혀졌다. 1970년대 후반, 산화질소NO가 혈관 평활근을 이완시켜 혈관을 확장한다는 사실이 밝혀졌다. 11장 고혈압약 칼슘 채널 차단제에서 칼슘 이온이 혈관 평활근을 수축시키는 것과는 정반대로 작용한다. 혈관을 이완할 때는 산화질소가 중요한 신호 전달(세포가 외부 자극이나 내부 변화에 반응하기 위해 정보를 전달하는 과정) 물질로 관여한다.

미국 UCLA의 약리학자 루이스 이그내로Lewis Ignarro는 내피세포에서 생성된 산화질소가 혈관을 확장해 혈류를 개선한다는 사실을 규명했고 이 업적으로 1998년 노벨 생리·의학상을 공동 수상했다. 산화질소는 수 초 만에 사라지는 불안정한 기체지만, 심혈관계와 신경계를 비롯한 여러 생리 기능을 조율하는 핵심 신호 물질이다.

산화질소는 최초로 발견된 기체형 신호 전달 물질로서 생리학에 새로운 패러다임을 열었다. 당시에는 생체 내에서 기체가 신호 물질로 작용한다는 개념조차 없었다. 자동차 배기가스나 담배 연기에 포함된 산화질소는 대기 중에서는 유해하지만, 혈관 안에서는 오히려 유익하게 작용한다. 산화질소는 전신의 혈관을 확장시켜 혈류를 개선하며 협심증과 발기부전 같은 혈관 질환 치료에 널리 활용된다.

산화질소는 1992년 과학 저널 『사이언스Science』에서 '올해의 분자'로 선정될 만큼 큰 주목을 받았다. 산화질소는 혈관 내피세포에서 생성되어 혈관을 확장시키고, 혈전을 억제하며 혈류를 원활하게 유지한다. 이 물질이 부족하면 협심증, 심근경색, 뇌졸중 등

혈관 질환 위험이 높아진다. 또 뇌에서는 혈류 조절과 신경 전달에 관여해, 산화질소의 기능이 저하되면 혈관성 치매나 알츠하이머병과도 연관된다.

혈액은 모든 세포에 산소와 영양분을 공급하는 생명 유지의 핵심이다. 혈액이 원활히 흐르려면 혈관이 건강해야 하며, 산화질소는 이를 조절하는 데 중요한 역할을 한다. 산화질소의 발견은 발기부전 치료제가 탄생하는 전환점이 되었다.

산화질소는 건강한 식습관과 운동, 관련 영양소 섭취로 늘릴 수 있다. 체내 산화질소는 아르기닌arginine과 시트룰린citrulline 같은 아미노산에서 생성된다. 아르기닌은 육류나 콩류에 풍부한 단백질 식품에 포함된 아미노산으로 체내 산화질소 생성의 원료가 된다. 수박 껍질에 풍부한 시트룰린은 간에서 아르기닌으로 전환돼 산화질소 생성을 도우며, 숨이 찰 정도의 유산소운동도 혈류를 늘려 산화질소 생성을 촉진한다.

루이스 이그내로 박사는 우리나라를 여러 차례 방문해 강연한 바 있으며, 저서 『심혈관 질환, 이젠 NONO: nitric oxide』와 대중 강연에서 산화질소 생성을 위해 아르기닌 섭취와 유산소운동을 병행할 것을 권장했다. 그는 하루 4g 이상의 아르기닌이 도움이 될 수 있다고 소개했지만 복용량은 건강 상태(저혈압, 위장 장애 유발)에 따라 조절해야 한다고 강조했다.

협심증 약에서
발기부전 치료 약으로

현대 남성들은 다양한 원인으로 발기부전을 겪는다. 과도한 스트레스와 경쟁은 심리적 위축을 불러오고, 고지혈증·고혈압·당뇨·비만 같은 대사 질환은 혈관 기능을 손상시킨다. 운동 부족과 불규칙한 식생활, 인스턴트 식품 위주의 식단은 혈관 건강을 악화시켜 발기력 저하로 이어진다.

비아그라(성분명: 실데나필Sildenafil)는 1998년 미국 화이자가 출시한 세계 최초의 경구용 발기부전 치료제다. 출시와 동시에 전 세계적인 반향을 일으켰고, 언론에서는 '혁명적인 약'이라며 연일 보도했다. 출시된 무렵 관심도 뜨거웠다. 화이자의 인지도를 단숨에 끌어올렸고 주가는 급등했다. 우리나라에서도 콩나물국에 비아그라를 넣으면 콩나물이 빳빳하게 선다는 농담까지 돌 정도였다.

파란색 마름모꼴 알약 비아그라는 발기부전 치료에 혁신을 가져왔다. 기존에는 음경에 주사를 놓아 발기를 유도했지만 알약 한 알로 간편하게 복용할 수 있다. 비아그라는 성적 자극이 있을 때만 작용해 자연스러운 발기 반응을 돕는 특징이 있다. 복용 후 1시간 이내에 효과가 나타나며 약효는 4시간가량 지속된다. 임상 시험에서 약 80%의 환자가 효과를 경험해 '사랑의 묘약'이라 불리기도 했다. 비아그라라는 이름은 활력vigor과 나이아가라Niagara 폭포의 이미지를 결합해 지은 것이다.

세계적인 제약 그룹 화이자는 1849년 사촌 형제인 찰스 화이자와 찰스 에르하르트가 뉴욕 브루클린에서 설립한 것이 시초다. 1998년 화이자는 세계적으로 선풍을 일으킨 비아그라를 시장에 내놓으면서 대중에게 널리 회자되었다.

발기는 어떻게 일어나는 것일까? 발기는 성적 자극을 받으면 음경 해면체에 혈류가 급증하면서 일어난다. 평소 해면체 내부는 작고 조밀한 공간으로 혈류가 많지 않다. 하지만 성적 자극이 전달되면 해면체에서 산화질소가 분비되고, cGMP cyclic guanosine monophosphate의 생성을 촉진한다. cGMP는 음경 동맥을 확장해 혈류를 열 배 이상 증가시킨다. 늘어난 혈류는 해면체를 팽창시키며 음경의 길이와 굵기가 늘어난다. 해면체가 혈액으로 가득 차면 혈액이 빠져나가는 정맥이 압박되어 일시적으로 봉쇄되면서 발기가 유지된다.

시간이 지나면 PDE5 Phosphodiesterase type 5효소가 cGMP를 분해해 혈관이 수축되고 정맥이 열리면서 혈액이 빠져나가 발기가 풀린다. 발기부전의 원인은 다양하지만 대부분 산화질소 생성이 줄어 cGMP가 충분히 만들어지지 않는 데서 비롯된다. 비아그라는 PDE5를 억제해 cGMP 농도를 높이고 유지해, 혈관 확장을 지속시키고 자연스러운 발기를 돕는다.

비아그라는 부작용에서 탄생했다. 1980년대 중반 화이자는 협심증 치료를 위해 PDE5 억제제를 개발했지만, 심장 기능 개선 효과는 거의 없었다. 혈압·심박수·혈류량·심박출량 등 주요 지표에서 모두 기대 이하였고, 니트로글리세린보다도 성능이 떨어졌다. 개발 중단 직전까지 몰렸지만, 뜻밖의 부작용이 새로운 적응증의 문을 열었다.

1992년 영국 웨일스에서 진행된 임상 시험에서 고용량을 복용한 일부 참가자에게 발기 현상이 나타났다. 처음엔 발기 반응을 대수롭지 않게 여겼다. 하지만 임상 시험에 참가한 사람들이 남은 약을 반납하길 거부하는 묘한 반응이 눈에 띄었고, 발기를 경험했으나 제대로 보고하지 않았다는 사실이 드러났다. 그제야 연구진은 뭔가 있다는 걸 알아차렸다.

발기 부작용이 확인되자 화이자는 비아그라를 발기부전 치료제로 방향 전환했다. 이후 진행된 임상 시험에서 1회 복용만으로 효과를 본 환자가 많았고, 플라세보(가짜 약)군은 효과가 미미했다. 곧바로 대규모 임상으로 이어졌고 비아그라는 발기부전 치료의 전환점이 되었다.

소문을 들은 사람들이 임상 시험에 참여하려고 구름처럼 몰려들었다. 1994~1998년 수백 명을 대상으로 한 시험에서 50mg 1회 복용만으로도 대부분이 발기 기능 개선을 경험했고, 플라세보군보다 월등한 효과를 보였다. 일부는 성적 만족도나 성욕 향상도 보고했다. 시험이 끝난 뒤 화이자가 남은 약을 회수하려 했지만 참가자들은 대부분 돌려주기를 꺼렸다.

비아그라의 효능은 욕조에 물을 채우는 것과 비슷하다. 수도꼭지를 틀고 배수구를 막아야 물이 고이듯, 산화질소는 수도꼭지, 혈류는 물, 정맥은 배수구에 해당한다. 비아그라는 수도꼭지를 여는 약이 아니라 배수구를 막아 물이 빠지지 않게 하는 약이다. 혈액이 음경에 오래 머물도록 해 발기를 유지하는 것이다.

비아그라는 수년간 연 매출 10억 달러 이상을 꾸준히 기록한

블록버스터 약물이며, 2012년에는 최고 연 매출 약 19억 4,000달
러를 기록했다.

너무나 다양해진
발기부전 치료제

세계적인 제약사(빅 파마)들은 황금알을 낳는 발기부전
치료제 시장을 화이자 혼자 독점하게 놔두지 않았다. 비아그라의
성공에 자극받은 미국 글로벌 제약 일라이 릴리는 PDE5를 억제
하는 화합물을 연구하던 바이오테크 기업 아이코스ICOS와 합작해
새로운 발기부전 치료제 개발에 뛰어들었다.

비아그라는 약효가 평균 4~6시간으로 짧고, 고지방 음식과
함께 복용하면 흡수가 지연되는 단점이 있다. 이를 극복한 약이
2003년 일라이 릴리가 출시한 시알리스(성분명: 타다라필Tadalafil)이
다. 시알리스는 복용 후 30분이면 효과가 나타나고 최대 36시간까
지 지속된다. 비아그라가 '퍼스트 인 클래스'의 자리를 차지했지
만, 이 약은 더 오래 지속되는 작용 시간을 앞세워 차별화에 성공
했다. 똑같은 효소 PDE5를 억제하는 데 이렇게 차이가 나는 이유
는 두 약물의 화학구조가 전혀 달라 효소에 결합하는 방식이 다르
기 때문이다.

시알리스는 금요일 저녁 10mg이나 20mg짜리 한 알을 먹으면

주말 내내 효과가 나타나 '주말 알약'이라는 별명을 얻었다. 약이 흡수될 때 음식의 영향을 받지 않는 점도 큰 장점이다. 우리나라에도 빠르게 도입되어 비아그라가 장악하던 시장에 강력한 경쟁자로 떠올랐다.

뒤이어 세 번째 도전자 레비트라Levitra(성분명: 바르데나필vardenafil)가 나타났다. 독일 바이엘과 영국 글락소스미스클라인이 공동 개발한 레비트라는 복용 10~15분 만에 효과가 나타날 정도로 흡수가 빠르고, 작용 시간은 4~5시간으로 비아그라와 비슷하다. 당뇨병 환자에게서도 안정적인 효과를 보여 주목받았고 비아그라보다 높은 강직도를 발휘했다. 발기부전 시장의 경쟁이 치열해지고 수익성이 떨어지자 바이엘의 전략적 판단으로 인해 판매가 중단되었으나 안전성이나 효과성의 문제는 아니다.

국내 제약사도 가만있지 않았다. 동아에스티는 2005년 세계에서 네 번째로 자이데나Zydena(성분명: 유데나필Udenafil)를 출시했다. 뒤이어 SK케미칼도 혀 위에 녹여 먹는 필름형 제형 엠빅스에스 Mvix S(성분명: 미로데나필mirodenafil)를 내놓으며 우리 제약 기술의 위상을 높였다.

2012년 비아그라, 2015년 시알리스의 특허가 만료되자 성분이 같은 다양한 제네릭generics이 출시되었다. 의약품은 출원일로부터 20년간 특허 보호를 받지만 이 기간이 지나면 누구나 제네릭을 제조할 수 있다. 공급이 늘면 자연히 가격은 내려가고 접근성은 크게 향상된다.

제네릭 의약품은 오리지널 의약품과의 생물학적 동등성을 입증해야 하며, 이 시험을 통과해야만 정부의 품목 허가를 받을 수 있다. 비아그라와 시알리스 같은 오리지널 약과 성분, 용량, 제형이 같고 인체에서 효과도 동일하다는 뜻이다. 국산 제네릭은 아주 저렴해 가격이 오리지널 대비 25%에 불과하다. 높은 가격 경쟁력으로 한미약품(팔팔, 구구)과 종근당(센돔) 같은 제약사가 비아그라, 시알리스를 꺾고 높은 시장 점유율을 차지하고 있다.

현재 수많은 제품이 있지만, 발기부전 치료제는 크게 비아그라 계열(단기형)과 시알리스 계열(장기형)로 나뉜다. 비뇨기과에서는 두 종류의 약을 먼저 사용하고, 효과가 부족하면 남성호르몬을 병행한다. 그래도 효과가 없으면 주사제를 사용하거나 음경 보형물 삽입 같은 수술적 치료를 고려한다.

발기부전의 주요 원인은 당뇨, 고혈압, 흡연, 고지혈증, 과도한 음주다. 이들은 혈관을 손상시키고 호르몬 균형을 무너뜨려 음경 혈류를 감소시킨다. 고혈당은 혈관과 신경을 손상시켜 당뇨병 환자의 발기력을 떨어뜨리고, 고혈압은 혈관벽을 두껍게 하며 내피 기능을 약화시켜 혈류를 감소시킨다. 흡연은 발기부전 위험을 두 배까지 높인다. 고지혈증은 혈관을 막고 과음은 남성호르몬을 감소시킨다. 혈관 건강을 지키려면 흡연·음주를 줄이고, 성인병을 예방해야 한다.

주 3~5회, 매 30~60분 유산소운동은 산화질소 생성을 늘려 혈관 기능을 개선한다. 아르기닌과 시트룰린 같은 아미노산 그리고

비타민 C·E 등 항산화 영양소는 산화질소를 보호하고, 비타민 B
군은 혈관 손상을 일으키는 호모시스테인을 낮춘다. 오메가-3, 식
물성 단백질, 저염식은 혈관의 유연성과 혈압 조절에 도움이 된다.
과도한 스트레스는 산화질소 생성을 떨어뜨리므로 적절한 관리가
필요하다.

협심증 치료제에서 출발한 비아그라와 시알리스는 단순한 의학
의 진보를 넘어, 수많은 남성의 삶을 바꾼 혁신의 아이콘이다. 질
병 치료의 영역을 확장해 삶의 만족과 존엄을 회복시킨, 사람답게
살아가게 길을 열어준 역사적인 이정표라고 할 수 있다.

하루 한 번, 시알리스 데일리 요법과 여성용 비아그라

남자는 나이가 들수록 전립선이 커져 요도를 압박해 배뇨 장애가 생긴다. 이와 동시에 발기력과 사정 기능이 함께 저하되는 경우가 많다. 전립선 비대증 약(알파 1 차단제, 남성호르몬 전환 억제제)을 먹으면 증상이 개선되는데, 시알리스 성분(타다라필)을 매일 저용량(5mg) 복용하면 전립선 비대증과 발기부전 모두 효과가 있다. 이런 원리를 활용해 두 가지 성분을 함께 넣은 제품도 출시되어 있다.

보통 비아그라(50mg, 100mg)와 시알리스(10mg, 20mg)는 필요할 때만 일회성으로 복용한다. 문제는 성욕이 언제 생길지 예견하기 어려울 때다. 이런 경우를 위해 매일 먹는 방법이 나왔는데 이것이 시알리스 데일리 요법daily therapy이다. 약효 지속 시간이 긴 시알리스를 저용량으로 매일 먹으면 욕구가 일어날 때 자연스럽게 성생활을 할 수 있다. 초기에는 시알리스 10mg 주 3회 복용법으로 시작했지만, 요일을 기억해 챙겨 먹는 것이 불편해 용량을 5mg으로 줄여 매일 1회 복용한다.

2008년 미국 FDA는 하루 한 알 복용하는 시알리스 데일리 요법을 승인했다. 새로운 약도 아니고 단순한 복용법의 변화처럼 보였지만 효과는 탁월했다. 저용량을 매일 복용하면 혈중 약물 농도가 일정하게 유지되어 성적 활동을 따로 계획하지 않아도 언제든 준비된 상태가 유지된다. 심리적 압박 없이 건강하고 만족스러운 성생활이 가능하다.

남성용 발기 치료제의 등장은 여성용 비아그라 개발로 이어졌다. 하지만 여성의 성기능 장애는 단순히 생식기의 혈류를 늘린다고 해결되지 않았다. 여성의 성 반응은 혈류보다 감정, 관계, 수치심 등 심리와 뇌 기능의 영향을 더 많이 받기 때문이다.

핑크빛 여성용 비아그라는 항우울제 후보 물질이던 플리반세린flibanserin에서 시작됐다. 뜻밖의 부작용으로 성욕 증가가 관찰되자, 여성 성욕 저하 장애 치료제로 개발 방향이 바뀌었다. 2015년 미국 FDA는 애디Addyi라는 이름으로 이 약을 승인했다. 하지만 애디는 복용 전 의사의 설명과 약사의 교육이 필수일 만큼 주의 사항이 많았고, 효과는 제한적이었다. 임상 시험에서 성적으로 만족스러운 경험이 한 달 평균 0.5~1회 증가하는 데 그쳤고, 월 400달러에 달하는 가격도 부담이었다. 복잡한 절차와 미미한 효과는 결국 상업적 실패로 이어졌다. 이후 브레멜라노타이드bremelanotide(제품명: 바일리시Vyleesi)가 등장했지만, 성관계 45분 전에 복부나 허벅지에 피하주사를 해야 하는 방식은 대중성을 확보하기에 어려웠다.

이처럼 여성용 비아그라의 개발은 의학 기술이 단순한 과학적 발전으로만 이뤄지지 않음을 보여준다. 성별에 따른 연구의 불균형, 사회적 편견, 규제 당국의 보수성 등 복합적인 장벽이 존재한다. 파란 알약 비아그라가 세상을 바꾼 지 수십 년이 지났지만, 핑크빛 알약의 이야기는 아직 완성되지 않았다. 이것은 현재 의학의 한계이자, 앞으로 극복해야 할 과제다.

13

획기적인 생존율, 암 정복으로 가는 길

항암제

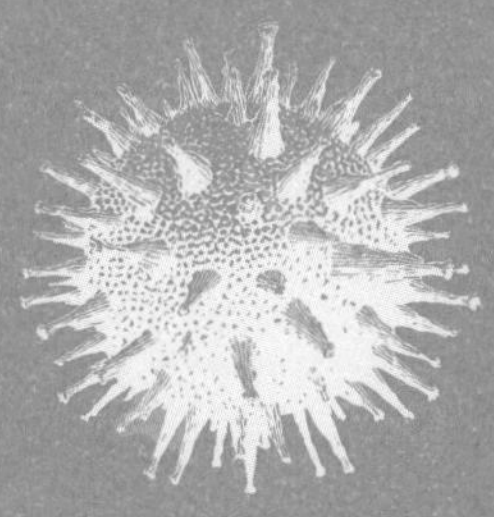

암은 고대 미라에도 남아 있을 만큼 오래된 병이다.

그러나 암 치료는 20세기에 비로소 시작됐다.

1943년 이탈리아 바리항에서 유출된 독가스 겨자가스는

백혈구를 파괴했고, 이 보고서를 바탕으로

미군은 빠르게 증식하는 세포를 억제하는 첫 번째 항암제

머스타겐을 개발했다.

이후 여성호르몬 차단제로 유방암을 치료한 타목시펜,

식물에서 추출한 천연물 항암제 탁솔,

유전자 돌연변이를 정밀 타격하는

표적 항암제 글리벡이 차례로 등장했다.

21세기에는 면역 항암제가

암 치료의 패러다임을 완전히 바꾸었다.

살상 무기로 시작된 항암제가 생명을 지키는 희망이 되었다.

과학이 죽음을 넘어 생명을 향해 나아간 기념비적 여정이다.

#발암물질 #암병동 #질소머스타드 #타목시펜 #탁솔 #표적항암제
#면역항암제

암은
왜 생길까

많은 개발도상국에서는 여전히 말라리아, 결핵, 에이즈AIDS 같은 감염병이 삶을 위협한다. 안전한 물과 위생 환경이 부족하고, 백신과 치료제에 접근하기 어려운 현실 때문이다. 반면 선진국에서는 암이 심혈관 질환과 함께 대표적인 사망 원인으로 꼽힌다. 평균 수명이 길어지고 당뇨, 고혈압, 콜레스테롤 같은 만성 질환 관리가 가능해지면서 암은 가장 위협적인 질병으로 부상했다. 우리나라에서도 사망 원인 1위는 암이다.

암은 세포가 통제에서 벗어나 끝없이 증식하는 질환이다. 현대에 들어 새롭게 생긴 병이 아니다. 고대 미라에서 종양의 흔적이 확인되었고, 심지어 공룡 뼈에서도 암으로 추정되는 병변이 발견된 바 있다. 암은 수천만 년 전부터 생명체와 함께해왔다.

오늘날 확인된 암의 종류는 100가지가 넘는다. 장기나 조직에 덩어리로 자라는 고형암이 대부분이다. 유방암, 폐암, 위암처럼 눈에 보이거나 만져지는 암이다. 고형암처럼 덩어리로 자라는 경우도 있지만, 혈액을 따라 전신으로 퍼지는 암도 있다. 백혈병, 림프종 같은 혈액암은 비교적 드물지만 진행이 빠르고 치명적일 수 있다. 일부 통계에 따르면 고형암이 전체 암의 90% 이상을 차지한다.

암은 나이와 밀접하게 관련된 질환이다. 과거에는 암이 생기기 전에 다른 질병이나 노화로 생을 마감하는 경우가 많았지만, 급격한 고령화로 오늘날 암은 급증했다. 그렇다면 왜 암은 발생하는가? 이 질문에 답을 찾기 위해 수많은 과학자가 오랜 시간 연구에 몰두해왔다.

1775년 산업혁명기, 영국의 의사 퍼시벌 포트Percival Pott는 굴뚝 청소부에게 음낭 피부암이 유난히 많이 발생한다는 사실을 발표했다. 굴뚝을 청소하던 이들은 대부분 어린 소년이었고, 장시간 그을음과 콜타르에 노출된 것이 원인이었다. 이는 화학물질이 암을 유발할 수 있다는 최초의 의학적 보고였다. 이 관찰은 약 한 세기 뒤 동물실험을 통해 다시 확인되었다.

1891년 병리학을 배우러 독일 베를린에 간 야마기와 가쓰사부로山極勝三郎는 귀국 후 암의 원인을 밝히는 데 몰두했다. 그는 동료 이치카와 고이치市川厚一와 함께 토끼 귀에 콜타르를 반복해 바르는 실험을 진행했다. 1년 뒤 토끼 137마리 중 7마리의 귀에 피부암이 생겼다. 이는 화학물질이 암을 유발할 수 있음을 처음 입증한 연구로, 발암물질 개념의 출발점이 되었다.

1915년 야마기와는 연구 결과를 정리해 「변칙적 피부암에 대한 실험적 고찰変則的皮膚癌に対する実験的考察」이라는 논문으로 일본 의학 잡지에 발표했다. 그러나 그의 선구적인 업적에도 불구하고 노벨상은 다른 사람에게 돌아갔다. 1926년 노벨 생리·의학상은 덴마크의 병리학자 요하네스 피비게르Johannes Fibiger가 수여했다. 그는 쥐의 위암이 특정한 기생충의 감염으로 생긴다고 주장했다. 노벨위원회는 "암의 원인을 밝힌 위대한 발견"이라며 피비게르를 찬양했다.

그러나 문제는 그다음이었다. 피비게르의 실험은 재현되지 않았고, 그가 관찰한 병변은 진짜 암이 아니라는 비판이 이어졌다. 결국 그의 이론은 폐기되었다. 이것은 과학사에서 가장 크게 논란이 된 사례였다. 암을 일으키는 원인을 찾아 실험으로 증명한 과학자는 끝내 노벨상의 문턱에도 오르지 못한 채 역사 속으로 사라지고 말았다.

이처럼 암의 원인을 밝히는 일은 결코 쉽지 않았다. 현재는 화학물질, 방사선, 자외선, 흡연, 석면, 특정 세균과 바이러스가 유전자 변이를 유발하는 주요 발암 원인으로 인정되고 있다. 암은 단일한 원인이 아니라 유전적 오류와 환경 요인이 복합적으로 작용해서 발생한다. 지금도 암의 정체를 완전히 이해하기 위한 여정을 계속하고 있다.

『암 병동』에 나오는
항암제

구소련의 반체제 작가 알렉산드르 솔제니친Aleksandr Solzhenitsyn은 강제수용소와 유배지 생활을 마친 뒤, 우즈베키스탄의 수도 타슈켄트에 있는 병원에서 암 치료를 받았다. 솔제니친은 자기 경험을 바탕으로 1967년 『암 병동*Раковый Корпус*』을 서방에 발표했다. 소설에서 암 병동은 단순한 치료 공간을 넘어, 소련 전체 혹은 스탈린 체제의 억압적이고 병든 사회구조를 상징한다.

『암 병동』에서 작가는 스탈린이 뇌출혈로 사망한 뒤 흐루쇼프Khrushchyov가 권력을 잡으면서 불어온 정치적 전환기의 혼란과 사회 모순을 깊이 있게 비판한다. 1955년 중앙아시아의 한 병원을 배경으로 여러 환자와 의료진을 통해 인간과 국가 체제의 충돌을 드러낸다. 마음 아프게도 강제 이주로 낯선 땅에 내몰린, 구릿빛 안색에 혀가 부어 말하기조차 어려운 한국인 이 씨도 나온다.

암 환자 루사노프Rusanov는 당 간부 출신의 고위 관료로, 밀고로 출세한 인물이다. 하지만 목에 림프 육종이 생기고 죽음이 다가오자 특권 의식은 무너지고 두려움에 사로잡힌다. 반면 정치범 출신 코스토글로토프Kostoglotov는 생명과 존엄을 억압하는 체제에 굴복

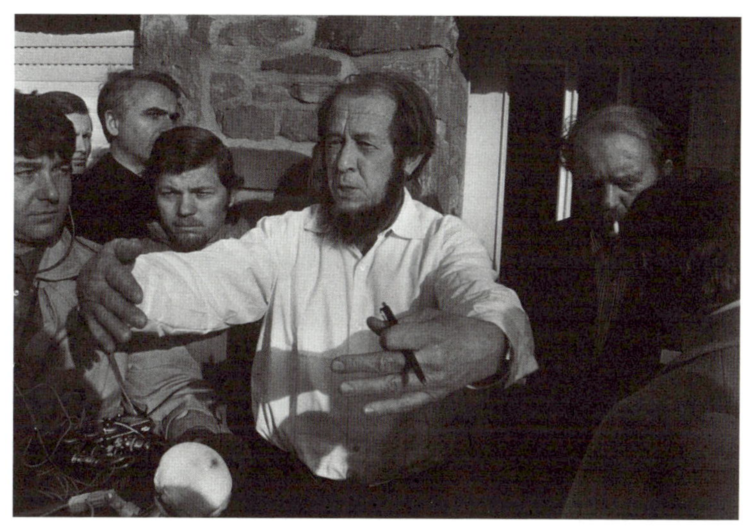

1974년 2월 소련에서 추방되어 서독에 머문 솔제니친. 『암 병동』은 스탈린 사망 이후의 소련 타슈켄트(현재 우즈베키스탄 수도)의 병원을 배경으로 한다. 소련 사회의 모순과 부정을 날카롭게 비판해 소련에서는 출판되지 못했다.

하지 않고 인간의 존엄을 지키려 한다. 그는 작가 솔제니친의 자전적 경험이 투영된 인물이다.

이 소설에는 항암제 엠비퀸эмбихин, Embikhin과 여성호르몬제 시네스트롤Sinestrol이 나온다. 1950년대 소련 의료 현장에서 사용된 엠비퀸은 당시 가장 강력한 1세대 항암제였다. 투여 방식은 획일적이었고, 오늘날의 개인 맞춤 치료와는 거리가 멀었다. 정해진 용량을 모두에게 같은 방식으로 투여했기 때문에 약효는 환자마다 크게 달랐고, 부작용은 지나치게 강했다.

구토·탈모·골수 억제 같은 독성 반응을 적절히 조절할 약제도 없어, 환자들은 치료 자체가 고통이었다. 암치료는 의료진의 판단에 의해 일방적으로 진행되었다.

복강 종양을 앓는 주인공 코스토글로토프는 충분한 설명도 없이 여성호르몬제 시네스트롤 주사를 맞는다. 비스테로이드성 합성 에스트로겐인 시네스트롤은 당시 일부 암 치료에 쓰였지만, 투여 방식은 의료 권위주의의 폭력성을 상징한다. 여성호르몬을 맞은 주인공은 성기능 저하와 남성성 상실이라는 두려움과 체제 순응의 압박 사이에서 갈등한다. 시네스트롤은 전체주의 아래 육체와 정신이 통제당하는 비극을 상징하는 약물이다.

강압적인 항암 치료에 불만을 느낀 코스토글로토프는 민간요법으로 암을 고치려 한다. 바꽃 뿌리를 담가 만든 진액을 항암 효과가 있다고 여기고 먹는다. 바꽃은 부자附子를 말한다. 부자에는 신경 독성 물질 아코니틴aconitine 성분이 있다. 사극에 자주 나오는 사약의 재료다. 부자를 달여 마시면 아코니틴에 의해 부정맥이나 호흡 마비로 죽는다.

코스토글로토프를 비롯한 병동의 암 환자들은 지푸라기라도 잡는 심정으로 민간요법에 매달린다. 그러나 일시적으로 '나아지는 것 같다'는 기분이 들 뿐 대부분 수명을 단축시킨다. 젊은 독일계 여의사 간가르트Gangart는 바꽃 뿌리를 담근 병을 빼앗아 갈색 액체를 쏟아버린다.

여의사 돈초바Dontsova는 치료에 헌신하며 최신 치료법 엑스선 요법에 몰두한다. 환자들에게 1분 1초라도 더 엑스선을 쪼이려고 밤낮없이 연구와 진료에 매진하지만, 방사선 치료의 한계와 자신이 암에 걸린 현실 앞에서 깊은 갈등에 빠진다. 의학에 대한 신념과 치료자의 책임 그리고 인간적 고뇌 사이의 딜레마가 드러난다.

당시 암 치료는 아직 초기 단계였다. 항암 요법은 엠비퀸 같은 질소 머스타드계 알킬화제가 중심이었고, 방사선 치료도 정밀한 조준이 어려워 넓은 범위를 비추는 방식이 일반적이었다. 방사선의 발암 위험은 알려져 있었지만, 선량을 정확히 조절하는 체계는 미비했다. 지금은 컴퓨터 기반 선량 계획과 정밀 조준 기술이 발전해 종양에만 정확히 빛을 보내고 정상 조직의 노출을 크게 줄인다. 한때 암의 생물학적 특성을 충분히 이해하지 못한 채, 전립선암에는 남성에게 여성호르몬을 투여하고 일부 유방암에는 여성에게 남성호르몬을 사용하는 방식으로 치료했다. 이러한 방법은 특정 호르몬 의존성 암에서 제한적으로 시도되었다. 오늘날의 호르몬 요법은 전혀 다르다. 종양의 호르몬 수용체 상태와 분자적 특성을 정밀하게 분석해 가장 적합한 표적 치료를 선택하는 방향으로 발전했다.

코스토글로토프가 받은 여성호르몬 치료는 성기능을 억제했다. 의사는 생명을 위해 성기능을 포기하는 것이 현명하다고 말하지만, 젊고 혈기 왕성한 청년이 이를 받아들이기는 쉽지 않다. 주인공은 남성성 상실과 생존 사이에서 괴로워한다.

솔제니친은 소련의 전체주의를 고발한 문학적 용기와 성취를 인정받아 1970년 노벨 문학상을 수상했다. 『암 병동』은 병든 육체와 병든 사회를 나란히 그리며, 암 환자들의 고통을 통해 소련 사회의 부조리를 드러냈다. 그는 스탈린을 비판한 편지 한 장으로 체포되어 8년간 수용소 생활을 하고, 3년간 유배를 견뎌야 했다. 소설 속 병원은 약 하나를 구하려면 공무원 앞에 머리를 숙여야 하고, 무능한 의사가 인맥으로 고위직에 오르는 사회상을 그렸다. 솔제니친은 소련 전체가 암에 걸린 것처럼 병들었다고 생각했다. 『암 병동』은 그 절망을 문학으로 옮긴 작품이다.

노벨 문학상 수상 후 소련 당국의 탄압을 받은 솔제니친은 1974년 시민권을 박탈당하고 추방됐다. 흥미로운 점은 미국으로 망명한 그는 서방의 물질주의와 도덕적 해이를 비판했고, 복권되어 1994년 귀국한 뒤엔 보리스 옐친Boris Yel'tsin 정권의 부패를 질타했다. 솔제니친은 끝까지 체제에 휘둘리지 않는 고독한 진리 추구의 길을 걸었다.

『암 병동』은 암이라는 극한의 상황 속에서도 인간이 끝내 잃지 않으려는 존엄과 삶에 대한 성찰을 다층적으로 드러낸 작품이다. 누구나 암에 걸릴 수 있지만, 고통과 두려움 앞에서도 이성을 붙들고 스스로의 품위를 지키려는 태도만은 포기해서는 안 된다는 작가의 메시지를 전한다.

죽음의 독가스, 암을 치료하다

프리츠 하버Fritz Haber는 유대계 독일 화학자로, 공기 중 질소와 수소를 반응시켜 암모니아를 합성하는 방법을 개발했다. 1909년 실험에 성공한 이 방법은 카를 보슈Carl Bosch가 공업화해 1913년부터 비료를 대량생산하게 되었다. 농업 생산성이 크게 향상되자 하버는 '공기에서 빵을 만든 사람'이라 불렸고, 1918년 노벨 화학상을 받았다.

그러나 그의 이름은 곧 과학의 두 얼굴을 상징하게 된다. 하버는 제1차 세계대전 중 염소 가스 등 독가스를 개발해 전장에 투입하면서 본격적인 화학전 시대를 열었다. 그가 개발한 염소 가스는 1915년 4월, 벨기에 이프르 전선에서 처음 사용되었다. 화학전을 주도한 하버는 공기보다 무거운 염소 가스를 살포했다. 바람을 타고 염소 가스는 낮게 가라앉으며 참호 속으로 스며들었고, 병사들은 숨을 쉴 때마다 독을 그대로 들이마실 수밖에 없었다. 이 공격으로 1,000여 명이 죽고 수천 명이 폐 손상과 화학 화상을 입었다. 제1차 세계대전을 상징하는 참혹한 참호전에, 이제는 화학전이라는 새로운 공포가 겹쳐졌다.

2년 뒤, 독일군은 한층 더 치명적인 독가스 '황 머스타드'를 전선에 투입했다. 특유의 톡 쏘는 냄새 때문에 겨자가스Mustard Gas라고 불렸다. 이 가스에 노출되면 감각이 마비되고 물집이 생겼으며, 코로 들이마시면 폐가 녹는 듯한 고통을 일으켰다. 프리츠 하버는 비료로 식량난을 해결해 생명을 살린 영웅인 동시에 잔인한 살인가스를 만든, 과학의 양면성을 대표하는 인물이다.

시간이 흘러 제2차 세계대전이 한창인 1943년 12월 2일, 독일 공군은 이탈리아 바리 항구를 기습 폭격했다. 연합군 선박 38척 중 17척이 침몰했고, 1,000명 이상 사망하거나 부상했다. 이중 미군 수송선 '존 하비 호SS John Harvey'에는 루스벨트 대통령의 지시로 극비리에 탑재한 황 겨자가스 약 100톤이 실려 있었다. 미군은 독일이 제1차 세계대전에서 겨자가스를 사용한 전력이 있는 만큼, 혹시 있을 화학무기 공격에 대응할 목적으로 겨자가스를 유럽 전선에 운반한 것이다. 폭탄 세례로 선박이 폭발하면서 겨자가스가 항구 전역에 퍼졌고, 군인과 민간인 수백 명이 이에 노출됐다. 미군은 이를 군사 기밀로 은폐했고, 의료진은 정확한 원인을 알지 못한 채 피해를 키웠다.

바리항에서 병사들을 부검한 결과, 골수와 림프 조직이 손상되어 백혈구 수가 급감한 것이 주요 사망 원인이었다. 치명적인 독가스는 백혈구만 정밀 타격해 면역 체계를 무력화시켰다. 처음엔 아무도 백혈구 수 감소의 의미를 알지 못했다. 하지만 바리항 사건은 뜻밖에도 암 치료의 실마리가 되었다.

같은 시기, 미국 예일 대학의 약리학자 루이스 굿맨Louis Goodman과 앨프리드 길먼Alfred Gilman은 군의 의뢰로 질소 머스타드nitrogen mustard를 연구하고 있었다. 황 머스타드보다 독성은 약하지만, 화학구조가 유사한 이 물질이 빠르게 분열하는 세포의 DNA를 파괴한다는 사실이 쥐 실험에서 확인되었다. 그때 미군은 바리 항구 희생자들의 부검 보고서를 이들에게 전달한다. 보고서에는 "겨자가스에 노출된 병사들이 심각한 백혈구 감소를 보였다"는 내용이 담겨 있었다. 굿맨과 길먼은 순간 아이디어를 떠올린다.

"정상 세포보다 빠르게 증식하는 암세포도 질소 머스타드가 억제할 수 있지 않을까?"

그들은 말기 림프종 환자에게 질소 머스타드를 투여했다. 10일 후 목의 혹이 거의 사라지고 항암 효과는 수 주간 지속되었다. 비록 암이 완전히 낫지는 않았지만, 화학요법으로 암을 치료할 수 있다는 희망을 품게 되었다. 이렇게 살상 무기, 독가스에서 탄생한 항암제가 메클로에타민mechlorethamine(제품명: 머스타겐Mustargen)이다. 메클로에타민은 소련에서 엠비퀸으로 불렸다.『암 병동』에 나오는 항암제가 영어로 메클로에타민이다. 1949년 항암제로는 최초로 미국 FDA의 승인을 받았다.

당시 암 치료는 수술과 방사선 치료가 중심이었다. 눈에 보이는 종양을 잘라내고 방사선을 쫴어도 몸속에 남거나 이미 퍼진 암세포까지 모두 없애기는 어려웠다. 전이암이나 미세 잔존 암은 여전히 치료하기 어려운 난제였다. 이때 등장한 약이 항암 화학요법제다.

전쟁 중 바리 항구에서 발생한 겨자가스 사고는 수많은 희생자를 남겼지만, 부검을 통해 백혈구와 골수 손상이 확인되며 암 치료에 응용할 수 있는 실마리가 되었다. 이로써 인류는 수술, 방사선에 이은 세 번째 무기인 화학요법제를 얻었고, 겨자가스는 현대 항암제 개발의 출발점이 되었다.

유방암 치료의 패러다임을 바꾼 타목시펜

머스타겐은 빨리 분열하는 세포의 DNA에 작용해 항암 효과를 나타낸다. 이것을 알킬화제alkylating agent라고 하는데, 암세포의 DNA에 머스타겐의 알킬기(탄화수소 그룹)가 결합해 복제를 막는다. 문제는 암세포만 결합하면 좋은데, 체내에서 빨리 분열하는 모발 세포, 위점막 세포, 조혈 세포에도 같이 작용한다. 그래서 항암제를 맞으면 머리가 빠지고 구토, 설사가 나며 혈구가 부족해 빈혈과 면역 저하를 일으켜 심각한 부작용이 따라왔다.

머스타겐은 역사적으로 의미 있는 첫 번째 항암제였지만, 정상 세포까지 파괴해 더욱 정밀하고 선택적인 항암제가 필요했다. 그 돌파구 중 하나가 바로 '호르몬 의존성'을 겨냥한 호르몬성 항암제 다. 암세포가 특정 호르몬 신호에 기대어 증식한다는 생물학적 메 커니즘이 밝혀지면서, 표적을 정확히 겨누는 정밀 치료가 가능해 졌다.

1896년 스코틀랜드의 외과 의사 조지 빗슨George Beatson은 한 유 방암 환자의 양쪽 난소를 제거하는 파격적인 수술을 단행했다. 그 는 난소 제거로 유방암의 성장을 억제할 수 있다고 보았다. 놀랍게 도 환자는 완치되었고 유방암 호르몬 요법의 출발점이 되었다.

그렇다면 빗슨의 발상은 어디에서 비롯된 것일까? 그는 스코틀 랜드의 한 목동에게서 힌트를 얻었다. 젖소가 송아지를 낳지 않거 나 난소를 제거하면 젖이 멎는다는, 농가에서 오래전부터 전해 내 려오던 경험이었다. 이 단순해 보이는 관찰이 젖 분비가 난소 호르 몬과 관련 있다는 가설로 발전했고, 빗슨은 여기에서 착안해 새로 운 치료법을 찾았다.

빗슨은 유방과 생식계가 연결되어 있다는 생리학적 통찰에서 출발해 유방암도 호르몬의 지배를 받을 수 있다고 판단했다. 그러 나 모든 유방암이 호르몬에 반응하는 것은 아니다. 이후 연구에서 에스트로겐 수용체ER가 양성인 환자는 호르몬 차단 치료에 잘 반 응한다는 사실이 확인되었고, 이 치료법은 오늘날 유방암 치료의 핵심 축으로 자리 잡았다.

1936년 프랑스 생물학자 앙투안 라카상Antoine Lacassagne은 암 컷 생쥐에 에스트로겐을 장기간 투여하자 유방암 발생률이 높아 지는 것을 발견했다. 이는 에스트로겐이 유방 세포의 증식에 직 접 관여한다는 초기 증거였다. 1950년대 말에는 유방암 조직에 에 스트로겐 수용체가 존재한다는 게 밝혀졌고, 오늘날 유방암의 약 60~70%는 호르몬 수용체 양성으로 분류된다. 이 발견은 이후 호 르몬 요법의 발전에 중요한 전기를 마련했다.

1966년 영국 제약사 ICI(현재 아스트라제네카로 계승된 ICI 제약 부문) 는 타목시펜tamoxifen을 합성했다. 쥐에서 배란을 억제하는 작용이 있어 피임약으로 개발하려던 것이었다. 그런데 사람을 대상으로 한 임상 시험에서는 반대로 배란을 촉진하는 효과가 나타났다. 배 란을 억제하는 에스트로겐과는 반대되는 작용이다. 피임약으로 효 능이 없어 폐기될 위기에 처한 타목시펜은 극적으로 유방암 치료 제로 방향을 바꾸게 된다.

유방암 치료는 난소 절제나 방사선으로 난소 기능을 억제해 에 스트로겐을 차단하는 방식에 의존했다. 그러나 타목시펜의 등장으 로 상황이 달라졌다. 수술 없이도 경구 약물 하나로 에스트로겐 수 용체의 활성을 선택적으로 막아 종양의 성장을 억제할 수 있게 된 것이다. 유방암 치료가 '절제 중심의 시대'에서 '표적 호르몬 치료 의 시대'로 넘어가는 결정적 전환점이었다.

타목시펜은 1977년 미국 FDA에서 폐경 후 전이성 유방암 치료 제로 처음 승인을 받았다. 이후 대규모 임상 연구에서 재발률과 사망률을 줄이는 효과가 확인되면서, 에스트로겐 수용체 양성 유방암 환자에서 수술이나 항암 치료 후 보조 호르몬 요법의 표준 치료로 자리 잡았다.

타목시펜의 탁월한 효과는 1992년 학술지 『랜싯』에 발표된 대규모 메타 분석을 통해 입증됐다. 유방암 수술 후 타목시펜을 5년간 복용한 환자는 암 재발 위험이 30% 이상 줄었고, 사망률도 20% 감소했다. 더 놀라운 결과는 예방적 복용에서 나타났다. 폐경 전후의 고위험 여성에게 타목시펜을 5년간 복용하게 한 임상 시험에서는 유방암 발병률이 절반 가까이 줄어들었다. 이는 세계 최초의 유방암 예방약의 탄생을 의미했다.

타목시펜은 여성호르몬 에스트로겐과 구조가 유사해 수용체에 결합하지만 단순한 차단제에 머물지 않는다. 조직에 따라 다르게 기능하는 이 약은 유방 조직에서는 에스트로겐의 작용을 막아 암세포의 성장을 억제하고, 뼈나 간에서는 오히려 수용체를 부분적으로 자극해 골 손실을 줄이고 지질 대사를 개선한다.

이처럼 조직에 따라 선택적으로 수용체를 조절하는 약물을 SERM(선택적 에스트로겐 수용체 조절제)이라고 한다. 타목시펜은 SERM의 대표 주자로, 유방암 치료와 골다공증 예방이라는 두 가지 효과를 동시에 기대할 수 있다. 단, 자궁내막에서는 에스트로겐처럼 작용해 장기 복용하면 자궁내막암 위험을 약간 높일 수 있다.

타목시펜 도입은 암 성장에 관여하는 호르몬 수용체를 정밀하게 조절하는 최초의 치료 전략이었다. 에스트로겐 수용체를 차단해 종양의 성장을 억제하면서도, 기존 화학요법제에서 흔히 나타나던 심각한 세포독성 부작용을 크게 줄였다. 이처럼 특정 수용체를 겨냥한 치료 전략은 이후 분자 표적 항암제 개발의 출발점이 되었고, 암 치료가 비로소 '정확한 표적을 겨누는 시대'로 들어서는 계기가 되었다.

탁솔에서 도세탁셀까지, 천연물 항암제의 진화

고대 로마제국의 영웅 카이사르Caesar는 탁월한 군사적 재능으로 지금의 프랑스와 벨기에(갈리아)를 정복하고 배를 타고 바다를 건너 영국(브리타니아)까지 진출했다. 수년에 걸친 격렬한 전투 상황에서 카이사르가 기록으로 남긴 책이 『갈리아 전쟁기 *Commentarii de Bello Gallico*』다.

기원전 1세기 카이사르의 갈리아 원정 중 에부로네스족Eburones 族(벨기에 지역)의 족장 카투볼쿠스Catuvolcus는 로마군에 포위되자 독을 마시고 자살했다. 그가 마신 독은 갈리아와 게르마니아에 흔한 주목 나무의 독이었다. 아이러니하게도 이 나무는 2,000년 뒤 암 치료의 실마리를 제공하게 된다.

유럽에서는 주목을 관상용으로 기르는데 이 나무는 북아메리카 태평양 연안에도 자생한다. 1960년대 항암제가 드물던 시절, 미국

국립암연구소와 농림부가 합작해 천연물에서 항암 물질을 찾는 대규모 탐색 프로그램을 운영했다. 20여 년간 식물, 해양 생물, 광물 등 약 11만 건 이상 생물 자원을 조사해 발견한 항암 물질이 탁솔(성분명: 파클리탁셀paclitaxel)이다.

이 약은 태평양 주목 나무의 껍질에서 얻은 천연 유래 성분으로, 유방암·난소암·폐암을 비롯한 여러 고형암에서 뛰어난 항종양 효과를 보여 항암 치료의 지형을 바꿔놓았다. 문제는 태평양 주목에서 얻을 수 있는 탁솔의 양이 너무 적다는 점이었다. 100년 된 나무 한 그루에서 겨우 350mg 정도를 추출할 수 있어서 치료제 생산엔 수천 그루가 필요했다. 태평양 연안의 원시림을 대규모로 훼손해야 한다는 점이 문제가 되어, 환경 단체들의 강한 반발을 불러일으켰다.

이후 탁솔 공급 문제를 해결하기 위해 껍질 추출, 전합성, 반합성, 식물세포 배양 등 다양한 방법이 시도되었다. 그러나 껍질은 자원이 한정되고, 전합성은 공정(40단계)이 복잡하고 수율이 낮아 상업화에 한계가 있었다. 화학합성 단계가 20단계를 넘기면 수율이 급격히 떨어지고 제조 비용과 시간이 늘어나 상업성 확보가 어렵다. 다만 고가 항암제나 희귀 질환 치료제처럼 높은 가격을 유지할 수 있는 약물은 이러한 제약에서 상대적으로 자유롭다.

전환점은 1994년에 찾아왔다. 연구자들이 주목의 잎과 씨눈에서 항암 전구체를 분리한 뒤 화학적으로 개량하는 반합성 공정을 확립하면서, 더 이상 원시림을 훼손하지 않고도 안정적인 생산이

탁솔은 뛰어난 항암 효과에도 불구하고 원료 확보가 어려워 초기 생산량이 연간 500명분에 불과했다. 매년 2만 명이 넘는 난소암 환자가 발생하던 미국 현실을 고려하면 턱없이 부족한 양이었다. 약값도 기존 항암제보다 3~4배 비쌌다.

가능해진 것이다. 한 걸음 더 나아가 이 물질을 개량해 만든 도세탁셀Docetaxel은 일부 암종에서 탁솔보다 더 높은 치료 반응을 보였다. 1996년 유방암 치료제로 승인된 도세탁셀은 폐암, 위암, 난소암, 전립선암 등 다양한 암에 널리 사용되고 있다.

질소 머스타드나 타목시펜이 인공 합성 항암제라면, 탁솔은 자연에서 얻은 약물이다. 천연물은 사람이 설계하지 못할 만큼 화학 구조가 복잡하고 독특해서 신약 개발의 중요한 원천이 된다. 항암 물질은 육지 식물뿐 아니라 바닷속에서도 발견된다. 예를 들어 해면은 구조는 단순하지만 자신을 보호하기 위해 독성 물질을 만들어낸다. 이 물질은 염증을 억제하거나 암세포를 공격해 유망한 항암 후보로 주목받고 있다.

카이사르가 정복지에서 만난 자연의 독이 인간의 생명을 살리는 탁솔로 바뀐 것처럼, 미래의 항암제는 지금 전혀 상상하지 못한 곳에서 나타날 수 있다.

최초의 표적 항암제 글리벡

한때 백혈병은 영화와 드라마에서 비극적인 죽음을 암시하는 단골 병명이었다. 그러나 이제 백혈병은 더 이상 비련의 상징이 아니다. 특히 만성골수성백혈병은 표적 항암제 글리벡

Gleevec이 등장한 이래 수술이나 입원 없이 약 복용만으로 관리할 수 있는 병이 되었다.

백혈병은 임상적으로 발병 양상(급성, 만성)과 세포 계열(림프구성, 골수성)에 따라 크게 네 가지로 분류된다. 각각의 유형에 따라 발병 연령, 증상, 치료 반응이 다르다. 이 가운데 만성골수성백혈병은 주로 성인에게 발생하는데 주요 원인은 염색체 이상이다.

1960년 미국 필라델피아에 있는 연구소에서 종양 생물학자 피터 노웰Peter Nowell과 데이비드 헝거퍼드David Hungerford는 만성골수성백혈병 환자의 세포에서 특이한 염색체를 발견했다. 서로 다른 염색체 사이에 구조적 이상인 전좌translocation가 생긴 것이다. 두 사람이 연구하던 도시의 이름을 따 이를 '필라델피아 염색체'라고 불렀다. 9번 염색체의 ABL 유전자와 22번 염색체의 BCR 유전자가 결합한 BCR-ABL 융합 유전자가 생성되어 혈액암을 일으키는데, 이 유전자는 비정상적으로 활성화된 타이로신 인산화 효소kinase를 생성해 세포 내 신호 전달 경로를 지속적으로 자극하고, 과도한 백혈구 증식을 초래한다.

과거에는 만성골수성백혈병 진단 후 평균 생존 기간이 3~5년에 불과했다. 완치를 위해선 위험한 골수 이식을 해야 했다. 하지만 골수 이식은 공여자 확보도 어렵고, 이식 후 세포가 제대로 자리 잡지 못하거나 거부 반응이 발생하는 등 위험이 뒤따랐다. 고령 환자에게는 적용 자체가 어려운 한계도 있었다.

그러나 2001년 스위스 제약사 노바티스가 개발한 글리벡(성분

명: 이마티닙Imatinib)은 항암 치료의 패러다임을 바꾸었다. 이 약은 BCR-ABL 유전자가 만든 비정상 타이로신 키나아제를 겨냥해 암세포의 폭주 신호만 정확히 차단한다. 약 복용만으로도 백혈구 수치가 빠르게 정상화되고, 일부 환자에서는 필라델피아 염색체가 검사에서 완전히 보이지 않을 정도로 깊은 관해가 나타났다. 관해 remission는 질병의 증상이나 검사상 이상 소견이 현저히 줄어들거나 보이지 않게 된 상태를 말한다. 수술이나 입원 없이 약 복용만으로 병을 조절하게 된 것이다.

2001년 미국 FDA 정식 승인을 받은 글리벡은 약효가 뛰어날 뿐만 아니라 분자 표적 항암제라는 신개념을 창출했다. 메클로에타민이나 탁솔 같은 세포독성 항암제는 암세포뿐 아니라 분열이 빠른 정상 세포까지 함께 손상시켜 부작용을 피할 수 없었다. 반면 표적 항암제는 암세포가 가진 특정 돌연변이나 신호경로를 분자 수준에서 선택적으로 억제해 보다 정밀한 치료가 가능해졌다.

이렇게 정교한 치료가 가능해진 배경에는 분자생물학과 유전체 연구의 비약적인 발전이 있었다. 그중 1990년부터 2003년까지 진행된 인간 게놈 프로젝트는 인간 유전체의 전체 서열을 해독하며 암을 분자 수준에서 이해하는 기반을 마련했다. 백혈병 치료제 글리벡 역시 이러한 흐름 속에서 탄생했다. 글리벡은 BCR-ABL 융합 유전자를 표적으로 삼은 첫 치료제로, 인간 게놈 프로젝트가 축적한 유전체 분석 기술과 분자생물학의 토대 위에서 표적 항암제 시대를 여는 출발점이 되었다.

글리벡 출시 초기에는 약값이 비싸 논란이 있었지만 건강보험 급여 확대와 특허 만료로 인한 제네릭의 등장으로 약값 부담이 크게 줄었다. 현재 환자는 약값의 약 5%만 부담하면 될 정도로 접근성이 개선되었다. 이후 글리벡에 내성이 생긴 환자를 위한 스프라이셀Sprycel, 타시그나Tasigna, 이클루시그Iclusig 같은 후속 약물이 잇따라 등장했다. 국산 신약 18호인 일양약품의 슈펙트Supect까지 더해지면서 약물 선택의 폭이 크게 넓어졌다.

글리벡을 시작으로 분자 수준의 암 발생 기전을 겨냥한 표적 항암제가 다양하게 개발되었다. 미국 FDA와 국립암연구소 자료에 따르면, 2024년까지 FDA에서 승인된 약물만 해도 180여 종에 이른다. 우리는 이제 유전정보를 바탕으로 최적의 치료를 선택하는 맞춤 의학 시대에 살고 있다. 글리벡은 그 시작을 알린 상징적인 약물이며, 인간 게놈 프로젝트와 분자생물학 같은 기초과학이 난치병 치료에 어떻게 기여하는지를 보여주는 대표적인 사례다.

최첨단 면역 항암제 키트루다

암 치료는 세대마다 혁신을 거듭해왔다. 세포독성 항암제에서 표적 치료제 그리고 오늘날의 면역 항암제로 이어지는 변화는 현대 의학의 가장 극적인 혁신 중 하나다. 글리벡 이전에는

암세포의 분열을 억제하는 1세대 세포독성 약물이 주로 사용되었
다. 초기에 나온 세포독성 항암제는 빠르게 분열하는 모든 세포를
공격한다. 그래서 암세포뿐 아니라 정상 세포도 함께 공격해 부작
용이 뒤따른다. 일반적으로는 작용 원리가 서로 다른 2~4가지 약
제를 병용해 치료 효과를 높인다.

2세대 표적 항암제는 암세포의 유전적 특성을 겨냥해 신호 전
달 경로를 차단한다. 부작용이 적고 효과가 뛰어나지만, 특정 유전
자 변이가 있는 환자에게만 적용되어 치료 대상이 제한적이다. 또
장기간 사용해 돌연변이로 내성이 생기면 약효가 떨어질 수 있다.

뒤이어 등장한 3세대 면역 항암제는 인체 면역 체계를 활성화
해 암세포를 제거한다. 후천 면역을 담당하는 T세포는 원래 암세
포를 감시하고 공격하지만, 암세포는 정상 세포처럼 위장해 면역
세포의 감시망을 피한다. 마치 간첩이 위조 신분증으로 검문을 통
과하듯, 암세포는 "나를 공격하면 안 돼"라는 신호를 보내 T세포
의 공격을 피한다.

암세포는 자신을 숨기기 위해 PD-L1programmed cell death-ligand1
단백질을 만들어 T세포 표면의 PD-1programmed cell death protein-1 수
용체에 결합한다. 그러면 T세포는 암세포를 정상 세포로 착각해
공격을 멈춘다. 면역 항암제는 PD-1 또는 PD-L1에 먼저 결합해
이 신호를 차단하고, T세포가 다시 활성화되어 암세포를 공격하
도록 유도한다.

2018년 노벨 생리·의학상은 일본 교토 대학의 면역학자 혼조

다스쿠本庶 佑와 미국 텍사스 대학의 면역학자 제임스 앨리슨James Allison 교수가 공동 수상했다. 1992년 일본의 혼조 다스쿠는 T세포를 억제하는 면역 조절 단백질 PD-1을 발견했다. 이어 미국의 제임스 앨리슨은 T세포 표면의 또 다른 억제 수용체인 CTLA-4의 역할을 규명하며, 이 신호를 차단하면 면역계가 암세포를 다시 공격할 수 있다는 새로운 치료 원리를 제시했다.

이들의 연구는 면역 항암제 개발로 이어졌다. 일본의 오노 약품 공업Ono Pharmaceutical과 미국 BMS는 이를 바탕으로 2014년 옵디보Opdivo를 출시했고, 미국 머크는 같은 해 키트루다Keytruda를 선보였다. 옵디보와 키트루다는 PD-1을 표적으로 하는 단일클론항체 면역 항암제다.

단일클론항체는 특정 항원만을 선택적으로 인식해 결합한다. 이 약물들은 T세포의 PD-1에 결합해 암세포가 보내는 억제 신호(PD-L1과 결합)를 차단한다. 그러면 T세포가 암세포를 다시 인식하고 공격한다. 현재 키트루다는 흑색종, 비소세포폐암, 위암 등 20여 종의 암 치료에 사용되고 있다.

암 진단을 받은 뒤 5년 이상 생존하는 비율을 '5년 생존율'이라 부른다. 대부분의 암에서 5년간 재발 없이 생존하면 의학적으로 완치에 가까운 상태로 평가하기 때문에, 이 수치는 암 치료 성과를 판단하는 중요한 지표가 된다.

2022년 국가암등록통계에 따르면, 최근 5년간(2018~2022) 진단받은 암 환자의 5년 상대 생존율은 72.9%로, 암 환자 열 명 중 약

일곱 명 이상이 5년 이상 생존할 것으로 추정된다. 조기 진단 기술의 발전, 건강검진의 보편화 및 면역 항암제를 비롯한 치료법 향상 등이 이 생존율 증가에 기여했다.

2015년 한미동맹과 주한 미군 문제 등 우리나라와도 인연이 깊은 지미 카터James Earl Carter, Jr. 전 미국 대통령은 악성 흑색종이 간과 뇌로 전이된 4기 진단을 받았다. 절망적인 상황이었지만 그는 방사선 치료와 키트루다 투여로 암이 사라졌고, 이후 재발 없이 지내며 2024년까지 100살을 살았다.

표적 항암제 글리벡이 암 치료의 판도를 바꾼 지 20여 년. 단일 클론항체 같은 바이오 제약 기술의 발달로 키트루다 같은 신개념 항암제가 치료하기 어려운 암에 도전하고 있다. 면역 체계를 조절해 암세포를 공격하는 이 방식은 기존 치료에 반응이 적던 환자에게 큰 전환점이 되었다. 하지만 면역 항암제에 반응이 있는 경우가 제한적이고 1회 투약에 수백만 원이 드는 등 약값이 매우 비싸다는 점은 여전히 해결 과제로 남아 있다. 국내 제약 기술이 축적된 과학과 집념을 바탕으로 더 강력하고 더 경제적인 항암제를 탄생시키는 그날, 우리나라는 암 치료의 미래를 이끄는 나라로 우뚝 서게 될 것이다.

최첨단 바이오 항암제
CAR-T

키메라Chimera는 그리스 신화에 나오는 괴물이다. 사자의 머리, 염소의 몸, 뱀의 꼬리를 가진 이 괴물은 화염을 뿜으며 마을을 파괴했다. 누구도 감히 맞설 수 없었지만, 영웅 벨레로폰Bellerophon이 날개 달린 말 페가수스Pegasus를 타고 하늘에서 내려와 창으로 괴물을 쓰러뜨렸다.

수천 년이 지난 지금 우리는 또 하나의 키메라와 마주하고 있다. 신화가 아닌 현실 속, 사람 몸에 숨어 있는 괴물, 암이다. 암세포는 제 정체를 숨기고 면역세포의 공격을 교묘히 피한다. 모양을 바꾸고 신호를 감추는 이 괴물은 신화 속 키메라와 닮았다.

암에 맞서기 위해 현대 과학은 또 다른 키메라를 창조했다. CAR-Tchimeric antigen receptor T cell 치료제다. CAR-T는 키메라 항원 수용체 T세포의 약자로, 유전자를 조작해 암세포만 정밀하게 공격하도록 만든 맞춤형 면역세포다. 환자의 T세포를 추출해 특정 항원을 인식하는 인공 수용체CAR를 부착한 뒤 다시 몸속에 주입한다. CAR(키메라 항원 수용체)는 항체의 인식 부분을 유전자로 연결해 만든 인공 수용체다. 암세포를 알아보는 부위, 이를 지탱하는 연결 부위, 세포막을 지나가는 부위, 그리고 T세포를 활성화하는 신호전달 유전자로 이뤄져 있다. CAR가 장착되면 T세포는 암세포만 골라 공격한다. 신화 속 영웅이 창으로 괴물을 찔렀다면, CAR-T는 최신 유전자 기술로 면역 세포를 무기로 바꿔 암을 겨눈다.

CAR-T는 기존 항암제에 반응하지 않는 절박한 환자에게 처음 시도되었다. 2012년 미국 펜실베이니아의 여섯 살 소녀 에밀리 화이트헤드Emily White-head는 급성 림프구성 백혈병 진단을 받았다. 초기 항암 치료에도 두 차례 재발하면서 일반 치료로는 회복하기 어려운 불응성 백혈병에 이르렀다. 절망적인 상황에서 부모는 당시 실험 단계였던 CAR-T 세포 치료 임상 시험에 참여했다. 에밀리 화이트헤드는 CAR-T 치료를 받았고 한 달 후 암세포가 완전히 사라졌다. 이후 CAR-T는 백혈병 환자들에서 놀라운 성과를 거두며 세계의 주목을 받았다. 일부 임상에서는 70~90%에 이르는 반응률과 장기 생존이 보고되었다.

CAR-T 치료는 타인의 세포를 쓰면 면역 거부 반응이 발생할 수 있어 반드시 자가 세포를 사용해야 한다. 암세포 표면에만 존재하는 특정 항원만을 유도미사일처럼 타격하기 때문에 정밀하고 강력하다. 현재 CAR-T는 주로 특정 항원을 지닌 혈액암, 즉 B세포 급성 림프구성 백혈병, 미만성 거대 B세포 림프종, 다발성골수종 등에 사용된다.

최초의 CAR-T 치료제는 2017년에 출시된 노바티스의 킴리아Kymriah다. 이 약은 소아·청소년의 B세포 급성 림프성 백혈병과 일부 성인 림프종에서 탁월한 치료 효과를 보였다. 킴리아 임상 시험에서는 단 1회 투여로 3개월 이내에 암세포가 사라지거나 크게 줄어든 환자가 전체의 83%에 달했다.

같은 해 승인된 길리어드사이언스 Gilead Sciences의 예스카타 Yescarta는 미만성 거대 B세포 림프종 및 원발성 B세포 림프종 환자의 치료제로 허가되었다. CAR-T는 단 한 번 투여로 암세포를 완전히 제거하거나 장기적으로 억제할 수 있다는 점에서 기존 항암제와 구별된다.

그러나 CAR-T는 혈액암에서는 뛰어난 항암 효과를 발휘하지만 아직 고형암에는 한계를 보인다. 고형암은 두꺼운 성벽처럼 면역세포의 진입을 막는 방어막을 두르고 있어 CAR-T가 접근하기 어렵게 만든다. 또 치료 과정에서 면역계가 과도하게 반응해 고열, 저혈압, 장기 손상을 유발하는 사이토카인cytokine 폭풍이나 신경계 부작용도 발생할 수 있다. 치료비 또한 4억~5억 원에 달해, 환자와 사회 모두에게 부담이 된다.

이제 유전자를 설계하고 면역세포를 무기로 바꿔 질병을 정밀 타격하는 시대가 되었다. 신화 속 괴물 키메라처럼 위험하고 공포스러운 암에 맞서, 인류는 유전자와 면역세포라는 새로운 창, 즉 바이오 의약품으로 응전하고 있다.

『강건일의 현대약 발견사』, 강건일, 참 과학, 2014

『과학의 발전과 항암제의 역사』, 김규원·노재경·위희준·김찬, 범문 에듀케이션, 2015

『교양인을 위한 화학사 강의Chemie für Neugierige』, 옌스 쥔트겐, 반니, 2018

『나는 왜 영양제를 처방하는 의사가 되었나』, 여에스더, 메디치미디어, 2016

『날개』, 이상, 문학과지성사, 2005

『내 몸을 살리는 유산균』, 하남주·이도경, 라이프 사이언스, 2014

『노벨상 스캔들Nobelpreise』, 하인리히 찬클, 랜덤하우스코리아, 2007

『뉴비타민 바이블NEW VITAMIN BIBLE』, 얼 L. 민델, 이젠미디어, 2011

『뉴턴 하이라이트NEWTON HIGHLIGHT』 시리즈, 아이작 뉴턴, 2018

『대사질환에 도전하는 과학자들』, 남궁석, 바이오스펙테이터, 2023

『독과 약의 세계사毒と薬の世界史』, 후나야마 신지, 에이케이커뮤니케이션즈, 2017

『메치니코프의 면역Immunity』, 루바 바칸스키, 동아엠앤비, 2017

『미생물의 발견과 파스퇴르Les Microbes』, 루이즈 E. 로빈스, 바다출판사, 2003

『미술관에 간 화학자』, 전창림, 어바웃어북, 2013

『비아그라 혁명』, 설현욱, 섬아카데미, 1998

『비타민 이야기』, 김정환, 살림출판사, 2013

『사랑과 음식』, 김정희, 열매출판사, 2005

『상처받지 않을 권리』, 강신주, 프로네시스, 2009

『새로운 약은 어떻게 창조되나新しい薬をどう創るか 創薬研 究の最前線』, 교토대학 대학원 약학연구과, 서울대학교 출판문화원, 2012

『세계사를 바꾼 10가지 약世界史を動かした10の薬』, 사토 겐타로, 사람과나무사이, 2018

『스테로이드 인류』, 백승만, 히포크라테스, 2025

『신약 스타틴의 발견The Discovery of the New Medicine Statin』, 엔도 아키라, 책사랑, 2013

『알고 먹는 약 모르고 먹는 약』, 김정환, 다온북스, 2016

『암 병동Раковый Корпус』, 솔제니친, 홍신문화사, 2015

『약 이야기』(I·II·III), 한석규, 동명사, 2004·2010·2012

『에이크만이 들려주는 영양소 이야기』, 최미다, 자음과모음, 2010

『역사를 바꾼 17가지 화학 이야기 1·2Napoleon's Buttons』, 페니 르쿠터·제이 버레슨, 사이언스북스, 2007

『역사책에는 없는 20가지 의학 이야기』, 박지욱, 시공사, 2015

『위대하고 위험한 약 이야기』, 정진호, 푸른숲, 2017

『임상 신경 정신 약물학』, 박원명·김찬형, 시그마프레스, 2014

『질병의 역사Disease and History』, 프레더릭 카트라이트·마이클 비디스, 가람기획, 2004

『화학으로 이루어진 세상*Chemie rund um die Uhr*』, 메데페셀헤르만·하마어·

크바드베크제거, 에코리브르, 2007

Drug Discovery, Walter Sneader, Wiley-Interscience, 2005

Hallelujah Moments, Eugene. H. Cordes, Oxford University Press, 2014

Laughing gas, Viagra and Lipitor, Jie Jack Li, Oxford University Press, 2006

포스트바이오틱스 263, 269
포트, 퍼시벌 386
풍크, 캐시미어 277, 278
프로바이오틱스 249, 261, 263, 265
프로젝트 523105
프로카인 218
프로포폴 149~151, 215, 220, 221, 239
프로프라놀올 345, 346
프론토실 레드 56, 57
프리바이오틱스 263
프리스틀리, 조지프 198
플레밍, 알렉산더 61~63, 66
플로리, 하워드 63, 66
피리독신 287, 289, 295
피비게르, 요하네스 307
피사로, 프란시스코 229
필로폰 117, 138, 139

학질 98, 99, 105
헝거퍼드, 데이비드 404
헤로인 117, 126~129, 149, 153, 155, 174
호손, 너새니얼 146
호지킨, 도로시 66
호찌민 103
호프만, 알베르트 147
호프만, 에리히 52
호프만, 펠릭스 178, 179, 187
혼조 다스쿠 408
홉킨스, 프레더릭 274
홍역 51, 91, 230
홍창용 77, 78
환각제 115~118, 122, 148
황색종 310
휘플, 조지 293
흑사병(페스트) 42, 44~46, 67, 72
히포크라테스 23, 160, 256

ㅎ

하나오카 세이슈 196, 198
하버, 프리츠 393, 394
하비, 윌리엄 333, 335
하이드로코르티손 167, 168
하이드로클로로티아지드 343
하이드록시클로로퀸 109, 110

인류를 구한
12가지
약 이야기

개정증보판 1쇄 인쇄	2025년 12월 10일
개정증보판 1쇄 발행	2025년 12월 18일

지은이　　정승규

책임편집　　최안나
디자인　　곰곰사무소
책임마케팅　　최혜령, 박지수, 도우리, 양지환
마케팅　　콘텐츠IP사업본부
해외사업　　한승빈, 박고은
경영지원　　백선희, 권영환, 이기경, 최민선, 강아현
제작　　재영P&B

펴낸이　　서현동
펴낸곳　　㈜오팬하우스
출판등록　　2024년 5월 16일 제2024-000141호
주소　　서울특별시 강남구 테헤란로 419, 11층 (삼성동, 강남파이낸스플라자)
이메일　　info@ofh.co.kr

ISBN 979-11-7577-086-7 (03900)